陇上学人文存

LONGSHANG XUEREN WENCUN

陇上学人文存

刘延寿　卷

刘延寿 著　郝　军 编选

甘肃人民出版社

图书在版编目（CIP）数据

陇上学人文存. 刘延寿卷 / 范鹏，陈富荣总主编 ；
刘延寿著 ；郝军编选. -- 兰州 ：甘肃人民出版社，
2019.8
ISBN 978-7-226-05471-0

Ⅰ. ①陇… Ⅱ. ①范… ②陈… ③刘… ④郝… Ⅲ.
①社会科学－文集②法学－文集 Ⅳ. ①C53②D90-53

中国版本图书馆CIP数据核字(2019)第163381号

责任编辑：贾　文
封面设计：王林强

陇上学人文存·刘延寿卷

范鹏　王福生　陈富荣　总主编

刘延寿　著　郝军　编选

甘肃人民出版社出版发行

（730030　兰州市读者大道 568 号）

兰州新华印刷厂印刷

开本 890 毫米 × 1240 毫米　1/32　印张 11.75　插页 7　字数 296 千

2019 年 8 月第 1 版　　2019 年 8 月第 1 次印刷

印数：1~1000

ISBN 978-7-226-05471-0　定价：60.00 元

《陇上学人文存》第三辑

总 序

陇者甘肃，历史悠久，文化醇厚。陇上学人，或生于斯长于斯的本地学者，或外来而其学术成就多产于甘肃者。学人是学术活动的主体，就《陇上学人文存》（以下简称《文存》）的选编范围而言，我们这里所说的学术主要指人文社会科学研究。《文存》精选中华人民共和国成立以来，甘肃人文社会科学领域成就卓著的专家学者的代表性著作，每人辑为一卷，或标时代之识，或为学问之精，或开风气之先，或补学科之白，均编者以为足以存当代而传后世之作。《文存》力求以此丛集荟萃的方式，全面立体地展示新中国为甘肃学术文化发展提供的良好环境和陇上学人不负新时代期望而为我国人文社会科学事业做出的新贡献，也力求呈现陇上学人所接续的先秦以来颇具地域特色的学根文脉。

陇原乃中华文明发祥地之一，人文学脉悠远隆盛，纯朴百姓崇文达理，文化氛围日渐浓厚，学术土壤积久而沃，在科学文化特别是人文学术领域的探索可远溯至伏羲时代，大地湾文化遗存、举世无双的甘肃彩陶、陇东早期周文化对农耕文明的贡献、秦先祖扫六合以统一中国，奠定了甘肃在中国文化史上始源性和奠基性的重要地位；汉唐盛世，甘肃作为中西交通的要道，内承中华主体文化熏陶，外接经中亚而来的异域文明，风云际会，相摩相荡，得天独厚而人才辈出，学术思想繁荣发达，为中华文明做出了重要贡献。

近代以来，甘肃相对于逐渐开放的东南沿海而言成为偏远之地，反而少受战乱影响，学术得以继续繁荣。抗日战争期间作为大后方，接纳了不少内地著名学府和学者，使陇上学术空前活跃。新中国成立之后，人文社会科学领域的专家学者更是为国家民族的新生而欢欣鼓舞，全力投入到祖国新的学术事业之中，取得了一大批重要的研究成果，涌现出众多知名专家，在历史、文献、文学、民族、考古、美学、宗教等领域的研究均居全国前列，影响广泛而深远。新中国成立之后，人文社会科学几次对当代学术具有重大影响的争鸣，不仅都有甘肃学者的声音，而且在美学三大学派（客观派、主观派、关系派）、史学“五朵金花”（史学在新中国成立之后重点研究的历史分期、土地制度史、农民战争史等五个方面的重点问题）等领域，陇上学人成为十分引人注目的代表性人物。改革开放以来，甘肃学者更是如鱼得水，继承并发扬了关陇学人既注重学理求索又崇尚经世致用的优良传统，形成了甘肃学者新的风范。宋代西北学者张载有言：“为天地立心，为生民立命，为往圣继绝学，为万世开太平”，此乃中华学人贯通古今、一脉相承的文化使命，其本质正是发源于陇原的《易》之生生不已的刚健精神，《文存》乃此一精神在现代陇上得到了大力弘扬与传承的最佳证明。

《文存》启动于中华人民共和国成立六十周年之际，在选择入编对象时，我们首先注重了两个代表性：一是代表性的学者，二是代表性的成果，欲以此构成一部个案式的甘肃当代学术史，亦以此传先贤学术命脉，为后进立治学标杆。此议为我甘肃省社会科学院首倡，随之得到政界主要领导、学界精英与社会各界广泛认同与政府大力支持，此宏愿因此而得以付诸实施。

为保证选编的权威性，编委会专门成立了由十几位省内人文社会科学领域著名学者组成的专家指导委员会，并通过召开专题会议研讨、发放推荐表格和学术机构、个人举荐等多种方式确定入选者。为使读者对作者的学术成就、治学特色和重要贡献有比较准确和全面的了解，在出版社选配业务精良的责任编辑的同时，编委会为每一卷配备了一位学术编辑，负责选编并撰写前言。由于我院已经完成《甘肃省志·社会科学志》（古代至1990年卷，1990至

2000年卷）的编辑出版工作，为《文存》的选编提供了坚实的基础和基本依据，加之同行专家对这一时期甘肃人文社会科学发展的研究，使《文存》能够比较充分地反映同期内甘肃人文社会科学的基本状况。

我们的愿望是坚持十年，《文存》年出十卷，到2019年中华人民共和国成立七十周年之际达至百卷规模。若经努力此百卷终能完整问世，则从1949至2009年六十年间陇上学人以“人一之、我十之，人十之、我百之”的甘肃精神献身学术、追求真理的轨迹和脉络或可大体清晰。如此长卷宏图实为新中国六十年间甘肃人文社会科学全部成果的一个缩影，亦为此期间甘肃人文社会科学学术业绩的一次全面检阅，堪作后辈学者学习先贤的范本，是陇上学人献给祖国母亲的一份厚礼。此一理想若能实现，百卷巨著蔚为大观，《文存》和它所承载的学术精神必可存于当代，传之后世，陇上学人和学术亦可因此而无愧于我们所处的伟大时代，并有所报于生养我们的淳厚故土。

因我们眼界和学术水平的局限，选编过程中必定会出现未曾意料的问题，我们衷心期望读者能够及时教正，以使《文存》的后续选编工作日臻完善。

是为序。

2009年12月26日

目 录

四、中国哲学、伦理学

五、中国逻辑史·名辩学、因明学

编选前言

刘延寿(1936—),字西凉,号肃州延寿,甘肃酒泉市肃州区人。中共党员。读者出版集团甘肃人民出版社编审及甘肃民族出版社和读者晋林工作室特邀编审。刘延寿出生于旧中国肃州农村,在一个有文化、有教养的家庭中长大,从小受到良好的传统教育。1952 年延寿先生考入甘肃省酒泉中学,1958 年以优异成绩考入北京大学法律学系,1963 年本科毕业后即服从分配来到兰州甘肃省行政干校从事教学工作。1968 年行政干校撤销,遂下放甘肃省红旗山“五七”干校。1971 年 9 月由“五七”干校分配到甘肃人民出版社,先后在文教编辑室、政治理论编辑室、政治经济编辑室、老年读物编辑室从事多学科社科图书编辑工作。

延寿先生是一位学者型编辑。他于 20 世纪 70 年代初步入编辑生涯,不久便确立了“走学者型编辑家道路”的职业信念。

“做学者型编辑家,不做编辑匠”,一直是延寿先生从业几十年来坚持不懈的职业理念。他不只是自己说到做到,身体力行,在主持编辑室工作期间,一再倡导图书编辑应挤时间搞点科研,做学者型编辑家,不做编辑匠。他在《现代中国编辑学刍议——我的编辑实践的一些体会》(见《甘肃出版》1989 年第 1 期)一文中就如何提高编辑队伍素质问题,提出:编好需要学好,不学则不能编,学促进和提高了编……知识更新是当前很突出的问题,编辑不务学,是很难适应这种形势的……中国编辑学不能不研究编学是如何相长的。

敬业奉献,刻苦勤奋。这八个字基本可以概括延寿先生编辑工作实践和做学问的精神风貌。也是他在职工作几十年和退休至今一以贯之的作风。连他的老师、中国社会科学院法学所研究员周新铭都说“延寿像个八路军干部”。他在职期间,除任责编审读加工书稿,还有复审及诸多编辑业务和编辑室管理工作,本就很忙,但还见缝插针,硬是挤时间读书学习,致力科研,参加有关学术研讨会,撰写学术论文、兼论(文)式书评等。在编辑和著述两方面皆有创获。截至2016年不完全统计,责编和参编图书500余种,其中有30余种获省部级图书优秀奖;3种图书分获国家高校优秀教材奖、“五个一工程”奖和中国图书奖。

延寿先生不惟本专业法律学基础知识和理论功底厚实,在编辑工作实践中,编什么学什么,很重视编前读书学习,关注理论前沿新观点和学术动态,经常与作者共同参加法史学、犯罪学、中逻史、因明等学术研讨会,从而获得法学之外,诸如中国哲学、中逻史·明辩学和因明、社会学、伦理学、美学、心理学等相关学科知识的话语权,使自己的学科知识积累不断丰富和广博起来,因而能够胜任多学科社科图书的审读加工和选题策划及组稿工作。同时,在编辑之余,著书立说,撰写学术论文,在《光明日报》、中国社会科学院哲学所《哲学研究》、上海社会科学院《学术季刊》、西南政法大学学报《法学季刊》、北京《法学杂志》、光明日报出版社、甘肃人民出版社、甘肃民族出版社等省部级以上报刊、出版社发表和出版宪法学、行政法学、社会学、伦理学、中国哲学、中逻史之名辩学、因明学等学科方面的学术论文(约30多万字)和犯罪学专著《犯罪的人性解读》,自选论文集《学步集》以及法理学通俗读物《法制问题解答》《老年法学对话》等。主编的图书有《简明法律知识读本》《老年法律知识教程》等。

本卷《文存》是在选辑了延寿先生各个时期几个学科方面主要的

科研成果,包括学术著作和论文的基础上加以梳理、补充而成。延寿先生在长期的编辑工作和学术科研活动实践中形成了独立思考、独立批判、独立人格的“三独”精神。他在编辑学、法理学、犯罪学等学科的论著中都有自己独立的见解和观点，特别是关于法概念定义和犯罪原因的研究。他旗帜鲜明地批判了长此以往存在于法学理论界“以阶级论是非”的“左”倾教条主义和“左”倾空想共产主义,形成了自己独立的思想格局和理论框架，可谓有造诣的学者型编辑和出版工作者。

延寿先生恪守自己提出的“三终”,即终身学习、终身工作、终身做学问,以为其终身守护的精神家园和养生之道。他自 20 世纪 70 年代初步入编辑生涯，到 1997 年退休至今,40 多年来从未中断编辑工作和学术科研活动。他先后应聘上海大学法学院学报《法治论丛》编辑部、北京大学出版社、人民法院出版社等任特邀编审,以及至今还在为应聘的甘肃民族出版社和读者晋林工作室审读加工书稿。在应聘北大出版社期间,参与责编和审读加工了大型多卷本法学辞书《北京大学法学百科全书》(共九卷),他独立审读加工一审稿和参与责编的《宪法学·行政法学》《中国法律思想史·中国法制史·外国法律思想史·外国法制史》《刑法学·犯罪学·监狱法学》《诉讼法学》《法理学·立法学·法律社会学》《国际公法学·国际私法学》等 6 卷,至今已全部出版。这套辞书每卷大都在 300 万字左右,最少的一卷也有 200 多万字。另外,4 年前还独立审读加工和参与责编了北大法学院中国法制史专家、资深教授蒲坚先生独立著作的大型法史学辞书《中国法制史大辞典》(400 万字)。并为所有上述出版社审读加工和责编的书稿撰写了审读加工报告,有的重点书还撰写了兼论(文)式书评文章。如今,刘先生已是 80 岁老人,但还在审读加工作者书稿,参加学术研讨会并提交学术交流论文。

延寿先生广结善缘,他的作者朋友很多。这与他淡定处世,低调做人,善于包容,以及为人厚道,率真诚实的性格很有关系。他结识的作者朋友多为学界一流专家、学者和学科领军人物。所以能组来像《中国法律思想史纲》(上下卷)、国家古籍整理出版“六五”规划重点项目《中国逻辑史》(五卷)及其配套工程《中国逻辑史资料选》(五卷)、《犯罪学大辞书》《因明论文集》《逻辑学》《中国古代哲学精华》《虞愚文集》等优秀出版选题。他与作者朋友过从交往保持着“士之相知,温不增华,寒不改叶”的良性互动关系,有不少 20 世纪 70 年代末、80 年代初的作者老友至今还与延寿先生有亲密来往。他的做人做事品德和风格为甘肃人民出版社在学界赢得了良好声誉。正如他的作者挚友、中国逻辑史学家、成人教育家、中国社会科学院哲学所研究员、金岳霖学术基金会秘书长、中国逻大董事长刘培育教授在庆祝甘肃人民出版社建社 40 周年贺词中说的:“作者编辑是挚友,巧撰精编出好书”。

以上所述,只是延寿先生为人、为学及其编辑和学术成就的一个简单概括。而在编辑学及相关学科研究方面,拙以为更有建树。

一、为中国现代编辑学的建构较早提出了一个初步的理论框架

20 世纪 80 年代初,中国现代编辑学尚在研讨中,乃至有人质疑究竟有无”编辑学“这一学科时,延寿先生明确主张编辑有学。为建构编辑学理论框架,他根据自己从事多学科图书编辑工作实践的心得体会,著文《现代中国编辑学刍议——我的编辑实践的一些体会》。他说:“编辑作为一门学问,在人类文化史上具有悠久的历史。它的存在几乎可以和出版物同龄……古文化中的部分就有卷帙浩繁的古代典籍和其他出版物。这是古代中国的精神财富。创造这财富的是两支队伍:一支是作者,一支是编辑。古代中国的这两支队伍往往是合二为

一的。像古代的司马迁、欧阳询、刘知几、房玄龄等，既是造诣很深、知名度很高的学问大家、作者，又是当朝主管皇家编辑工作的大编辑家。他们的社会地位都很高，大都是三品以上乃至一、二品的高官，有的甚至做到了宰相一级。”

延寿先生认为，现代中国编辑学的理论框架应当具备以下四个方面。

(一)关于现代中国编辑学的研究对象

编辑是一种职业。这种职业与文化科学知识的传播和积累紧紧联系在一起。编辑又是一种应用性和实践性很强的工作。编辑具有技术和艺术的特点。它涉及的范围较广。有文学图书编辑，美术图画编辑，报纸杂志编辑，影视编辑，装帧设计编辑，校对、印刷、编务技术编辑等等……总起来看，一切出版物的编辑工作都在编辑的范围之内……上面列举的现代编辑工作的范围，正是现代编辑学的研究对象。

(二)关于现代中国编辑学的知识结构

就图书编辑而言，现代中国编辑学的知识结构大体上应包括策划选题、组稿、编审、装帧设计、发稿、出书、宣传发行这七个方面的学问。

1. 策划

对于编辑工作来说，策划不仅是开端，而且具有战略决策的意义和分量。

2. 组稿

组稿在编辑工作中的地位也是至关重要的。……一本图书的质量和它的作者及其责编水平的一个重要方面，是由组稿工作的状况决定的。而组稿工作状况的好坏，最能说明问题的，一是选题，二是作者。这两条不但是决定组稿成败的基因，而且是决定编辑工作整体命运如何的最重要条件。

3. 编审

(1)责任编辑的选定。选定责任编辑,务要知识面广,基础理论扎实,文字修养好。这三条是选定责任编辑的基本要素。此外,还有职业道德与活动能力两个方面,也是不可忽视的条件。

(2)求知、创造、奉献。一个合格的责任编辑,应将这三个信念转化为编辑职业习惯。这是审稿的基本功。

(3)熟练编辑技术。编辑本身就是一种艺术,自然有许多技术工作。

4. 装帧设计

装帧设计一般包括书籍的整体设计、封面设计、版式设计三部分。

5. 发稿

“齐”、“清”、“定”是发稿前必须具备的基本条件。这一关,从负责初稿审读加工的责编到负责终审的总编辑都要把关……严格来说,发稿应指发稿以后、出书以前这一段的工作系列。

6. 出书(略)

7. 宣传发行

出书以后,责编要做的一件基本工作就是图书的宣传发行,期刊编辑也是一样。图书宣传的基本形式,就目前(20世纪80年代)实际能做到的,一是书评、书讯,二是刊登广告,三是召开专题发行会。

(三)关于提高编辑队伍素质问题

任何一种出版物,其质量如何,是由作者和编辑的素质、水平决定的,尤其是编辑。在一定意义上讲,编辑工作对出版物的命运起着更为重要的作用。所以,现代编辑学应当十分关注编辑队伍的素质问题……延寿先生就自己的实践体验和走过的路程,认为提高编辑队伍素质比较现实有效的办法是,要求编辑人员做到:第一,务学;第二,练笔;第三,勤奋。

(四)关于编学相长问题

编好需要学好,不学则不能编……新兴学科的出现,要求编辑人员学的东西更多,知识更新就是当前很突出的问题,编辑不务学,是很难适应这种形势的……像我们前面列举的古今知名学者兼编辑大家,他们无一不是编学相长的典范。编辑学原本就是一门实践性很强的学问,编学不结合,难能做好编辑出版工作。所以认定编学相长并评价它,是建立有中国特色的现代编辑学体系不可或缺的组成部分。(以上参见《甘肃出版》1989 年第 1 期)

二、关于 21 世纪中国和世界犯罪问题的研究

20 世纪 90 年代初,中国犯罪学研究会(全国一级学会)成立。延寿先生自参加其学术活动,撰写自定选题的学术交流论文,至 2009 年出版犯罪学专著《犯罪的人性解读》(以下简称《解读》),16 年来,大半的学术研讨会他都参加了,并一直未离开过自定的研究课题——从人性视角探究犯罪与不犯罪的根源,以及思考犯罪治理的对策问题。其主要观点和思想体系以及研究成果集中反映在他的专著《犯罪的人性解读》中。

(一)提出犯罪根源的人性研究是对“以阶级论是非”公式的否定。

(二)关于古代中西人性观辨析。在对人之犯罪与不犯罪原因的研究中,延寿先生首先厘清了古代中西人性观的特点及其与犯罪根源研究的逻辑关系。

(三)关于犯罪观的辨析。关于犯罪观问题的讨论,在《解读》的基础理论部分占有重要的学术分量。

延寿先生在表述自己关于犯罪观问题的认知的同时,也介绍了马克思主义的犯罪观,以及犯罪学界有关专家学者的犯罪观。

（四）以六章的篇幅论述人为什么不犯罪。“人为什么不犯罪”这一块，是延寿先生犯罪学研究的创新之作。他以六章的篇幅详尽述之。虑篇幅有限，这里只列出六章标题，即可窥知其内涵。

第十三章，人性是一个复杂的动态过程；第十四章，名与耻：人性自尊的精神家园——解读“人为什么不犯罪”之（一）；第十五章，孝道复归，善莫大焉——解读“人为什么不犯罪”之（二）；第十六章，人心向善：人性的理性追求——解读“人为什么不犯罪”之（三）；第十七章，学会做人才能学会做事：中国人深刻的人性——解读“人为什么不犯罪”之（四）；第十八章，终身学习是一种善——解读“人为什么不犯罪”之（五）。

（五）研究方法的创新。曾有学者言，选择了一种研究方法，就选择了一个学科。延寿先生对犯罪原因的研究实际选择了人性论研究方法，最终建构了“人性犯罪学”的理论框架。

三、关于行政法学研究

20世纪80年代初，我国内地行政法学研究刚进入起步阶段。延寿先生即已开始行政法学的研究，并在《光明日报》、西南政法学院（现西南政法大学）学报《法学季刊》等先后发表了《加强行政立法和行政司法工作》（1982年）和《略论行政立法的宪法依据》（1983年）等文章。不久，即引起了学界的关注。杭州大学法律系于1984年6月发函商调延寿先生去该系教授行政法课，后因诸多原因未能去成。但他并未停止行政法学的研究。1984年他在《甘肃日报》发表了《改革中要高度重视效率问题》，1988年在上海社会科学院《社会科学》发表了《加强学术行政立法与发展学术民主》，以及为参加1987年在嘉峪关市召开的“西北五省区体制改革与法制建设学术研讨会”撰写了学术交流论文《加强行政法制建设，根除官僚主义弊端》。此文会后收入兰州大学出版社 1988 年出版的论文集《体制改革与法制建设》一书。在这次学术研讨会交流论文中，刘先生提到英国行政法创始人、剑桥大学教授威廉·韦德爵士向我国介绍的一篇文章里两个醒目的概念：一曰“行政行为的‘合理主义’”，一曰“行政程序的‘公正主义’”。威廉教授讲，这是行政法的“两根柱石”。刘先生认为这是行政法的两条普遍性原则，是任何国家都可适用的。他领悟“两个主义”的精神，结合我国的国情实际，归纳提出下列 5 点：

1. 行政及其工作人员的行政活动必须具有符合有利于人民利益的正当理由。

2. 为防止政府擅断，行政权应当受到法律约束，办事要有法律根据，包括依法执行正确的政策。

3. 政府的行政权只能在适当和负责的条件下行施。

4. 公民有权获得法律保护。

5. “两个主义”的精神要旨在于澄清是非，实事求是；处理行政诉讼要保护当事人的声辩权和反诉权，反对不问青红皂白、先入为主、武断问案的不民主作风。处理任何一次行政诉讼都要按照法定的行政程序办事。

延寿先生 30 年前归纳的“5 条”，是很务实的行政法律主张。在当时是超前的，在今天对我国行政法制建设还是具有现实意义的。

四、关于中国逻辑史·名辩学、因明学方面的研究

自 20 世纪 80 年代初，延寿先生便积极参与组稿，追踪学术前沿活动，责编出版了中国内地第一本因明论文集。参加北京抢救因明座谈会，参与首届全国因明学术研讨会的筹备工作。到 90 年代初，国家古籍整理出版“六五”规划重点项目《中国逻辑史》（五卷）、《中国逻辑史资料选》（五卷）、《中国古代哲学精华·明辩篇》《虞愚文集》（三卷）

等重点图书的组稿、编辑出版工作，延寿先生都参与其中。他退休以后到现在的20多年，中国逻辑学会因明专业委员会几乎每年一届的学术研讨会都参会并提交学术交流论文。

当此甘肃学界编辑出版《陇上学人文存》之盛事，余有幸承担陇上学人刘延寿卷的学术编辑，有机会再次拜读延寿先生的著作和文章，重新认识和学习他的人品、学识，不得不由衷地感叹这位40年奉献和耕耘在甘肃出版业土地上的编辑、学者的精神风貌。时值我国改革开放40年之际，编辑和出版这部文存对彰显甘肃出版学人精神，于后继年轻编辑的启迪和鞭策都具有积极的意义。

郝 军

2016年10月20日于兰州

一、编辑学

现代中国编辑学刍议
——我的编辑实践的一些体会

编辑作为一门学问，在人类文化史上具有悠久的历史。它的存在，几乎可以和出版物同龄。中国是世界上屈指可数的文明古国之一,这文明自然闪烁着中国古文化的光辉,古文化中的部分就有卷帙浩繁的古代典籍和其他出版物。这是古代中国的精神财富。创造这财富的是两支队伍:一支是作者,一支是编辑。古代中国的这两支队伍往往是合二为一的。像司马迁、欧阳洵、刘知几、房玄龄等,既是造诣很深,知名度很高的大学问家、作者,又是当朝主管皇家编辑工作的编辑大家。他们的社会地位都很高,大都是三品以上乃至一、二品的京官,有的甚至做到了宰相一级。到了清代,中央政府的编辑班子即是翰林院的编修,他们的官阶也都在三品上下。这说明编辑行业在古代中国早已有之,而且是很高尚的。到了现代,编辑与作者有了明细的分工。但是,像茅盾、叶圣陶、顾颉刚、孙用、王子野等,也是学者兼编辑,而且编辑成果卓著,著述甚丰。他们的科研写作、编辑的学问都得到了充分的发挥,给人们展示了最佳效果。在研讨现代中国编辑学框架理论体系的时候,我们不应忽视这个特点。现代中国编辑学究竟包涵哪些内容？现就个人的一些体会分述如下：

一、关于现代中国编辑学的研究对象

编辑是一种职业。这种职业与文化科学知识的传播和积累紧紧

联系在一起。编辑又是一种应用性和实践性很强的工作。编辑具有技术和艺术的特点。它涉及的范围较广。有文字图书编辑,美术图画编辑,报纸杂志编辑,电影、电视编辑,装帧设计编辑,校对、印制、编务技术编辑等等。由于现代社会分工极其明细,反映在编辑这个行业,自然有上述这么多的分支业务。总起来看,一切出版物的编辑工作,都在编辑的范围之内。所以,要揭示现代编辑学概念的内涵和外延,首先必须弄清楚这门学科所研究的对象。我认为上面列举的现代编辑工作的范围(即外延),正是现代编辑学的研究对象。尽管目前出版界对现代编辑学的概念还未给出一个公认的科学定义(已有几位编辑前辈作了这方面很好的尝试),但对现代编辑学的研究对象——现代编辑工作的存在形式和具有规律性的东西已经开始了探讨和研究。大家都试图从弄清对象入手来概括现代编辑学的科学定义。这个开端无疑是良好的。定义放在最后下也是正确的。

二、关于现代中国编辑学的知识结构

就图书编辑而言,现代中国编辑学的知识结构大体上应包括策划选题、组稿、编审、装帧设计、发稿、出书、宣传发行这七个方面的学问。就目前国内编辑工作发展的趋势看,宣传发行的部分工作,如联系征订,扩大发行渠道等,也成为编辑工作不可缺少的内容。在现代编辑学的知识结构体系中,渗透进来发行学的一部分知识,看来是不可避免的了。

(一)策划

策划可以说是任何一项活动和业务工作的开端。对于编辑工作来说,策划不仅是开端,而且具有战略决策的意义和分量。进入 20 世纪 80 年代以来,有的出版社已经有策划编辑、组稿编辑(或者策划和组稿合而为一)和审稿、发稿编辑等系列化的分工。这是现代编辑学框架理论体系发展的必然趋势。策划对于一个选题的前途命运关系重大,特别是重点选题乃至重大出版工程的策划,至关重要。策划可以有两种基本情况:一种是责编独立思考,提出选题及其完整的构想和实施方案;一种是从作者队伍中发现,掌握选题线索,自己设计一套完整的成书方案(包括体例、结构和内容风格、装帧设计等)。策划的内容还应包括本选题文化积累价值和出版价值怎样,进入图书发行市场的前景如何,也就是评估两个效益的前景。

(二)组稿

组稿在编辑工作中的地位也是至关重要的。在编辑工作的总体中,组稿和策划紧密相连。组稿工作是策划实施的重要环节。就本人多年来的实践与体会,一本图书的质量和它的作者及其责任编辑的水平的一个重要方面,是由组稿工作的状况决定的。而组稿工作状况的好坏,最能说明问题的,一是选题,二是作者。这两条不但是决定组稿成败的基因,而且是决定编辑工作整体命运如何的最重要的条件。二者相比,选题尤为重要。有人说它是"编辑出版工作的灵魂",不无道理。这一点已为出版界所公认。甘肃人民出版社和我自己所在的政治理论编辑室,进入20世纪80年代以后的这六七年的编辑出版工作的成果及其在全国出版界的影响,与70年代以前,特别是十一届三中全会以前的那些年相比,面貌的改观不是一般的。其中很重要的原因,就是在十一届三中全会的正确路线指引下,立足本省、面向全国,抓了一大批好选题,物色组织了一支有真才实学的一流作者队伍,从而打开了前所未有的局面。在过去的七八年间,我平均每年有五次乃至一个季度,是在四处奔波中与作者和书稿同呼吸、共命运度过的,有一年在外面活动的时间有半年光景。像大专教材《逻辑学》《法学概论》《中国法律思想史纲》(上、下),通俗社会科学读物《社会学问答》《社会主义法制基础知识》,社会科学专科辞典《伦理学辞典》

(苏)《社会学简明辞典》《中国社会科学家辞典·现代卷》(与冯志毅同志合作),以及学术著作《因明论文集》等,这样一批有影响的好书,它们的产生大都不是坐等在家里,而是在我们走出去的组稿活动中,从确定选题、讨论编写大纲、拟定条目,到参加围绕书稿的学术讨论,直至编审发稿,都没有中断过社外活动。

组稿过程,完全是一种社会性的实践活动。既有编辑与作者间的双边联系和交往,又有作者相互间和编辑与诸多作者群之间的多边交往与联系。就是在这种社会活动的过程中,编辑发现了作者,作者认识了编辑。编辑抓到了好选题,发现了有真才实学的作者,出了好书,社会上有了影响,局面打开了,结果是更多有作为的作者和好选题、好书稿被吸引到出版社来。当然,产生这样的效果,是靠编辑们认真艰苦的组稿工作和作者们真诚的合作而来的。在编辑与作者间,共同语言越多,联系越密切,组稿的收获就越大;反之,就不会有多大收获。这共同语言怎么多起来的?我的做法是,多与作者探讨学术,抒发己见、交流思想和观点;对自己还不了解的学术动态和编创、科研信息,不懂的学科知识,就虚心听取和耐心求教于作者的传播和指教,抱着从作者身上汲取知识营养的态度,当好学生。天长日久,使自己的知识面扩大了,增长了许多在学校学不到的东西。在许多学科方面,都能取得话语权,团结的作者自然会多起来。

总起来讲,组稿一是抓选题;二是组织作者队伍;三是编辑与作者间尽快相互了解、相互认识、相互对话;四是尽可能多地掌握编创动态和信息。

(三)编审

1. 责任编辑的选定。图书的文字编辑工作,目前各出版社都以学科作了大体的分工。有条件的社分得细些,条件差点的,分得粗些。我社的情况是后一类型,现在还做不到按编辑人员所学专业分工处理稿件，基本上大部分责任编辑都是交叉承担着许多学科的书稿编辑任务，或者是相邻学科的编稿工作。这种状况对选定责任编辑提出了一专多能、知识面要广的要求。我们现在当责任编辑，少则承担二三个学科的书稿，多则承担四五个学科的书稿。从党的十一届三中全会以后，我开始是承担逻辑学、法学，后来社会学、伦理学、心理学等方面的书稿，有时还有青年修养读物方面的书稿。面对各类不同的学科我只有一个笨办法：读书求教，干中学习，勤奋为本。就这样成了多学科的责任编辑。我的体会是，选定责任编辑，务要知识面广，基础理论扎实，文字修养好。这三条是选定责任编辑的基本要素。此外，还有职业道德与活动能力两个方面，也是不可忽视的条件。

2. 求知，创造，奉献。作为书稿的责任编辑，当他的工作进入审稿阶段以后，头脑里不能少了三个信念，即：求知，创造，奉献。一个合格的责任编辑，应将这三个信念转化为编辑职业习惯。这是审读加工书稿的基本功。通过对《逻辑学》《因明论文集》《法学概论》三部书稿的审读加工过程，可以清楚地看到将求知、创造、奉献结合起来的意义。我在审理《形式逻辑基础知识》和《逻辑学》两稿以前，首先精读了两本逻辑学教科书。一本是温公颐先生著的高等院校教材《逻辑学》（1958 年，高等教育出版社出版），一本是胡曲园先生主编的《形式逻辑》，是上海地区高校用的教材。两本教材各有特点，前一本内容较详，后一本简约。在读这两本书的时候，有两个想法：一是先当好学生，求得形式逻辑的基础知识，在学科领域获得审稿发言权；二是注意这些书的写作特点，同时考虑自己要编的书以什么取胜？成型以后是个什么样子？就是要从中掌握指挥、调度的根据，让作者能理解和支持自己的编辑意图。实践结果，我社出版的《逻辑学》教材，比较圆满地体现了语言逻辑的特点，避免了和上述两本教材的雷同。编完两本逻辑学的书以后，我逐步变成了形式逻辑的内行，还被中国逻辑与语言研究会吸收为创始会员。后来,我把形式逻辑知识原理用在古今刑法案例的分析上,悟出了法律逻辑的一些道理,写了《法律逻辑初探》的一篇论文,参加了甘肃省法学会第一届年会的学术讨论。北京的《法学杂志》发表此文时,题目改为《要提倡法律工作者学逻辑用逻辑》。

在审读古印度逻辑因明学专著《因明论文集》一稿时,开始对其中许多陌生的佛学概念一无所知,而且还有一种神秘感。对所谓"五支因明"是什么意思,实在不懂,心里头很着急。当看到稿中论述五支因明时常举到的一个例子:

此山燃着火　　　　　　　　　　　　　（宗）
因为有烟故　　　　　　　　　　　　　（因）
比如厨房等(同喻)　　　　　　比如湖等(异喻)
有烟必有火　　　　　　　　　　　　　（合）
所以,此山是燃着火　　　　　　　　　（结）

和亚里士多德形式逻辑的直言三段论的推理结构联系起来一看,多么相似!这样一来,就容易理解了。后来,从因明学专家虞愚先生那里求教得知,藏传量学因明比汉传因明更为丰富、纯真。又从本社藏文编辑那里得知,我省拉卜楞寺院有高小文化的僧众,无不懂得因明学。这使我对因明学书籍的出版和对这门古老学术的抢救、继承和发展问题产生了兴趣。1983 年夏在敦煌、酒泉召开全国首届因明学术讨论会的前后,我以很大的热忱参与了筹备和联络工作以及为《出版年鉴》撰写关于《因明论文集》的评介文章。我在酒泉、敦煌两地党政宣传部门联系筹备会议时,向负责同志不厌其烦地宣传唐代高僧玄奘从印度取经带回来的 657 部梵文经卷中就有 36 部是关于因明论的,河西丝绸之路上有玄奘足迹,并和中国成为因明的第二故乡有密切关系。宣传部门的负责同志听了这些话语心情激动起来,对在敦煌、酒泉两地召开因明学术讨论会有了特殊的感情。因此在筹备工作中,他们尽心尽力。

3. 熟练编辑技术。编辑本身就是一种艺术,自然有许多技术性的工作。作为书稿的责任编辑,从接稿起,要做的技术性工作一般有下列各项:初审后的评价;决定退、修与否;审读加工(包括内容,观点、提法、文字、体例、稿面状况等);定稿清稿;撰写审读加工报告;填写审稿审校程序表;编制征订目录;检查版权页和前言、后记等是否齐备,以及配齐装帧设计的部件(包括封面和整体设计)等。

(四)装帧设计

一切出版物都有装帧设计这一组成部分。装帧设计一般包括整体设计、封面设计和版式设计三部分内容。装帧设计的质量如何,对于一本图书,一期刊物以及其他形式的出版物来讲,影响是不小的。读者第一眼看到的不是出版物的内容文字,而是它的外表装潢。是美感,还是恶感?给读者留下感性认识、直观印象的,恰恰就是装帧设计艺术。对负责书稿的文字编辑,虽不能要求他像负责装帧设计的技术编辑或美术编辑那样具备一定的装帧设计艺术的业务知识能力,但要求我们的文字编辑具有一定的美术鉴赏能力,还是必要的,也是可能的。因为每本书稿在确定它的装帧模式时,总是先由文字方面的责任编辑提出设计要求的, 而且设计过程中也还征求文字责任编辑的意见,如果责任编辑毫无这方面的知识修养,或者对其编辑的书稿的装帧设计问题漠不关心,以为这仅仅是装帧设计编辑的事,那么按照现代编辑学的要求,作为文字书稿编辑,是个缺陷。我自己虽然做了多年的图书编辑工作,这方面知识还很贫乏,深感有补课的必要。

(五)发稿

现代图书编辑的发稿,不是一个简单的程序问题。它有发稿前和发稿后的一系列工作。主管编辑出版业务的上级机关曾三令五申地强调,发稿要"齐、清、定"。这是从长期编辑实践中总结出来的经验。

齐、清、定，是发稿前必须具备的最基本的发稿条件。这一关，从负责初审的责任编辑到负责终审的总编辑都要把握好。特别是印刷技术先进的条件下，不允许发排的书稿来回折腾。齐、清、定方面的要求随着印刷技术现代化程度的提高，而只能高不能低。把改正差错和弥补缺陷的希望寄托在清样出来之后，是远离现代编辑学要求的。所以，发稿前的准备工作必须认真逐项做好。发稿以后的工作，包括了解版式设计、出版印制安排、印厂排校、清样通读，付型情况、付印前的最后印数情况，不够起印点如何应变处理，顺利通过付印等等工作。那种认为稿子发印厂就算完成了发稿任务，因而对以后的事不再认真过问的想法和做法，是不符合发稿工作要求的。严格来说，发稿应指发稿以后、出书以前这一段的工作系列。

(六)出书

出书以后，责任编辑要做的事，一是检查样书有无影响发行的政治性或技术性差错，如可以发行，则按照三级审核制度，送经编辑室复审主任和决审总编辑分别复、决审签字，正式批准发行。如有碍发行的问题，需要做技术处理后才能发行的，务必尽快做出处理决定；由于重大差错事故不能发行的，即作报废处理。事后，有关责任人员应作认真的检查总结，汲取教训。处理这方面的问题，态度要严肃，不能怕麻烦，否则，还会在处理差错事故中又出现新的问题。责任编辑在处理差错事故中，不管与己有无责任关系，都要始终关心该书的命运。

(七)宣传发行

出书以后，责任编辑要做的另一件基本工作就是图书的宣传发行，期刊编辑也是一样。图书宣传的基本形式，就目前实际能做到的，一是撰写书评、书讯，二是刊登广告，三是召开专题发行会。要求责任编辑撰写或者组织别人撰写书评，进行出版物的宣传，是其中最常用的形式。对可能利用的图书评论阵地,都要广泛地利用起来,以扩大出版物的影响,收到良好的发行效果。

三、关于提高编辑队伍素质问题

现代编辑学的知识结构大体上包括了上述七个组成部分,从工作范围讲,是可以的。但编辑这门学问,其中有个水平高低的问题。任何一种出版物,其质量如何,是由作者和编辑的素质和水平决定的。尤其是编辑,在一定意义上讲,编辑的素质对出版物的命运起着更为重要的作用。所以,现代编辑学应当十分关心编辑队伍的素质问题。就我自己的实践体验和走过的路程讲,提高编辑队伍素质比较现实有效的办法是,要求编辑人员做到:第一,务学;第二,练笔;第三,勤奋。这三条是人人明白的,本身就是一番道理,所以不需要再加论证。我的做法,是编什么学点什么,有针对性地练笔写文章,重点放在本专业学科方面。再就是撰写书评,这对提高编辑水平有直接作用。读书学习和练笔写文章,时间从哪里来?只有靠挤八小时以外的时间和一切可以见缝插针的时间,说到底是要靠勤奋。没有这一条,前两条没有保证。我这些年在编务繁忙的情况下还能够写点东西,全靠这一条。

四、关于编学相长问题

编学相长的道理和它的价值,被越来越多的人所认识。提倡编辑人员勤奋治学,练笔写文章,成为本专业学科的专家,只要是把编辑工作与自身的深造关系处理得当,编学确实相得益彰。我练笔写了一本法学科普读物《法制问题解答》(修订再版一次)的小册子,是四易其稿的。原因是过去没写过问答体的东西,不得要领。后来在老编辑胡汝骏同志的热忱指导下,改成了,出版了,才摸着点儿门道。其间也确实走了许多弯路,但也有了一些体会,知道当作者的甘苦。后来在处理作者的问答体书稿时,话语权就比较多,比如,从书稿的总体设计到写作技巧,都可以替作者出主意想办法。自感驾驭这类书稿的编辑工作能力的确比过去有长足的进步。

编学相长,在自己身上虽然体验不算很多,但产生的效果是明显的。编好需要学好,不学则不能编,学促进和提高了编。随着编辑工作的发展,新兴学科的出现,要求编辑人员学的东西更多,知识更新就是当前很突出的问题,编辑不务学,是很难适应这种形势的。而一旦把学习抓上去了,编辑的基本素质就提高了。对书稿的鉴赏和识别能力增强了,好选题也就容易抓住了。而脱离编辑工作实际的教学而学,难免疏于形式和教条弊端。现代中国编辑学不能不研究编学是如何相长的。像我们前面列举的古今知名学者兼大编辑家,他们无一不是编学相长的典范。所以,认定编学相长并评价它,是建立有中国特色的现代编辑学体系不可或缺的重要组成部分,是一点也不过分的。

(原载《甘肃出版》1989 年第 1 期)

多学科图书编辑的功能

一、专为基础，举一反三

编辑是一种职业。这种职业与文化科学知识的传播和积累紧紧联系在一起。编辑又是一种应用性和实践性很强的工作。编辑具有艺术和技术的特点，它的学科知识范围很广，编辑业务的面也宽，工艺流程也较精细。当代图书文字编辑工作，目前各出版社都以学科作了大体的分工。有条件的社分得细些，条件差点的，分得粗些。我们地方出版社基本属于后一种类型。在一个相当长的时期，还做不到按编辑人员所学专业分工处理稿件，基本上是绝大部分责任编辑都是交叉承担着许多学科的书稿编辑业务，或者是相邻学科的编稿工作。这种情势决定了在我们编辑队伍中有相当多的一批人员要成为能够从事一专多能的多学科图书编辑，否则就很难适应当代图书编辑工作的需要。随着科学的飞跃发展，以及知识更新的紧迫要求，培养一大批多学科图书编辑，就像医院培养全科医生，显见必要。

我的学科专业是法律学。我到甘肃人民出版社的最初几年，是从事与所学专业关系不太密切的少儿文艺刊物的编辑工作。但这对我熟悉编辑这一行当的业务是有帮助的。刚刚进入角色不久，因工作需要，作了调整，做起政治理论图书的编辑来。打这以后，我编的书稿在学科上就比较杂了：有法学、逻辑学（包括西方逻辑、印度因明和中国名辩学）、伦理学、社会学、中国哲学、科学社会主义、党史、革命史，还有青年思想修养读物等等。这样多学科的书稿上手,我是怎样拿下来的?办法只有一个:专为基础,举一反三,触类而旁通。这些话的意思,是从《论语·述而》:“不愤不启,不悱不发。举一隅,不以三隅反,则不复也”中引申出来的。东汉经学家郑玄注释道:“孔子与人言,必待其人心愤愤口悱悱,乃后启发为说之。如此,则识思之深也。说则举一隅以语之,其人不思其类,则不复重教之。”“启”是教的意思,“隅”犹方也;一隅三隅,即一方三方。郑玄说:“一隅三隅,合为四隅。”所以举一隅,则可知三隅。“愤”者,懑也;“悱”者,悲怅也。“心愤愤,口悱悱”的意思是说,对待学问知识,要发奋求之,痛作思考。郑玄又讲,当心愤愤,口悱悱的时候,“已是用力于思,而未得其义,乃后启发为说之,使人知思之宜做,不敢不专心致志也。”孔子的原意是说,他与人讲经说道的时候,对方如不下发奋求学、痛作思考的工夫,他不说教;只有用心求学,肯下深思的工夫,但一时又未得其义,乃得说教一番,使弟子们专心致志,获得专深的知识。如果举说一方面的知识,不能以三方面的知识推而知之,他就不再重复说教了。宋代理学家朱熹注释孔子的话说:“物之有四隅者,举一可知其三。反者,还以相证之义。”也和上述郑玄的注释是一致的。后来,人们就以“举一反三”比喻善于推理,能由此知彼,由一方面的知识推知多方面的知识。我的理解,《论语·述而》中孔子言论的中心意思,除上述注家引申的意思外,还包含着学问知识上专与博的关系。只有在知识学问上好读书力求甚解,专深专透,才能有举一反三的良好基础。当然,专得深,不去以此为基础,下一番独立思考的反思工夫,博是不会送上门来的,不能简单地将专与博等同起来。这其中,关键在于反思工夫。专到一定程度,熟能生巧就有了很好的悟性,一点就通,着力于反思。如没有后一个工夫,就不能以“三隅反”。所谓“物有四隅者”,是指客观事物,包括知识学问,本是互有内在联系的,不是一方孤立存在的。弄通了事物一方面的知识和道理,又肯反思,穷根究底,多问几个为什么?它与它邻近的事物、知识乃至更多方面的事物、知识是什么关系?比如,逻辑学是讲"理"的,所以有的国家称逻辑学为"论理学";法学是讲"法"的,是研究社会现象中合法性问题,即关于社会行为的法律规范问题的。合理性问题与合法性问题自然是有联系的,那么,逻辑学与法律学这两个学科也就有了联系。我讲的专,是指我所学的专业是法律学,首先以编辑法律学科方面的书稿为主,充分发挥这方面的优势。无怪前些年兄弟出版社赞赏我们虽不是专业法律出版社,但还出了不少法律学的书。这与我们专为基础的编辑指导思想分不开。专就要求深,不仅是深在学问上,也深在编稿中。我在责编大专教材《中国法律思想史纲》(上卷)时,不是一般地审稿编辑加工,审过去就算了。老实说,这部书稿的作者、主编张国华和饶鑫贤两位先生,论其学问和文笔,在法学界都是叫得响的,我作为责编审这部稿子,自感轻松,但事实上并不轻松。不轻松的原因是,我在审稿过程中,全身心地融进了这部巨著的学术思想体系和理论观点之中。一是,我注意到了这部书稿对以孔子为代表的儒家学派的法律思想和主张的剖析;二是,注意到了贯穿整个中国封建社会历史的古代法律思想中"礼治"与"法治"的互相渗透、互为补充的主线,以及它们是怎样来调整社会关系、解决社会矛盾的。审稿的工夫下在了分析和思考这部书稿的基本观点和立论的主导思想上。我边审边作札记,并摘要记下其中著名论点和论据。等审读加工完全部稿子,在我的脑子里已经形成了关于这部著作的比较系统和深刻的感想;而且也形成了自己对中国古代法律思想史基本特点的思想认知和理论观点。由此而萌发了决心为这部力作大书一篇有分量的书评的念头。既要表达我的认识和观点,又要水乳交融般地写好一篇兼论(文)式书评。怎么处理才好呢?办法很快想出来了,就是以认识和观点统帅书评,以书评表达认识和观点;以收仁者见仁、智者见智之效，任你怎么去评论，去运用都行。于是就利用外出组稿、审稿的时间，在这部著作出版不到半年时间，一篇一万多字的长篇“兼论”式书评写出来了。我为此文拟定的选题名称是：《论中国古代法律思想中“礼治”与“法治”的互相渗透——兼评〈中国法律思想史纲〉(上卷)》。文中提出的8个分论点是：

(一)君权“受命于天”的神权法思想，是“礼治”与“法治”思想萌芽在夏、商奴隶制社会的表现；

(二)以“亲亲”“宗宗”为基本原则的“明德慎罚”思想，是“礼治”与“法治”互相渗透在西周奴隶制社会的具体化；

(三)“礼治”与“法治”互相渗透在春秋战国时期的儒家学派内部表现为“为国以礼”“宽猛相济”“德主刑辅”的综合主张；

(四)“礼治”与“法治”互相渗透在春秋战国时期法家学派内部表现为“令顺民心”“以法治国”以及“法、术、势”三者的结合；

(五)秦始皇，李斯弃“礼”重“法”的重刑主义和残苛的刑罚，是秦王朝速亡的重要因素之一；

(六)封建正统法律思想的形成，是“礼治”与“法治”互相渗透在两汉时期的集中表现；

(七)刑教结合，恩威并施、审时度势、宽严适中，以及坚持用礼来指导立法、司法等思想，是“礼治”与“法治”互相渗透在三国、两晋、南北朝时期的具体表现；

(八)“礼治”与“法治”的互相渗透在隋、唐时期得到了合理的体现。

写完书评，并有幸在上海《学术季刊》(上海社会科学院主办的学术性刊物)上全文发表，始觉对得起张、饶两位先生的得意之作《中国法律思想史纲》(上卷)了。我怀着征求意见的心情，将此文(已出版)的抽印本寄给了两位先生，他们甚感满意，并着实给了我一番热忱的鼓励。本书在1988年底被国家教委评为"全国高等学校国家优秀教材",重奖了作者。我作为本书责编,自然感到由衷的欣慰和满足。在这之前,我责编出版的《法学概论》,也称得上是得意之编。我将该书的"绪论"一章大改了四遍,几乎近于重写。其中新增的一节——"什么是法律",纯系本人手笔。我总想:作为本专业书稿的责编,在书稿的处理上总不能和自己不熟悉的其他专业学科书稿的处理上一个水平去要求自己。这不是偏爱,而是专以求深、熟能生巧的问题。在自己熟悉的专业,特别是本学科专业上编不出有水平的好书来,是说不过去的。编辑的学有所长,究竟如何发挥,渠道当然很多,其中一个重要渠道,就是把自己本专业的知识优势融进作者的书稿中去。只要做得很认真,很真诚,不是"两张皮",定能获得好的编辑效果。这就是所谓专以求深。

专为基础,举其一而能反三吗?我不想用抽象的道理来回答这个问题。还是现其身,说其法吧。党的十一届三中全会召开不久,我编的最初两部书稿是《形式逻辑基础知识》和高校语言逻辑教材《逻辑学》。在责编工作展开之前,精读了两本逻辑学教科书:一本是中国逻辑史学家、南开大学教授温公颐先生著的高校教材《逻辑学》(1958年,高等教育出版社出版),一本是哲学家、华东师大教授胡曲园先生主编的《形式逻辑》(上海地区高校教材)。两本书各有特点,前一本内容较详,后一本简约。在读这两本书的时候,有两个想法:一是先当好学生,恢复、巩固和熟悉过去在大学公共课中所学的逻辑知识,努力在这个学科领域获得较丰厚的审稿话语权;二是注意这些书的写作特点,同时考虑自己责编的两部逻辑书稿究竟以何取胜?出版以后两相比较,何者为优?特点是什么?就是要从中掌握指挥、调度、驾驭的根据,让作者充分理解和支持自己的编辑意图。实践的结果,《形式逻辑基础知识》以通俗易懂见长,一连重印5次;《逻辑学》以语言逻辑为特色，填补了20世纪80年代初国内语言逻辑的空白，重印了3次,修订再版1次,获得了好的社会效益和经济效益。在编这两本书的时候,我从原稿的一些例子中得到启发,特别是刑侦破案的例子,用到三段论推理的地方比较多,也比较典型,我悟出了一点有关法律逻辑的道理来。逻辑与法律之间存在着这样一种关系:逻辑为法律的正确贯彻执行提供了科学的思维原则和方法；法律则为逻辑知识原理的实际应用提供了直接现实的思维材料和广阔的场所。这种相互关系通过立法、司法和守法这一法制体系的三个环节上如何运用形式逻辑的思维形式分析具体案例的情况,就看得比较清楚。我在这一认识的指导下撰写了《法制逻辑初探》一文,在甘肃省法学会学术讨论会上作了学术交流,受到同仁的关注。此后,这篇文章被北京的《法学杂志》以题为《要提倡法律工作者学逻辑用逻辑》,于1983年第4期发表。光明日报出版社出版的《文摘报》于1983年10月14日以文摘形式表达了本文的上述理论要点。这是从逻辑学到法学的联系。

通过撰写《中国法律思想史纲》(上卷)的书评,联想到中国传统伦理思想和中国式的伦理学体系,与中国古代法律思想中的“礼治”“德治”,乃至“礼法结合”“刑礼互用”“德主刑辅”“明德慎罚”“宽猛相济”等这些范畴的内在联系,从而窥见伦理学与法学之间交叉关系的一斑。《德治与法治的互相渗透是中国社会文明的基本特征》一文,就是在这个思想背景下发表的(参见《兰州学刊》,1987年第1期)。我在责编《社会学问答》一书后,运用社会学上关于“社会控制”的理论原理分析了法律规范、道德规范、纪律规范这些社会控制手段的社会意义和理论价值,先后撰写了《论社会约制与社会治安的综合治理》和《社会控制与精神文明建设》两篇文章,分别发表在甘肃《社会科学》和《光明日报》上。前篇文章的论点,在《光明日报》1986年5月5日的《论苑辑要》专栏作了披露,对其主要论点作了介绍。

通过上述回顾的例子，使我得出了专能求深，即可举一反三的答案。这里面的逻辑关系，是充要条件——专能求深作基础的。对一班好读书、不求甚解者，乃至学问上的思想懒汉来说，未必能够触类旁通的。工夫在独立思考的题中之意。不下思考的工夫，是得不到理想的结果的。即使是碰到法律学、逻辑学、社会学、伦理学这些本来是关系密切的相关学科，但如本专业学科根基扎得不深，又不善于独立思考，在编辑处理书稿时，不见得能够把这些学科的内容有机地联系起来；也不见得能在多学科上编出好书来。记得前些年，据说上海的一家出版社的法学编辑讲，他们出版社的法学编辑可以做到刑、民之专业分工，而像甘肃这样的地方出版社的一个编辑，不但法学类的书稿可以综合处理，甚至可以编辑处理许多科学的书稿，不知他们的编辑有多大能耐？似乎不得其解。当时我的想法很简单：上海社的编辑力量强，人多，自然分工细些，有条件做到一个学科体系内还有所分工，而我们甘肃社势单力薄，人员少，一个编辑少则承担两门以上学科的书稿责编，多则承担四五门以上学科的书稿责编，这是形势逼出来的。但就没有好好去思考这“逼”字的真谛所在。今得其解，就是本题说的一番道理。

二、求知、创造、奉献

作为书稿的责编，当他的工作进入审读加工书稿阶段以后，头脑里不能少了三个信念，即：求知，创造，奉献。一个合格的责任编辑，应将这三个信念转化为编辑职业习惯。这是责编审稿的基本功。我在审读古印度逻辑因明学专著《因明论文集》一稿时，首先碰到的一大难关，就是对稿中一大堆陌生的因明学术语和概念一无所知，而且还有一种神秘感。对所谓“五支因明”是什么意思，实在不懂，心里很着急。但当看到原稿中论述五支因明时常举到的一个例子：

此山燃着火　　（宗）
因为有烟故　　（因）
比如厨房等（同喻），比如湖等（异喻）　　（喻）
有烟必有火　　（合）
所以，此山是燃着火　　（结）

和亚里士多德形式逻辑直言三段论推理结构形式联系起来一看，多么相似！这样一来，就容易理解了。后来，从几位因明学专家那里得知，他们在初学这门古老学问时，也是通过与亚里士多德三段论形式逻辑作比较而入门的。但入门以后，又必须回到因明逻辑本身的知识体系中去，真正掌握这门学问。因为还不能将亚里士多德逻辑体系中的一些概念和因明逻辑概念作简单类比，各有各的概念系统，否则就走上牵强附会的歧途。这一认识当然很对。做学问的正确严肃态度就应当是这样。我又从因明学老前辈虞愚先生（1909—1989）那里求教得知，藏传量论因明比汉传因明更为丰富和纯真。又从本社藏文编辑那里得知，甘肃省夏河县拉卜楞寺院有高小以上文化程度的僧众，无不懂得因明学的。这使我对因明学书籍的出版和对这门绝学的抢救、继承和发展问题产生了兴趣。

在组织作者编写干部普法教材《法律知识简明读本》时，由于中共甘肃省委交办的任务是突击性的，要求在不到两个月的时间内，从组稿到出书，一气呵成。社里把这项任务交由我负责完成。于是，我一面组织本省法学力量搭起写作班子，一面自己动手拟定编写大纲，充分发挥自己的专业优势，终于在大家共同努力下，35 天内出了书。一本 20 余万字的干部普法教材，从组稿到出书，共用了月余时间，这在甘肃人民出版社的历史上也不多见。由于出书及时，既赶上了干部"一五"普法学习的需要，收到了良好的社会效果；又累计印行 18 万余册，获得了较好的经济效益。

为了配合全国和甘肃本省"一五"普法教育,我还组织出版了《社会主义法制基础知识》《法学趣谈》等法学通俗读物和普法知识工具书《法律百科知识手册》等。省新闻出版局普法领导小组决定,要在1986年一年内完成局系统所属全体干部的"一五"普法学习和教育任务,急需要一位普法教师担任讲课事宜。出版局把这项任务交给了甘肃人民出版社,社里又交给了我们编辑室承担。我是迄今为止社里唯一的法学编辑,深感负有义不容辞的义务,于是毫不犹豫地接受了为局系统全体干部宣讲普法课的任务。当时面临着一些困难:身为编辑室副主任,首先是室里的业务管理工作放不下;其次还有多学科社会科学书稿的责编和复审任务,这两项就够忙碌的了;第三是我讲课口才不行。因此,有的同志不大同意我再承担那么多"额外任务"。但是,我是当时社普法领导小组成员,又是唯一受过法学专门训练的,自感不好推卸此责。至于口才问题,事在人为,谁也不是天生就是当教师的料子,只要认真备课,慢慢讲来,多加些生动的例子,总可以让大家听得进去。我就是按自己的想法,认真备课,编写了好几万字的讲稿,承担了法学基础理论、宪法、民法等的讲课任务。事后,连反对的同志也表示我做得很认真,没有理由再反对下去了。在1988年底全国普法先进集体评选中,我们政治理论编辑室被评为局系统、全省和全国的普法先进集体。这个荣誉的内涵,当然主要是指我所在编辑室在十一届三中全会以来,较早地抓了普法教育读物的出版,也确实出版了一些像《中国法律思想史纲》(上下)《法学概论》《社会主义法制基础知识》《法律百科知识手册》《法学趣谈》这样的好书。其中,《中国法律思想史纲》(上卷)被国家教委评为国家级优秀教材。这些图书较好地配合了全国、本省、本系统普法教育和法律教学的需要。

做好以上事情的动因不是别的,就是求知、创造、奉献的愿望。我现在愈发认识到我们做编辑的社会价值的逻辑关系,就在于这6个字。只有求得丰富的文化科学识识，才能具备创造物质财富和精神财富的基础条件；只有创造出社会效益好的物质财富和精神财富，才能对社会有所奉献；能有所奉献，才算发挥了我们编辑的功能。多功能，就多奉献，这才是多学科图书编辑的归宿。

三、学以致用，编学相长

务学，是职业编辑人员的本分，这是不证自明的道理。尤其是我们从事多学科社科图书的编辑，就得勤奋刻苦地读书学习。我的做法是，编什么就学点什么；其次是有针对性地练笔写文章，重点放在本专业学科上；再就是认真撰写兼论（文）式书评，这对提高编辑水平有直接作用。这三条都可纳入务学的轨道，就是读书、练笔、写书评。话是这么说，时间从哪儿来？尤其是多学科编辑，本就够忙的了。我没有别的办法，只有靠挤，见缝插针地挤；其次是巧安排。在任何时候，即使编务繁忙到无以复加的地步，总有能够插进针的时间缝隙，就看你有心挤还是无心挤，有意利用还是无意利用了。我不敢说有雷锋同志的“钉子精神”，但是我深深懂得珍惜时间和利用时间的可贵。我们编辑室在 1978 年到 1979 年这两年间，由于选题结构大调整，一时间上手的新稿不多，需要的是大踏步走出去组稿。我正是利用这两年手头稿子不多的机会和外出组稿留给自己可以灵活安排的时间，四易其稿，1981 年编著出版了一本 15 万字的普法读物——《法制问题解答》。1986 年再版的 20 万字修订本《法制问题解答》，是利用 1985 年出外组稿、参加学术讨论会的间隙时间搞成的。资料全是靠平时见缝插针、利用零碎时间收集的。没有谁为我这个多学科编辑安排那么多整块的时间去写书、做文章的。我没有这个权利要求组织上这样做，组织上也没有这个义务为我提供大块的完整时间去撰写自己的书稿和文章。我清楚记得，在《法制问题解答》到了定稿阶段，曾一连两个多月住在办公室。夜里干到午夜两点多钟才睡觉。办公室没有床,就将两张大办公桌拼在一起,简单的行李卷一铺,就呼呼睡着了。次日早7点钟按时起来，还能打扫干净办公室，比家住外面的同志提前20来分钟上班。搞业余写作,白天是绝对不占用的,这一点当编辑的谁不明白?这样的情况,谁能有什么话说呢?20世纪80年代初,每年我到上海、北京组稿和参加有关学术讨论会,总在五六次以上。但从不去风景区和旅游点逍遥。作者看到我去那么多趟，哪儿也不去玩玩,实在过意不去,总千方百计地安排我去"劳逸结合"一下,可我没有答应过他们一次这样的安排。那篇一万多字的书评《论中国古代法律思想中"礼治"与"法治"的互相渗透——兼评〈中国法律思想史纲〉(上卷)》,就是利用在上海责编初审《简明伦理学辞典》书稿期间,最后大约有一个星期的时间是在等候作者清稿时,一气呵成的。这篇文章的资料收集和构思、打腹稿等写作前的准备工作,都是在平时利用零星时间做的。一旦有了可以利用的整块时间,哪怕是几天,都如获至宝地牢牢抓住,利用起来,一口气写成就是。否则,真是"过了这个村,就没有这个店"啊!

我出远门多,特别是北京、上海等地,怕坐火车。原因不是怕晕车,而是嫌它太费时间。像这两个地方,往返一次就把一个星期的时间浪费在旅途之中了。我常常算过这样一笔账;一个星期,完全可以责编、初审一部十多万字的短稿,一年不坐火车,省出的时间足可责编处理五部十多万字的短稿,或两三部二十多万字的中稿。如果这些稿子中能有一两部是"双效"的,那么,改乘三趟飞机的旅费加住宿费的花销,用一部稿的利润收益的零头就足够了。如果改乘火车,这五部稿子就没有时间安排审稿,只好搁置起来,或是加重别人的审稿负担。有人说我老刘爱乘飞机,我说这有什么爱不爱的,又不是没坐过飞机,而是为节省旅途时间的消耗,这笔账不知道你是怎么算的?还有好心的同志劝我少乘飞机，怕不安全，出事无法挽救。而我自有道理：飞机出了事，连喊声疼都来不及，一下子就完了，倒少受些痛苦；火车出了事，弄个半死不活，给自己和家人都带来不少痛苦和麻烦，何苦呢？出门多了，谁还能确保交通工具不出事！说老实话，我从第一天出差坐飞机起，就没把生死问题往心里头去。最近这些年，人上年纪了，出远门，老伴还特意叮咛几句，总怕出事。其实，人啊，你越怕出事，事故就专找上门来。你就来个头脑清静，干脆没有"出事"这个念头，它也就远避九霄云外了。这不是在讲迷信，我多少年的经验就这样。

人总是要有一点精神的，这就是事业上的执着追求，学以致用，编学相长的关系。为了获得编学相长的最佳效果，实现学以致用的目标，我编写的问答体通俗法律知识读物《法制问题解答》，在老编辑胡汝骏同志指导下四易其稿才成书。这是因为我过去没责编过问答体书稿，自然没有这方面写作经验。尽管别人也介绍了关于编写问答体书稿的经验，但对自己来说，总缺乏感性知识，所以没有走过的弯路总还是找上门来了。要不，怎么会四易其稿呢？工夫不负有心人。经过几次大的折腾，总算摸到了一些问答体文章的规律。自此以后，我就运用亲身体验和摸索到的规律，在组织作者编写问答体通俗理论读物时，给感到困难的作者现身说法。结果，既减少了作者编写此类图书的弯路，提高了写作效率和图书质量，又增进了作者与编辑之间的相互了解和真挚的友谊，编辑与作者的劳动融为一体，使编辑和作者共同尝到了编书、写书的甘苦所在。更高的价值在于：事实证明，通过编辑自身刻苦学习、练笔和习作，体验到了作者角色的甘与苦；同时也获得了扎实的学科知识的话语权，提高了写作技能。经过一番磨炼，当进入编辑角色时，他不再是对书稿仅能进行一般性的编辑加工，而是能够运用自如地稳操方向盘，比较准确地驾驭书稿，为作者原稿重新设计一幅成书的蓝图。我的体会是:编与学是相得益彰的。不学,自不能编;只学不编,或者离开编去学,学就失去目标,也学不深透。正确的关系就是编学相长。不练笔写作,提高文字表达能力,亦编不出好书来。这也是做一个合格编辑的基本功。纵观中国编辑家列传,像古代的司马迁、班固、刘知几、长孙无忌、房玄龄、司马光等,近代的龚自珍、严复、沈家本、伍廷芳、章太炎、王国维、罗振玉等,现代的鲁迅、邹韬奋、顾颉刚、叶圣陶、孙用、叶至善、韦君宜、王子野、孙犁、秦兆阳等,以及当代举不胜举的同仁,他们都是学问大师兼编辑大家,或者是编辑大家兼学问大师。他们的基本特征是熔作者与编辑于一炉。写作与编辑的双重功能在他们身上得到了最佳的发挥,两方面都收获了极好的成果。这些事实,是学以致用、编学相长的极好范例。我们没有任何理由再怀疑这一点了。然而,我们的编辑出版事业需要的确实是“家”,不是“匠”。编学相长的目标,是要造就一大批学问家兼编辑家,或者是编辑家兼学问家。有了这样一支多功能的知识队伍,我们的出版事业没有不兴旺发达的道理。

(原载新闻出版署主办的《出版工作》1990年第5期)

二、法学

社会主义法制是坚持社会主义道路的重要保证
——学习新宪法的体会

新宪法是一部具有鲜明中国特色的、适应社会主义现代化建设需要的、具有长期稳定性的社会主义新宪法。它的颁布和实施,标志着我国的社会主义法制进入了一个新的发展阶段。在这种情况下,深刻认识社会主义法制与坚持社会主义道路的关系,是具有重要意义的。在中国共产党的领导下,坚定地走社会主义道路,这是我国全体人民的一致愿望,也是全体人民的根本利益所在。社会主义法制充分体现了人民的这种利益、愿望和要求,它是党的主张和人民意志的高度统一,因而它与坚持社会主义道路是完全一致的。它作为社会主义社会上层建筑的主要组成部分,在这种一致性的基础上,有力地维护着社会主义的经济基础,因而是我们坚持社会主义道路的一个重要保证。

具体来说,这种保证作用主要表现在以下几个方面:

首先,社会主义法制保卫了人民民主专政的国家政权,从而使坚持社会主义道路有了一个可靠的保障。我们知道,社会主义法制通常是指我们国家的法律体系和国家制度,以及国家立法和执法机关活动的基本原则。我们国家以宪法为中心的社会主义法律体系是以四项基本原则为总的指导思想的,这就是坚持社会主义道路,坚持人民民主专政,坚持中国共产党的领导,坚持马列主义毛泽东思想。这四项基本原则是全国人民团结奋斗,共同前进的政治基础,已经载入我国新宪法序言之中,构成我国宪法的社会主义原则的具体内容。这就从本质上决定了我国新宪法的社会性质,决定了它为社会主义制度服务的必然性。

宪法和法律是具有国家强制性的定型化的社会规范,并具有最高的法律效力,全社会成员都必须遵守。新宪法第一条指出:“中华人民共和国是工人阶级领导的、以工农联盟为基础的人民民主专政的社会主义国家。社会主义制度是中华人民共和国的根本制度。禁止任何组织或者个人破坏社会主义制度。”用国家根本大法的形式确定我们的国家性质和社会主义制度,这就赋予坚持社会主义道路以最高的法律效力,任何对人民民主专政国家政权和社会主义制度的破坏和反对,都将受到法律的制裁,这是坚持社会主义道路的有力保证。

社会主义法制在国家生活中的强制和调节的作用,是通过立法、执法和守法这些重要环节来具体实现的。我们的国家制度是人民民主专政制度。为使这个根本制度在立法、执法和守法的各个环节上都能保证贯彻执行,国家又制定了在法律面前人人平等的原则,公安检察法院分工负责,互相配合、互相制约的制度以及有关上诉程序的各种制度。新宪法所规定的建立在民主集中制原则上的各级国家机构,都是为了从政治上和组织上保证全体人民掌握国家权力,真正成为国家的主人。所有这些,都有力地维护了我们人民民主专政的国家政权。在社会主义制度确立以后,我国人民民主专政的国家政权的任务主要是保卫社会主义制度,领导和组织社会主义建设。因此,保卫人民民主专政的国家政权,也就是坚持社会主义道路。

第二,建设高度的社会主义民主,需要社会主义法制做保障。社会主义民主是社会主义法制的前提和基础;社会主义法制则是社会主义民主的重要的政治保障,二者具有不可分割的联系。社会主义民主首先是指社会主义的国家制度。我们国家的人民民主专政制度,一方面要保证绝大多数的劳动人民当家做主,能够真正行使参加国家管理的民主权利,另一方面又能保证对极少数破坏社会主义的敌对分子实行专政。人民的民主权利需要法律做保障。新宪法第二条明确规定:“中华人民共和国的一切权力属于人民。”这是我国国家制度的核心内容和根本准则。由此而决定,人民有权依照法律规定,通过各种途径和形式,管理国家事务,管理经济和文化事业,管理社会事务。这是生活在社会主义制度之下的人民的最根本的民主权利。十亿人民掌握国家权力,是维护人民根本利益的可靠保证,也是我们国家能够经得起各种风险的可靠保证。

为了保障公民的民主权利,我们必须坚持在法律面前人人平等的原则。我国的宪法和法律是广大人民的意志和利益的集中表现。在这样的法律面前,在它的实施上,所有公民都是平等的,任何公民都不允许有超越宪法和法律的特权。这是保证社会主义民主和社会主义法制实施的一条基本原则。只有坚持这个基本原则,公民对于任何国家机关和工作人员有提出批评和建议的权利,对于任何国家机关和国家工作人员的违法失职行为有提出申诉、控告或检举的权利,才可能真正得到保障。

为了保卫社会主义民主还必须坚持国家的专政职能,依照宪法和法律,镇压叛国和其他反革命活动,打击经济领域和其他领域的蓄意破坏和推翻社会主义制度的严重犯罪分子。而要扩大和发展社会主义民主,就必须健全和完备社会主义法制。

第三,没有社会主义法制,社会主义物质文明和精神文明的建设就不能顺利进行。推进两个文明的建设,是现在和今后坚持社会主义道路的重要标志。党的十一届三中全会以来,我们党和国家全部工作的重心已经转移到经济建设上来,与此相适应,国家也做出各种法律规定,切实保障经济建设的顺利发展。新宪法第六条规定:“中华人民共和国的社会主义经济制度的基础是生产资料的社会主义公有制,即全民所有制和劳动群众集体所有制。社会主义公有制消灭人剥削人的制度,实行各尽所能,按劳分配的原则”。第八条和第十一条又分别做出保护城乡集体经济组织和城乡劳动者个体经济的合法的权利和利益的规定。这些规定对于充分调动广大劳动群众的积极性,促进社会主义物质文明的建设具有重要意义。与此同时,国家立法机关还加强了经济立法和经济司法工作。先后制定了中外合资经营企业法、森林法(试行)、环境保护法(试行)、经济合同法以及食品卫生法等等。全国县以上的人民法院大都设立了经济审判庭。对行政立法和行政司法工作也开始重视起来。各种经济法规和行政法规的制定和实施,使社会主义物质文明建设基本上做到了有法可依、有章可循。这对于保卫和巩固社会主义现代化建设的成果来说,提供了一个犀利的武器。

建设精神文明,离开社会主义法制这个必要条件也是不行的。一个国家法制建设的状况,在一定程度上反映着这个国家精神文明建设的水平。社会成员对待法制的态度如何,直接影响着社会精神文明的状况。如果绝大多数成员都是自觉遵纪守法的公民,并且都是具有较强的社会主义法制观念的劳动者,那么,建设社会主义精神文明就有了坚实可靠的群众基础。现在,新宪法已经就我国公民进行纪律和法制教育这件事郑重地作出规定(见新宪法第二十四条)。用国家根本法形式把它作为加强社会主义精神文明建设的一项重要内容固定下来,这是有深刻意义的。

要使社会成员普遍成为有道德、有理想、有文化、守纪律的劳动者,除了依靠教育的力量和社会舆论的影响以外,还必须借助于社会主义法制的强制力量才能奏效。这是因为,共产主义道德不是自发地生长在人们的头脑中的。新宪法第五十三条规定："中华人民共和国公民必须遵守宪法和法律，保守国家秘密，爱护公共财产，遵守劳动纪律、遵守公共秩序，尊重社会公德"。这是我国社会公认的共产主义道德规范的一部分，要求每一个社会成员自觉遵守。就目前我国社会成员的道德水平来看，大多数人是可以自觉遵守的，一部分人经过批评教育和社会舆论的制约，也是可以做到的，有极少数的人是需要经过国家强制管束和改造才可能做到，其中也有个别人则破坏和反对这些道德规范。可见，共产主义道德规范的普及，是需要社会主义法制给予保障的。

第四，社会主义法制将为全面开创社会主义现代化建设的新局面创造良好的社会条件。党的十二大提出了全面开创社会主义现代化建设新局面的伟大战略任务。努力实现这个阶段的战略任务，就是很好地坚持了社会主义道路。但是，要实现这个阶段的战略任务，必须有良好的生产秩序、工作秩序和社会秩序。这就要求我们的执法机关要坚决打击破坏社会主义建设的各种犯罪活动，调整和处理好各种社会矛盾。新宪法第二十八条规定："国家维护社会秩序，镇压叛国和其他反革命的活动，制裁危害社会治安、破坏社会主义经济和其他犯罪的活动，惩办和改造犯罪分子。"实施宪法的这些规定，对于全面开创社会主义现代化建设的新局面来说，无疑是极为重要的。

社会主义法制是坚持社会主义道路的重要保证。在社会主义实践中，随着我国法制建设的不断完善，它必定会发挥出越来越重要的作用。

（原载1982年12月28日《光明日报》）

论中国古代法律思想中“礼治”与“法治”的互相渗透

——兼评《中国法律思想史纲》上卷

什么是有中国特色的社会主义法制？这是一个法学理论上的大题目，不是三言两语能回答得清楚的，它需要运用中国法学、世界法学等多方面知识和论证才能说个道理出来。从研究问题的逻辑顺序讲，首先从中国法制产生、发展和演变的历史入手，做深入细致的调查研究和分析整理的工作，从中理出具有规律性的东西，问题的回答方能有个头绪。

最近，重温张国华、饶鑫贤主编，由甘肃人民出版社出版的《中国法律思想史纲》上卷（以下简称：《史纲》上卷），领悟到一些精神。现结合读书心得，就此谈谈自己的认识。

一、君权“受命于天”的神权法思想，是“礼治”与“法治”思想萌芽在夏、商奴隶制社会的表现

“夏传子，家天下”。从夏朝开始，中国有了第一个私有制社会。维系这个社会的精神支柱，据《史纲》上卷讲，叫作“神权法”思想。相传，夏禹本人对鬼神就很迷信和虔诚，并且非常重视祭祀。神权法思想到商代进入高峰，殷商奴隶主贵族以迷信鬼神著称。《史纲》上卷援引《礼记·表记》说：“殷人尊神，率民以事神。”所有国家大事，包括年成的丰歉、战争的胜负、城邑的兴建、官吏的黜陟以及奴隶是否逃亡等

等,都要通过占卜向上帝和祖先祈祷或请示。发展到后来,“为了假托神意,商王几乎无事不卜,无日不卜,甚至定罪量刑也要诉诸鬼神。”[①]殷商奴隶主贵族认为他们的祖先和上帝关系非常密切,无非是为他们掌握的国家政权披上神权的外衣寻找理论根据。贵族统治者用“天”取代了“上帝神”,把他们对全国的统治权说成是“受命于天”,是“天命”所为,非人事所为。所谓“皇天无亲,唯德是辅”,是说殷的先王有“德”,“以德配天”,所以“君权神授”说有了依据。这样,夏、商奴隶制国家秩序和社会秩序完全是由“天”授予君主的全权来维持的,就连镇压奴隶反抗和惩治那些不听周天子话的诸侯,也叫作“天罚”“天讨”,一切都是“天命”所为。这里无所谓偏“礼治”还是偏“法治”,干脆就是“礼”“法”合一的绝对君权专制。

二、以“亲亲”“宗宗”为基本原则的“明德慎罚”思想,是“礼治”与“法治”互相渗透在西周封建制社会的具体化

西周是中国进入封建制社会的时期[②]。周天子是全族的诸侯,叫“大宗”,为天下诸侯之“共主”。天子以下分封的诸侯叫“小宗”,而且这些诸侯是按照血缘亲属关系分封的,每代诸侯都是嫡长子继承父位。诸侯的下属亲族封为卿大夫,为“小宗”,也是世袭的。诸侯对他们来说则是“大宗”。卿大夫的诸弟又封为士,为“小宗”;卿大夫对他们来说,是“大宗”。士以下除嫡长子继承父位仍为士外,其余诸弟皆为

---

①张国华等主编:《中国法律思想史纲》(上),甘肃人民出版社 1984 年版,第 39 页。

②关于中国封建社会历史分期,过去史学界有两种权威说法:一是以著名历史学家范文澜先生为代表的“西周封建论”;一是以郭沫若先生为代表的“战国封建论”。笔者苟同范文澜先生“西周封建论”。

平民。这种宝塔式的等级制,按照宗法规定:小宗必须服从和尊敬“大宗”,“大宗”应当爱护“小宗”。《史纲》上卷指出:当时这种分封制和宗法制相结合的做法,一方面保证了各级政权主要掌握在被认为最可靠的自己亲属手里,使他们能世代相沿地成为封地的统治者和享受封建地内的剥削收入;另一方面在天子、诸侯、大夫等各级贵族之间,除政治上的上下级关系外,又加上一层“小宗”服从“大宗”的宗法关系,以便利用血缘来巩固他们的统治,用族权加强政权。西周的礼制,正是以这种宗法等级制为核心建立起来的。它的内容包罗万象,涉及政治、经济、军事、教育、行政、司法、宗教、祭祀、婚姻家庭、伦理道德等广泛的方面。正如《史纲》上卷指出的,“一切都必须以礼为准绳”。那么,周礼的规范内容是什么呢?《史纲》上卷的第二章第一节里引述了《礼记·曲礼上》记载的一段资料:“道德仁义,非礼不成;教训正俗,非礼不备,分争辩讼,非礼不决;君臣上下,父子兄弟,非礼不定;宦学事师,非礼不亲;班朝治军、莅官行法,非礼威严不行;祈祷祭祀、供给鬼神,非礼不诚不庄。”看吧,对国家生活与社会生活几乎无所不包!尤其重要的是,其中有些规范,如“教训正俗”“分争辩讼”“班朝治军”“莅官行法”等,具有民法和行政法乃至“国家根本大法的性质”①。所以说,“礼治”意识与“法治”意识在西周社会很难把它们分开。

“亲亲”“宗宗”等作为“礼治”的基本原则,它的具体内容又是什么呢?《史纲》上卷解释说:“亲亲”,是指必须亲爱自己的亲属,特别是以父权为中心的尊亲属;子弟必须孝顺父兄,小宗必须服从大宗,分封和任命官吏必须“任人唯亲”,使亲者贵,疏者贱,并按嫡长继承制代代世袭下去。“尊尊”,是指下级对上级必须尊敬和服从,特别是对奉为天下大宗的天子和一国宗主的国君,严格上下等级秩序,不得僭

①同上书,第48页。

越，不得犯上作乱。“长长”，是指小辈必须敬重长辈。“男女有别”，是指“男尊女卑”“男女授受不亲”和同姓不婚。这四个方面，最基本的是“亲亲”“宗宗”，而且是要求社会全体成员一体遵行、绝对不可动摇的秩序。《礼记·大传》强调指出：“亲亲也，宗宗也，长长也，男女有别，此其不可得与民变革者也。”《史纲》上卷分析说，“亲亲”和“宗宗”既是周礼的基本原则，也是西周立法的指导思想；与此相适应，孝和忠既是伦理道德规范，又是法律规范。由于周礼本出自宗法，所以西周统治者主要依靠宗法来维系其集团内的团结，巩固其政权。

“礼不下庶人，刑不上大夫”，是西周“礼治”的一个特点，也是指导立法和司法的重要原则之一。这还是维护宗法等级制的那一套。由此可见，西周社会的所谓“礼治”，无不具有宗法等级制法律原则的性质。它和我们今天听讲的“文明礼貌”中的“礼”，是性质完全不同的两回事。我们现在讲的礼，确切一点说，正是中外都加赞赏的中国乃“礼仪之邦”中的礼，这是众所公认的。所以“礼”和“法”，在西周封建制社会是一致的，是符合当时社会实际的。

三、“礼治”与“法治”互相渗透在春秋战国时期的儒家学派内部表现为“为国以礼”“宽猛相济”“德主刑辅”的综合主张

春秋战国时期，是一个漫长的诸侯割据、列国林立的社会大变革时期，代表各派政治势力的思想家们出现了“百家争鸣”的空前局面。他们在政治法律思想方面的争论，主要是围绕着对待“礼”和“法”的态度展开的。争鸣的主要对立面，就是基本上维护“礼治”的儒家学派和坚决主张“法治”的法家学派这两家。所以，话就得从两派的主张说起。对于以孔子为创始人的儒家学派，过去很长一个时期总是批判和全盘否定他们的思想及其社会价值。特别是“史无前例”地“评法批儒”的那些年代，在江青一伙阴谋家的眼里，儒家哪有什么法律思想

可言,带“法”字的思想观点和主张都划归法家独有。除了大搞“影射史学”那一套之外,没有搞出什么正经的学术研究名堂来。《史纲》上卷就儒家的法律思想专设一章(即本书第四章)作了介绍。而且昭示人们:儒家不仅仅是注重“礼治”,还有影响深远的“宽猛相济”“德主刑辅”的法律思想和主张。

儒家 “礼治” 所表现的法律思想的主要内容是:“为国以礼”“礼者,法之大分,类之纲纪也。”“道之以德,齐之以礼。”“宽猛相济”“德主刑辅”。这些主张所包含的意思,有这样几个方面:(1)要求各级贵族“以礼让为国”,互相克制,停止争夺,遵守礼制。为此,孔子提出“克己复礼为仁”的思想体系。“仁”是孔子“礼治”主张的核心,“复礼”是目的。《史纲》上卷指出这是“整个儒家的理论基础”①(2)孔子的“礼治”主张在其法律思想上的体现,就是主张必须以“礼乐”作为适用刑罚的指导。只有在礼乐的指导下,刑罚的运用才能得当,不致使人们无所适从。所以他说:“礼乐不兴,则刑罚不中;刑罚不中,则民无所措手足。”儒家的第二号人物孟轲也说:“无礼义,则上下乱。”连儒、法合流的荀况也是特别推崇“礼”以维护等级制的;并明确指出:“礼者,法之大分(本),类之纲纪也”,要求用维护等级制的礼作为“指导立法和审判的根本原则”②。把“礼”看作是用“法”的前提、统帅一切的纲领,固然是儒家学派的思想主旨,但这个学派并非抛弃“法”的作田;相反的,他们是把“法”作为“礼”的一种补充手段、辅助手段来运用的。(3)孔子对于能够使用“宽以济猛,猛以济宽”的两手进行统治的君臣,是

---

①张国华等主编:《中国法律思想史纲》(上),甘肃人民出版 1984 年版,第 78 页。

②张国华等主编:《中国法律思想史纲》(上),甘肃人民出版 1984 年版,第 78 页。

颇加赞赏的。后来,荀况干脆明白地提出了“明礼义以化之”“重刑罚以禁之”的“治之经,礼与刑”的主张。《史纲》上卷说:“儒家总是认为刑罚是教化的辅助手段,其作用在于促成德化,所以被后人归纳为‘刑者德之辅’,亦即‘德主刑辅’”。所谓“宽”,就是指教化;“猛”,显然是指强制手段,即刑罚的运用。当教化不起作用时,就诉诸国家强制力,使用刑罚。所以“宽”“猛”是相济的,“礼”与“法”实际上是互为补充的关系。不过儒家思想上“礼”的位置摆得比“法”重要些罢了,但绝不可能是弃“法”于不顾。

四、“礼治”与“法治”互相渗透在春秋战国时期的法家学派内部表现为“令顺民心”“以法治国”以及“法”“势”“术”三者结合

“以法治国”,国“以法为本”,是春秋战国时期法家法律思想的核心,和儒家的“为国以礼”“以礼治国”的主张是对立的。这种对立的焦点,是集中在以什么方式和方法治理国家上。法家先驱管仲提出“仓廪实则知礼节,衣食足则知荣辱”的著名论点,是因为他认识到了使人们遵守礼义法度和稳定社会秩序的物质基础与礼义法度存亡的关系。管仲很重视道德与法律的作用,曾把“礼义廉耻”比作“国之四维”,但他反对空喊“礼义法度”口号,认为首先必须解决人民的温饱问题,使人民免于饥寒交迫之困境,才能谈得上“礼义廉耻”。著名法家代表人物商鞅实行变法的内容,其中就有奖励耕织、重农抑商之策。只有这样,才能富国强兵;能富国强兵,国家没有不治的道理。这是从物质基础上保证“法治”的推行。

立法必须“令顺民心”的观点,是法家从他们提出的“好利恶害”的人性论出发的。《史纲》上卷援引了《管子·禁藏》和《商君书·错法》两篇资料中的话:“夫凡人之情,见利莫能勿就,见害莫能勿避。其商人通贾,倍道兼行,夜以继日,千里而不远者,利在前也。渔人入海,海

深万仞,就彼逆流,乘危万里,宿夜不出者,利在水也。故利之所在,虽千仞之山,无所不上;深渊之下,无所不入焉。”以及“人生有好恶,故民可治也。”“人性好爵禄而恶刑罚”等,诚乃生动写照。所以“信赏必罚”成为先秦法家的基本主张之一,用赏罚之法来“顺民心”,国家就可以得到治理。这是先秦法家关于人性“好利恶害”说的归宿。

法家既主张“法治”,首先得有“法”。所以郑国大夫子产(?—公元前522年)于公元前536年“铸刑书于鼎,以为国之常法。”(晋杜预《春秋左氏经传集解》),首创了中国历史上公布成文法的先例。魏文侯相李悝(约公元前455—前395年)著《法经》六篇,成为中国历史上第一部完整的诸法合体、以刑为主的刑法和刑事诉讼法典。它对后世封建立法产生了深远的影响。

韩非(约公元前280—前233年)是法家思想之集大成者。他的法律思想在先秦法家中是有代表性的,但又有他自身的特点。他吸收了慎到“势治”和申不害“术治”的基本观点,克服了他们“无法”的缺点,补充和丰富了自己的法律思想,提出了以法为中心,“法”“势”“术”三结合的法治主张。对此,《史纲》上卷有资料翔实的论述。韩非主张的实质,是强调君主必须“擅势”,必须集国家统治权于一身,这样就可以达到“权重位尊”的目的;权重位尊,就能产生“抱法处势则治”的效果。为了驾驭臣下,以保政权的稳固,韩非认为君主运用“君人南面之术”的策略手段,是必要的。而且认为,没有“术”,“势”也不一定能保得住。“法”“势”结合与“法”“术”结合,都是为了“以法治国”。

五、秦始皇、李斯弃“礼”重“法”的重刑主义和残苛的刑罚,是秦王朝速亡的重要因素之一

以秦始皇为首的秦统治集团的法律思想和主张,是商鞅、韩非等法家“法治”思想和主张的继承和发展。商、韩虽然都死在他们所忠实

服务过的统治者手里，但他们的一整套“法治”主张和思想理论，在他们之后为秦统治者基本采纳并付诸实施，秦国也的确因此变得兵强国富，很快统一了六国，建立了中国历史上第一个统一的中央集权的封建帝国。但秦统治集团却是“沿着严刑峻法的方向将法家学说发展到极端，成为他们实行横征暴敛、重刑残民政策的指导思想”。①残酷迫害知识分子的“焚书坑儒”暴行，是秦以前没有过的，倘若商、韩在世，也绝不会赞成这样做的，说不定他俩还会做“坑儒”的殉葬者。秦王朝统治集团对全国实行残暴的暴君专制，对于儒家所讲的“礼义”之治，连一点气味都闻不到，否定得可谓彻底。秦始皇、李斯在法律思想上与韩非完全一致。秦始皇崇拜韩非甚至到了五体投地的程度，说出了“寡人得见此人与之游，死不恨矣”的话！但是，秦王朝的统治仅仅存在了十三四年的光景就被农民大起义所推翻，能否得出结论说：是由于秦始皇、李斯推行了商、韩的“法治”主张的缘故？显然不能。对于秦王朝的政权短命及其速亡的原因问题，不是本文的主旨，故不作详论。但造成秦亡的直接原因，不能不说是由于政治的暴虐、刑罚的繁苛，弄得民不聊生，激化了阶级矛盾的结果。而这个直接原因里头，不能排除秦统治者把商、韩学说发展到极端，乃至专任严刑峻法这个重要的因素。

对于商、韩的“法治”思想和主张，我们得有个实事求是的公平的评价。商鞅和韩非在先秦法家中的地位，以及他们思想在当时的历史进步作用和对后世的积极影响，无论到什么时候，也不能否定。多的不说，像废井田、分封制，承认土地私有，确立封建郡县制，重农重战，

---

①张国华等主编：《中国法律思想史纲》（上），甘肃人民出版社 1984 年版，第 269 页。

注意发展农业生产，提出“法与时转则治”“法与世宜则有功”以及赏善罚恶等等思想和主张，多为历代开明的封建统治者吸收采纳，对社会的发展起了促进作用，有的法律思想观点在今天还有借鉴价值。但是，像否定道德教化的作用，专任严刑峻法，提出“以刑去刑”“以杀去杀”的重刑主义观点，以及重权势，用玩弄阴谋诡计之“术”来对付下属官员等主张，不但在当时没有起好作用，而且贻害深远。这些东西应当说是法家思想的阴暗面，不要说现在应予否定，即便在当时也是背时的，而且与他们的理论也是矛盾的。比如说，“法与世宜则有功”，是他们提出的正确理论，但又提出“以刑去刑”“以杀去杀”，一切都要按照“厚赏重罚”的政策办，就脱离了古代中国的“国情”，实际上导致“法与世不宜则乱”的结局。由此可见，“礼治”与“法治”的互相渗透不仅具有理论意义，而且对于古代中国社会来说，还具有实践上的意义。所以，断然用“礼治”，或是断然用“法治”，都不能使中国古代社会长治久安。这一判断，在秦以后的历代统治者和法律思想家们的政治主张和思想观点中，可以不断得到证明。

六、封建正统法律思想的形成，
是“礼治”与“法治”互相渗透在两汉时期的集中表现

封建正统法律思想，发端于汉初而形成于西汉中期。主张“文武并用”“德刑相济”，坚持“约法省禁”“尊主安民”，要求“刑不厌轻”“罚不患薄”，是汉初黄老学派法律思想的基本内容和特征。上述主张和要求，都是围绕着德刑关系问题提出来的。汉高祖刘邦定天下以后，太中大夫陆贾向他提出“文武并用”“德刑相济”的建议。认为高祖可以“马上”（武功）得天下，但不可以“马上”治天下。因此，他要求刘邦不要学秦始皇的专任刑罚，而应注意讲“德治”，实行“仁义”，也就是“文治”的意思。《史纲》上卷引述《淮南子·泰族训》说：“仁义者，治

之本也。""民无廉耻不可治也,非修礼义,廉耻不立。"但是在这同时,他也指出:光讲礼义是不行的,"礼义独行,纲纪不立"。所以"法度"也是必要的。"德刑相济"说就表达了这个意思。"汉初黄老学派认为,秦朝速亡的最重要原因之一,是法令繁苛,刑罚暴虐,妄诛轻杀,'苦民伤众'",所以强调指出:"为治之本,务在安民"[①]。要做到安民,除了解决衣食等生活资料,使民"足用",勿夺农时以及"省事"、"节欲"等之外,法令必须简易,刑罚必须宽平,也就是"约法省禁"。在刑罚的具体运用上,汉初黄老学派的观点与秦王政完全相反,也坚决反对李斯主张的"深督轻罪"(轻罪重判),提出"设刑者不厌轻,为德者不厌重,行罚者不患薄,布赏者不患厚";只要能做到这样,就能够产生"不言而信,不怒而威"、"法正则民悫,罪当则民从"的社会效果。

汉初黄老学派的法律思想代表人物贾谊,有更为明确的"德刑相济"观点。他深刻指出:"人主仁而境内和矣,故其士民莫弗亲也;人主义而境内理矣,故其士民莫弗顺也;人主有礼而境内肃矣,故其士民莫弗敬也;人主有信而境内贞矣,故其士民莫弗信也;人主公而境内服矣,故其士民莫弗戴也;人主法而境内轨矣,故其士民莫弗辅也;举贤则民化善,使能则官职治。"[②]很明显,贾谊将仁、义、礼、法、德治、教化、威令等相提并论,是为了"更秦之法",约束和劝说汉代君臣不要走秦始皇专任刑罚而遭亡国的老路。他还主张"劝善"用礼,"惩恶"用法。他说"若夫庆赏以劝善,刑罚以惩恶,先王执此之政,坚如金石;行此之令,信如四时。"贾谊还认为,法只能治"表",而礼却能治"本",

①张国华等主编:《中国法律思想史纲》(上),甘肃人民出版社 1984 年版,第 285 页。

②同上书,第 293 页.

即:“然而曰礼云礼云者,贵绝恶于未萌,而起教于微渺,使民日迁善远罪而不自知也。”[1]其意是说,法只是对罪行的惩罚,是事后的处理;而礼却能使人们潜移默化地消除犯上作乱的意志和动机,起到预防犯罪的作用。这种见解在当时来说实属难能可贵。

汉初的这种以礼义为本、“德刑相济”的法律思想到了西汉中期,随着封建大一统政局的正式形成,终于酿成“罢黜百家,独尊儒术”的封建正统政治法律思想的局面。自从董仲舒(约公元前179—前104年)向汉武帝提出“罢黜百家,独尊儒术”的建议之后,社会上就树立起了儒家思想的统治地位,“使儒学成为官学,迅速发展为指导和支配整个社会思想意识以至人们日常言行的最高准则。体现在法律方面,则是使儒家经义渗透到法典当中,造成了经律并称,经律互用,特别是据经解律,引经决狱的现象,使律学随着经学的发展而空前兴盛,终至形成了深深打上儒家经义烙印的封建正统法律思想。”[2]《史纲》上卷所做的这一概括的内容,都可以在群儒之首董仲舒的一系列思想和主张中找到思想资料。董仲舒法律思想的特点是:从他创造的“天人感应”说和“性三品”的人性论出发,将儒家重德轻刑、德刑相济等观点进一步系统化、理论化和神学化,建立了以“德主刑辅”为中心思想的理论体系。“他不但把法律的起源、目的、作用等都纳入神学目的论的体系;而且将封建政权与神权、族权、夫权等结合起来,把集中体现这四种权力、代表了全部封建宗法的思想和制度的‘三纲五常’确立为封建立法的指导原则。他还把封建伦理道德原则与封建法制实践结合起来,用儒家经典中体现的宗法等级原则指导刑罚的具体

①张国华等主编:《中国法律思想史纲》(上),甘肃人民出版社19S4年版,第295页。

②同上书,第312页。

运用。”[1]《史纲》上卷的这一分析，是符合自董仲舒以来2100年封建正统政治法律思想发展史的实际情况的。

值得一提的是“春秋决狱”所体现的儒家刑罚观点。它主要是把儒家经典所集中体现的封建伦理观念运用到案件的审判中来。其所贯彻的基本原则，一是绝对尊君；二是亲属相隐；三是论心定罪（按动机如何定罪，效果是次要的）。具体内容例如：“春秋之义，父为子隐，子为父隐”（即“亲属相隐”原则）。“春秋之义，君亲无将，将而诛之。”对于君主和嫡亲尊长，不得有任何反叛之心，否则即使只有预谋而未实施叛逆行为，也要处以极刑。“春秋之义，妇无专制擅恣之行。”就是说妇女应严格遵循“夫为妻纲”的纲常教条，若有违背，从重惩罚。“春秋之义，原心定罪。”这就是治罪的“动机论”，即根据犯罪的动机、心理的善恶来定罪量刑，而将犯罪的行为、效果放在次要地位。而且这些原则，都可以在《春秋》中找出相应的案例作为对新的具体案件当事人的行为定罪量刑的法律依据。这实际上把《春秋》及其经义抬到了法律的地位，“从而出现了儒家思想法律化、儒家经典法典化的现象”。[2]这个估价是不过分的。《汉书·董仲舒传》和《后汉书·应邵传》都记载有董仲舒已经告老还家，住在京城陋巷，朝廷每逢政治和问案大事，就派廷尉张汤亲自登门问计，请董仲舒引经决狱的事。如说：“董仲舒老病致仕，朝廷每有政议，数遣廷尉张汤亲至陋巷，问其得失。于是作《春秋决狱》二百三十二事。动以经对，言之评矣。”这样一来，就把儒家“纳礼入律”“礼法结合”的法律思想发展到了“纳经入律”“经法结合”的地步。在封建正统政治法律思想的体系内，“春秋决狱”成

---

①张国华等主编：《中国法律思想史纲》（上），甘肃人民出版社1984年版，第328页。

②同上书，第337页。

为一个重要的组成部分。这使“礼治”与“法治”的结合更加密切了。

七、刑教结合、恩威并施、审时度势、宽严适中，以及坚持用礼来指导立法、司法等思想，是“礼治”与“法治”互相渗透在三国、两晋、南北朝时期的具体表现

三国、两晋、南北朝，是中国历史上最长的混乱时期，历时近四百年。在这段历史中，由于豪强割据势力之间的争夺和残杀而引起的混战连年不断；封建经济遭受极大破坏。正如曹操在其诗文里反映的那样：“白骨露于野，千里无鸡鸣”，人民饥寒交迫，苦不堪言。豪强门阀地主侵占和兼并了大量土地，拥有众多的奴婢、佃客和部曲，并在政治、经济等方面享有种种特权。在这种乱世之下，英雄豪杰并起，各派政治势力的思想家们也出现在政治舞台上。政治法律思想史的发展，此时出现了一些时代的特点：一部分士大夫杂糅儒、法、道等各家主张，企图借以消除危机，结束分裂割据局面，重建统一的封建统治秩序。像东汉末年的王符、仲长统等人，就是这类思想的先导。王符提出要行“德化”、正“法令”，即儒家的“省刑罚”“薄赋敛”等“仁政”措施和法家的“法治”主张“法令行则国治，法令弛则国乱”。仲长统主张废弃那些违时而有害的法令，恢复那些适时而有利的制度，以确立“太平之纪纲”。也就是他的法律“变”“复”观点。曹操和诸葛亮的法律思想基本上是一致的，都具有“注重‘法治’、刑教结合、执法严谨、赏罚分明的鲜明特征”[①]。“对于礼、法关系的认识，曹操、诸葛亮都坚持‘德主刑辅’，这与两汉封建正统法律思想是一致的”[②]。

---

①张国华等主编：《中国法律思想史纲》（上），甘肃人民出版社 1984 年版，第 389 页。

②同上书，第 390 页。

曹操、诸葛亮虽然都主张“刑教结合”、赏善罚恶的“法治”，但他们都反对滥施刑罚，而强调先教后刑、执法公允，这和商、韩的重刑主张有很大不同。杜预提出立法要准确、简明、通俗；刘颂强调法律的统一，“简而不漏，大罪必诛”以及“有法必依”“执法必信”；还有葛洪的道表儒里和“刑为仁佐”观点，拓跋宏（北魏孝文帝）强调“法为治要”，要求统治者率先遵守法纪，明正赏罚，主张以礼来指导立法和司法的观点等等，都具有三国、两晋、南北朝这个时期法律思想糅合儒、法、道各家的特点。但总的精神，还是体现了“德主刑辅”这个封建正统法律思想的特征。即便有些主张也注重“法治”，但具体内容和精神已与秦王朝统治集团所主张的“法治”大大不同；他们都是在总结和汲取秦法得失的经验教训基础上提出来的；而且这个时期的统治者们大都比秦统治者要谨慎多了，即使是强调“法治”很厉害，乃至用法律手段推行汉化，改革鲜卑旧俗的北魏皇帝拓跋宏，也没有忘记用“礼”来指导立法和司法。

八、“礼治”与“法治”的互相渗透在隋、唐时期得到了合理的体观

隋、唐时期，是中国封建正统政治法律思想发展成熟和充分发挥作用的黄金时代，也是法律思想上“礼治”与“法治”互相渗透的特征得以合理体现的时期。这主要表现在隋王朝的开创者隋文帝杨坚所实行的重大改革和唐帝国“贞观之治”局面的奠定者李世民及其统治集团“礼法结合”“简禁恤刑”的法律思想方面。隋文帝杨坚（公元581—604年）实行的政治改革和法律方面的建设主要有：(1)革除弊政，任用贤才，精简行政机构。在中央，废除了北周模仿《周礼》而设置的六管制度，建立了三省六部制。在地方，采纳了河南道行台兵部尚书杨尚希的建议，本着“存要去闲，并小为大”的原则，撤销郡一级行政机构，合并了一些县，淘汰了一批饱食终日、无所事事的“冗官”，从

而革除了“民少官多,十羊九牧”的弊政,既节省了国家财政开支,又提高了行政效率。(2)抑制兼并,实行均田,减轻徭役和裁减苛捐杂税。杨坚以身作则,提倡“躬履节俭”,过着清苦节俭的日子。据史书记载:“开皇、仁寿年间,丈夫不衣绫绮,而无金玉之饰,常服率多布帛,装带不过以铜铁骨角而已”,是因为隋文帝杨坚能够“其自奉养,务为俭素,乘舆御物,故弊者随意补用。自非亭宴,所食不过一肉。后宫皆服浣濯之衣”,做到身体力行。(3)强调法简刑清,删削繁苛的律令,主张“导德齐礼”,“以德代刑”,并以此为指导,制定《开皇律》。杨坚认为,“道德仁义,非礼不成,安上治人,莫善于礼。”他一方面指派尚书左仆射高颎和上柱国郑译等人制定《开皇律》;同时又力主“刑以辅德”,并要求把这一指导思想注入法律中。在立法上,他反对繁苛而残酷的重刑主义,坚持“以轻代重,化死为生”的做法,并在《开皇律》中得到了充分体现。当时,由于这些改革,出现了“刑网简要,疏而不失”的新气象。其影响所及,为唐代的立法提供了重要经验。(4)强调惩罚严明,秉公执法,不避亲贵,一概按律处断。为了整饬吏治,杨坚强调官吏的守法、执法问题。他的第三个儿子秦王杨俊任并州总管期间,“好奢侈,违越制度,盛治宫室”,杨坚知道后,依法论处,革了他的官职。当尚书左仆射杨素和左武卫将军刘升为之求情宽恕时,杨坚生气地说:“我是五儿之父,非兆民之父,若如公意,何不别制天子儿律?以周公之为人,尚诛管蔡,我诚不及周公远矣,安能亏法乎?”他依然按律处断。当然,我们不能说杨坚就好得不得了。他到晚年变化很大,对臣下多不信任,猜忌之心日渐加重,以至经常在皇宫殿廷上行刑杀人,完全违背了他前期的法律思想和《开皇律》的精神,干了许多“法外用刑”、刑讯逼供的坏事,为他的二儿子杨广(即隋炀帝)即位后实行暴君专制,以致隋亡埋下了祸种。在同一个人身上,前正后反,足以说明“礼治”与“法治”的不可分性。李世民及其统治集团坐定天下以后，深深记取了隋亡的严重教训，实行了一系列有利于社会安定团结、恢复和发展生产的政策，在短时间内就出现了“贞观之治”的繁荣昌盛局面。在法律思想方面，李世民及其统治集团（其成员除李世民外，还有房玄龄、长孙无忌、魏征等）的指导思想，是建立在“安人宁国”的总方针上面的。具体内容是：（1）求贤纳谏，选贤任能，杜谗去佞、谨言慎行，紧紧抓住“安人宁国”的治国总方针。贞观二年（公元628年），李世民接受了王珪关于治国在于“安人”的观点，并加以总结说：“公言是也，夫安人宁国，唯在于君，君无为则人乐，君多欲则人苦。朕所以抑情损欲，克己自励耳。”就当时的实际情况，李世民大体上这样做了。他在回顾自己在前一段的“政绩”时说：“故夙夜孜孜，惟欲清静，使天下无事。遂得徭役不兴，年谷丰稔，百姓安乐。夫治国犹如栽树，本根不摇，则枝叶茂荣。君能清静，百姓何得不安乐乎？”李世民很重视官吏的考核、任用。从中央到地方各级官吏的选拔，都是这样做的。他还亲自掌握刺史官的选拔和任命，并把各州都督、刺史的名字写在屏风上，将这些官吏的显赫“政绩”也记载于名下。他反复告诫臣下，随时提醒他“思隋氏灭亡之事”。他大胆信任和起用直言敢谏之士。魏征原是太子李建成府中掌管图籍的洗马官，李世民即位后，不计前嫌，诏他为谏议大夫，直至进封左光禄大夫和郑国公。魏征多犯颜直谏，先后陈谏二百多事，成为一代“良臣”，与李世民贯彻求贤纳谏、选贤任能的政策是分不开的。被称为一代“良相”的房玄龄和长孙无忌，是为辅佐李世民实现“贞观之治”立下汗马功劳的贤能之士。这些人都能够集合到李世民的麾下效力，当然与他贤明的人事政策有直接关系。（2）强调“用法务在宽简”“恤刑慎杀”、明正赏罚、执法不避亲疏贵贱，“一断以律”的立法和司法原则。李世民及其统治集团在立法上主张“简约宽平”，去重从轻，特别是在死刑与肉刑的运用上，更持审慎态度。贞观元年（公元627年），李世民就指出：“死者不可复生,用法务在宽简。”此后,他曾多次指示臣下:“国家法令惟须简约。”在修订《武德律》和制定《贞观律》时,这种立法指导思想得到了充分体现。在立法上不但删去了许多死刑规定,而且在死刑的运用上采取了从严控制的“死刑复核程序”。他首创了封建法律史上“九卿议刑”的制度;将死刑执行前向皇帝请示三次的“三复奏”改为“五复奏”。他认为,“人命至重,一死不可再生”,力求恤刑慎杀。他认识到:“赏当其劳,无功者自退;罚当其罪,为恶者戒惧。故知赏罚不可轻行。”所以主张统一赏罚标准,不避亲疏贵贱,一概按照法律办事。(3)严惩贪官污吏,防止枉纵。编纂《贞观政要》一书的史官吴竞,说李世民浑噩官吏贪浊,有枉法受财者,必无赦免。在京流外有犯脏者,皆遣执奏,随其所犯,置以重法。”[①](4)以仁义教化、德主刑辅为修律的指导。负责修订旧律工作的房玄龄和长孙无忌等人,始终贯彻了“议法处令,务在宽平”,强调治国的根本在于“德与刑”的“德主刑辅”思想。在《贞观律令格式》(即《唐律》)编定之后,主持编撰《唐律疏议》的长孙无忌,在阐明和发挥《唐律》义理的时候,完全贯彻了“一准于礼”的精神。强调“德礼为政教之本,刑罚为政教之用。”[②]这当然反映了他的法律思想。

在李世民及其统治集团的政治主张和法律思想中,留有道家“清静无为”的痕迹。但其主旨还是“礼”“法”结合、德主刑辅。魏征说得很明白:“仁义理之本也,刑罚理之末也。”[③]礼本、刑末,主次关系是很清楚的。李世民君臣“礼”“法”结合、德主刑辅的法律思想不是说说而

①张国华等主编:《中国法律思想史纲》(上),甘肃人民出版社 1984 年版,第 470 页。

②同上书,第 474 页。

③同上书,第 475 页。

已，而是在立法、司法乃至政治改革和用人政策等方面的实践上得到充分体现的，他们基本上都按照自己的主张做了许多事情。上面叙述到的关于他们的言行就足够说明这点。隋文帝杨坚比起李世民及其统治集团来，“政绩”尚有不如之处，但其法律思想的主旨都是一脉相承的，而且都忠实地继承和发扬了封建正统政治法律思想的传统——德主刑辅。这两个朝代的统治者在“礼治”与“法治”的结合上，做得比他们以前的任何一朝统治者都认真和彻底，“礼治”与“法治”互相渗透这个特征体观得也比过去任何朝代更为充分、合理。

《史纲》上卷就写到唐代为止。它阐述了中国古代法律思想三千余年的发展史，经历了夏、商、西周、春秋战国、秦、两汉、三国、魏晋、南北朝、隋、唐等朝代和历史时期。我们通过这漫长的历史时期中国古代法律思想产生、发展和演变的历史状况和各个时期表现出的特点，看到了“礼治”与“法治”为什么在中国古代社会互相渗透的道理所在，从而使我们领悟到这样几个值得思考的问题：(一)以封建伦理原则和道德规范为主要内容，以礼法结合、德主刑辅为基本特征的政治法律思想及其实践，为什么能维系封建统治秩序几千年之久而不衰？(二)为什么朝代更替、统治者易人，而“礼治”与“法治”的互相渗透总是存在？(三)在法律和伦理道德并存的当代社会，如何估价它们各自的地位、作用和相互关系，以及两者发展的规律？中国特色社会主义法制的基本特征是什么？可不可以从中找到合理答案？上述几个问题，我认为是编著和出版《史纲》上卷的意义所在，也是阅读《史纲》上卷应当考虑到的主要精神。

（原载上海社会科学院《学术季刊》，1986 年第 1 期）

加强行政立法和行政司法工作

行政法是一个独立的法律部门,是国家的基本法之一,它是关于国家行政管理及其事务的各种法律规范的总称。其内容包括国家行政机关的活动及作用的一切方面。例如,关于国家行政管理体制、国家行政机关工作人员的录用和考核,国家行政管理活动的基本原则,国家行政机关的权限和组织形式、隶属关系以及活动方式方法等的规定,均属行政法的范畴。在我国,行政法调整的对象主要是国家机关在行政活动过程中所发生的各种社会关系。

行政法一般散见于宪法、法律,以及国务院发布的决议和命令、国务院各部、委和直属机构的规范性文件以及地方国家权力机关和地方国家行政机关的规范性文件等,涉及范围非常广泛。任何一个实行法治的国家,对于行政立法和行政司法工作都是十分重视的,因为它是一个国家完善法制建设的重要内容。

新中国成立以来, 我们国家各级行政机关发布的规范性文件是很多的。20 世纪 60 年代以前产生的行政法规,有不少至今还有效力。问题是缺乏整理,不系统、不完备,一些重要的常用行政法规则根本没有。例如,在关于国家各级行政机关的编制,各级干部的职责和权限,升降、录用、奖惩等方面都缺少明确的条文规定。即使国家行政机关和它的工作人员发生了违反政纪的行为,就因为没有相应的行政法规可依而得不到调整。这对于国家机关廉政建设和法制建设都是很不利的。我们必须迅速改变这个局面,加强行政立法和行政司法工作。

首先，加强行政立法和行政司法工作是加强社会主义法制的需要。有法可依,制定完备的法律,是社会主义法制的首要任务和基本环节。有些人,由于长时间受到极“左”思潮的影响,至今头脑里还残存着法律虚无主义。他们以为只要有了刑法、民法这类法律就可以了,不需要搞什么行政法了。这种看法是错误的。它否认了不同法律部门之间的相对独立性,忽视了国家法制的系统性和完整性。有了法律,才能使人们有规范自己行动的尺度和准绳,有了各种国家行政工作的法规,国家机关的工作人员,无论是领导者还是被领导者,才能在自己的工作岗位上自觉遵守各项法律规范，才能使我们各级国家行政机关的工作坚持依法办事、依法行政的原则。

我们的法,无论是成文法还是习惯法,都是由国家最高权力机关即全国人民代表大会制定或认可的行为规范。因此,它具有无可争辩的强制性,这也是符合广大人民根本利益的。对于任何国家机关或工作人员违反行政法规的行为,必须实行行政强制。所谓行政强制,就是指在遇到某些违反行政法规的行为,经说服教育还不能制止,该行政法规还继续被违反下去的场合,不通过法院诉讼程序去解决,而由有权的国家行政机关直接对之实行强制,即追究其行政责任,给予各种行政处分。

行政强制,对于违反行政法规者来说,虽然还不是法律制裁,还是行政制裁,但是它也是法律手段的必要补充,也是社会主义法制的组成内容。对于那些说服教育无效的违法者,那些违法而又不构成犯罪的分子来说,行政强制都是十分必要的措施。正如毛泽东同志所指出的:“人民为了有效地进行生产、进行学习和有秩序地过生活,要求自己的政府、生产的领导者、文化教育机关的领导者发布各种适当的带强制性的行政命令。没有这种行政命令,社会秩序就无法维持,这是人们的常识所了解的。”①

其次,加强行政立法和行政司法工作,也是政府机构改革工作的需要。我们必须使这二者协调起来。我们国家的政府机构,长期以来存在着部门林立、机构臃肿、层次繁多、互相扯皮、人浮于事、副职虚职过多、工作效率很低这类不能容忍的状况。其中一个重要原因,就在于行政的不健全、不完备。新中国成立以来,政府机构曾多次进行过精简、调整,但是每次精简调整的结果,事与愿违,不简则已,越简越繁,缺乏完善的合适的行政法规借以巩固精简的成果,以至形成今天这种状况。

政府机构的精简与改革,本身就是一种重大的行政行为,其中必有行政立法和行政司法的一系列活动过程。当前,我国又在进行政府机构的改革工作,历史的经验和教训都值得注意。我们应当加强行政法的研究,加强行政立法和行政司法工作。党和国家领导人强调指出,在精简机构的同时,要用行政立法明确规定国务院和地方各级政府的各部门的职责权限,以及各个行政机构内部的各个组织和工作人员的职责范围。要建立国家工作人员的严格考核制度和奖惩制度。这件事做得好,一方面可以促进机构改革工作的科学化;另一方面也可以用法律的形式把改革的成果固定下来,使改革后的新机构及其活动和作用的一切方面都能够得到法律的保障,避免重蹈覆辙。

再次,加强行政立法和行政司法工作,也是提高国家机关工作效率和增强国家机关工作人员法制观念的需要。各种行政法规确立了各个部门的权限和职责范围,确定了它们相互之间的关系,谁违反了,就要受到行政主管部门的行政追究。列宁说过:“对犯有官僚主

①见《毛泽东选集》第5卷,第368~369页。

义,拖拉作风,不尽职、疏忽大意等过错的人给以行政处分,情节严重者必须撤职,并送交法院审办,由司法人民委员部进行公审。”[①]无可否认,这样做对于提高机关工作效率,减少扯皮、推诿,克服只画圈不办事,公文旅行、文牍主义泛滥等现象以及改善机关作风都有积极作用。这在客观上对于国家机关工作人员也是一个教育,使他们懂得,任何玩忽职守,敷衍了事的行为,都将受到行政法规的强制处分。这对于他们在工作中兢兢业业,奉公守法,一切都要对人民负责,也起了一个促进和保证的作用。

为了加强行政立法和行政司法工作,我们当前特别要抓好这样几件事:

第一,要认真整理各项行政法规。法规整理虽不属于立法的范畴,但它是健全社会主义法制、加强行政法规的一项有力措施,是一件十分重要的工作。没有行政法规的整理,就很难建立起行政法的部门。因此,加强行政立法工作,绝不能忽视行政法规的整理工作。我国20世纪50年代中期,在周恩来同志的积极倡导下,法制部门对新中国成立以来的法律、法令以及行政法规在内,做过一次初步的整理,后来就中断了这项非常重要的工作。直到今天,我们对于新中国成立以来究竟有多少种法规,其中属于行政法规的又有多少,胸中无数,这种状况如不改变,对我们今后的行政立法工作是很不利的。

第二,建立和健全行政执法机关。行政法院或者行政法庭的建立,可以说因行政法作为一个独立的法律部门存在而显得日益必要。法以遵行为要。法的遵行,一方面是靠全体社会成员的自觉遵守,另一方面要靠执法机关认真负责地执行。过去多少年来,处理行政违法的案件,都是由主管行政部门直接过问。在行政法不完备的情况下,

---

①见《列宁全集》第33卷,第330页。

不知有多少公民、团体、机关等的权益受损而得不到行政法规的保障。存在这种情况的原因之一,就是没有行政司法的专门机关。我们要抓紧这方面的准备工作,争取有我国特点的行政法院早日诞生。

第三,还要加强行政立法和行政司法的科学研究工作。目前关于行政法的科研工作还未开展起来,法学界专门从事这方面研究的人员也寥寥无几,有关的研究资料也很少。这种状况显然不能适应加强行政立法和行政司法工作的需要,不能适应政府机构改革工作的需要。我们应当把这方面的研究工作迅速开展起来。当前研究的课题,可以集中在关于政府机构的如何设置和如何提高各级国家行政机关的工作效率这两方面。通过研究,寻找出一个最佳方案:究竟设置哪些政府机构和设置多少,才是符合我国行政的实际需要?采取什么样的行政手段,即制定哪些行政法规,才能提高和有利于提高各级国家行政机关的工作效率?

此外,有必要抓一下行政学的研究工作。行政学是研究行政的学问,其主要的研究对象是行政组织与管理,以及国家机关的工作效率问题。它们既是行政学研究的对象,又是行政立法的对象,也是行政司法所关心的问题。

(原载 1982 年 4 月 11 日《光明日报》)

略论我国行政立法的宪法依据

现代行政法作为国内法的一个重要部门，它与宪法的关系表现得最为密切。

首先,宪法是行政法的最基本最重要的法源。许多关于行政法的著作和工具书在论到行政法的渊源时,首先都要提到宪法。我国新宪法关于公民的基本权利和义务、国家行政机关的专条规定计有五十条之多,加上关于国家行政机关的活动原则、国家行政机关之间的关系和国家行政机关与本级国家权力机关之间的关系的规定以及行政立法的一些原则规定,就超过了宪法全部条文(138 条)的半数。这是一个不可忽视的事实。它从行政学、行政法学和国家立法实践上充分证明:我国新宪法是我国社会主义行政法的最基本最重要的法源,也是我国行政立法的直接的宪法依据。

其次,新宪法为我国行政主体立法奠定了根本的基础。所谓行政主体,通常是指参与行政法律关系的权利义务的担负者,即国家行政机关、国家公职人员和公民。由于行政法律关系不可能发生在两个公民之间,所以,国家行政机关是行政法关系中的一个最基本的主体。在我国新宪法中,关于国家行政机关的立法占有相当比重。我国新宪法第二条、第三条、第十六条、第二十七条规定的我国各级国家行政机关实施行政管理活动的基本原则,鲜明地体现了人民当家做主,人民管理国家的根本精神，以及明确表示出人民公仆与国家主人之间新型的社会主义行政法律关系。这些行政主体立法的宪法原则,是任何资本主义类型的宪法所不可比拟的。

新宪法第八十五条到第九十二条是关于中央国家行政机关的体制、行政管理职权和它与国家最高权力机关之间的关系等的规定，第一百〇五条到第一百一十一条是关于地方各级国家行政机关的体制、行政管理职权和它与本级国家权力机关之间的关系等的规定，第一百一十二条到第一百二十二条是关于民族自治地方的自治机关的行政体制、管理权限和它与本级自治权力机关之间的关系等的规定。所有这些规定在新宪法条文中占有中心位置，是宪法的重要组成部分。

值得我们注目的另一个行政主体——城乡群众性自治组织居民委员会和村民委员会，是我国行政管理体制上的一个成功的创造。它们虽不属地方一级国家行政机关，但从新宪法专条规定的内容来看，它们实际上担负着我国城乡基层行政事务管理的繁重任务。因此，在考虑我国行政主体立法时，不应忽略对它们的立法。

我国公民是社会主义行政法律关系中的又一主体。新宪法在结构体系上一反前三部宪法的惯例，将“公民的基本权利和义务”一章提到“国家机构”一章之前，仅次于“总纲”的位置，是一个重要的调整。这说明我们的国家的确是人民当家做主的人民主权国家。国家机构实际上处于“国家公仆”的地位。新宪法关于公民主体的立法原则，集中地体现在第二章“公民的基本权利和义务”的二十四条专门规定中。它和第三章“国家机构”关于国家行政机关的规定，共同构成了我国行政主体立法的宪法依据的中心部分。

我国国家行政机关工作人员，本身既是国家公民，同时又是国家行政机关的重要支柱。这种双重的法律地位，决定了他作为行政法律关系主体的特殊性。在考虑对这一行政主体的立法时，既要依据宪法关于国家行政机关主体立法有关规定的原则，又要依据宪法关于公民主体的基本权利和义务的原则规定。新宪法第二十七条和第四十一条规定的内容就具有对国家工作人员主体立法的性质。

第三,新宪法为我国行政客体立法确定了对象范围和原则。所谓行政客体,一般说来,是指行政行为的标的,即行政管理所要达成的国家目的。但是,行政客体是一个比较复杂的问题,不像民事法律关系和刑事法律关系中的客体那样简单。这是因为行政法关系有其特殊性。这种特殊性就在于在一切行政法关系中,关系的一方即行政法关系的一个主体是国家机关。实施执行和指挥活动的义务和权利通常是由国家权力机关赋予国家行政机关的,或者是由上级(中央)国家行政机关划分给下级(地方)国家行政机关的。即使对方主体不表可否,这种行政法律关系仍可正常发生并起作用。例如国务院发布某项决定或命令,撤销某一行政组织或新设某一行政组织,国务院总理出访若干外国,国家劳动人事部颁发有关评定专业干部技术职务的规范性文件等行政活动,并不需要取得哪个公民主体的同意,而是单方面依照法律规定行事。我国新宪法第八十九条规定了属于国务院行使的行政管理职权有十八项内容,其中包括根据宪法和法律,规定行政措施,制定行政法规,发布决定和命令;统一领导全国地方各级国家行政机关的工作,规定中央和省、自治区、直辖市的国家行政机关的职权的具体划分,领导和管理民族事务,保障少数民族的平等权利和民族自治地方的自治权利,以及审定行政机构的编制,依照法律规定任免、培训、考核和奖惩行政人员等项重要职权。这些是宪法对中央一级国家行政机关代表国家执行行政管理权和指挥在其职权范围内的行政活动所做的规定。新宪法第一百零七条对县级以上地方各级人民政府和乡、民族乡、镇人民政府行政活动的内容及方式做出的规定,表明了地方各级国家行政机关执行中央国家行政机关和上级国家行政机关以及本级国家权力机关划分和授予它的行政管理权和依法为它指挥的行政管理活动的内容。新宪法第二条、第四十一条的规定，是对于我国公民行使国家管理的权利和义务的宪法保障性条款。以上所述，都可以说是我国行政客体立法的宪法依据。而这些宪法依据又为我国行政客体的立法明确了对象的范围和基本原则。

我国新宪法关于行政主体和行政客体的立法对象范围，如从现代行政学的角度加以划分，可以归纳为下列诸方面：(一) 行政组织(包括中央国家行政机关和地方各级国家行政机关以及城乡居民委员会和村民委员会)；(二)人事行政(包括干部制度和国家工作人员的培训、选拔、考绩、使用和任免等)；(三)财务行政(包括国民经济的预、决算，会计制度和审计制度)；(四)教育行政；(五)企业管理行政；(六)科学事业行政；《七)文化艺术事业行政；(八)新闻、出版、广播、电视事业行政；(九)卫生行政；(十)体育行政；(十一)城乡建设行政；(十二)社会事务行政(包括民政及其他社会性事务)；(十三)公安行政；(十四)司法行政；(十五)监察行政；(十六)计划生育行政；(十七)民族事务行政；(十八)行政程序。与以往的行政学著作把行政划分为五个方面(行政组织、人事行政、财务行政、物料行政、行政程序)相比，我们这样的划分是细了一些，究竟是否完全科学，可供讨论。我们认为，随着社会生产与生活的发展，社会分工越来越精细，行政管理活动的内容必将随之日益丰富起来，行政事务必将日趋纷繁复杂，因此，比较精细地划分国家行政管理活动的内容，在立法上是必要的。法制的完备有一个过程，由粗到细是立法的必然趋势，否则就不能适应不断变化着的社会生活和国家生活。

第四，关于行政效率的立法问题。行政效率是海内外行政学者极为关注的问题。他们一致认为，行政效率是行政学研究的目的。现代行政学辞书对“行政效率”的涵义作了几个解释，其中有：“凡能成功地达成机关使命与任务，及对原定计划能作完全之实现者便是有效率。成功就是效率。""既定情势下的最佳抉择,就是有效率。行政行为常是就许多可行的办法中或过程中作一抉择，其能作最合适最佳抉择者便是最有效率。""问题的及时解决与困难的有效排除就是有效率。"这些涵义从不同角度讲到了什么是行政效率,值得我们深入研究。

我国目前各级国家行政机关正在讨论研究体制改革问题，目的全是为了提高行政效率。党和国家领导人把行政管理的改革问题提到非常重要的地位,指出没有行政管理的一系列改革,就不可能实现四个现代化，而改革的中心目的就在于改变目前我国行政效率低下的状况,提高各方面行政管理水平和工作效率。如果我们的行政机关和工作人员,还像湖北省枝城路港双方"本位主义,相互扯皮,官僚主义,敷衍推诿",造成超过 33 万元的损失那样行事的话,我们的四化建设是无望的。行政历来贵于决定迅速、有效,挥指灵敏、果断。办事拖拉,时间观念淡薄,甚至没有时间观念,工作责任不清,公文旅行,遇事推、拖、怕,这同行政效率的科学涵义是格格不入的。我国新宪法确立的国家行政机关活动的基本原则,如人民参与国家管理、民主集中制、精简机构、各民族一律平等、国家机关和国家工作人员的工作受人民监督等等,所有这些都是提高行政工作效率的重要法律保障。新宪法第二十七条关于"一切国家机关实行精简的原则,实行工作责任制,实行工作人员的培训和考核制度,不断提高工作质量和工作效率,反对官僚主义"的规定,是对提高行政效率的立法依据。但这些规定毕竟还是很原则的东西。比如"国家机关实行精简的原则",很有必要从行政学和行政法学上加以研究,拟定一个科学的精简方案,经过试验，证明是行之有效的，就可以通过制定具体的行政法规固定下来。再如"反对官僚主义"的规定,如果不从行政立法上具体化、条文化,那也只能是一句空话。

第五,关于行政诉讼和行政处罚问题。新宪法在第四十一条中规定了公民监督国家机关和国家工作人员的六项权利，即对于国家机关和国家工作人员行政工作的批评权和建议权；对于他们违法失职行为的申诉权、控告权和检举权以及对于国家机关和国家工作人员侵犯公民权利受到损失的人,有依法取得赔偿的权利等。这些规定为我国行政诉讼立法和行政处罚立法奠定了法律基础。这对于我们运用行政法规的强制作用来解决行政违法造成的社会矛盾，是很有意义的。

（原载西南政法学院学报《法学季刊》,1983 年第 3 期）

三、犯罪学

人性的扭曲与未来世界犯罪的社会控制
——21世纪世界犯罪问题的伦理社会思考

当今世界,黑社会集团犯罪、毒品犯罪、经济犯罪、性犯罪、破坏生态环境犯罪,以及战争犯罪,已成祸害人类的世界六大公害。一些地区因民族和宗教冲突酿成的战乱,使成千上万无辜生灵涂炭。未来世界究竟是个什么趋势,深为国际社会所关注。“综合治理”已成为当今世界各国解决犯罪问题的共识，可以说未来世界的犯罪控制和社会治安就需要综合治理解决问题,换言之,对世界进行综合治理,是当今和未来的可行性方案。

“综合治理”概念的广义理解,就是运用道德和法律的以及教育和行政的、必要时还有军事的社会控制手段,预防犯罪和打击犯罪,使国际社会保持良好的秩序。著名中国社会学家费孝通先生前不久在一次学术会议上惊呼:“目前导致大混乱的民族和宗教冲突充分反映了一个人类心态失调的局面，世界正在进入一个更大规模的战国时代,这个时代呼唤一个新的孔子,他将通过科学,联系实际,为全人类共同生存下去寻找一个办法。”费先生进一步告诫人们:“人与人之间应怎样相处？国与国之间应怎样相处？人类还没有足够的觉醒。”[①]这一评估是不过分的。我们可以从中领悟到如何思考和处理21世纪

①参见费孝通《在“北京大学社会学十年纪念会”上的演说》,文载1992年10月4日《北京青年报》。

世界犯罪与综合治理的理论与实践问题。

21 世纪没有几个年头就来到了。那时的世界仍将不会是平静的，这从当今世界的情况就可料到。时隔几年的光景，未来世界不会变得与今两样。就犯罪问题而言，21 世纪不可能消灭犯罪。活跃于当今世界的犯罪类型还会自然而然地流行到 21 世纪去，这是一方面；另一方面，某些新的犯罪类型，比如高科技犯罪等，将会异军突起。正如费孝通先生预料的："西方人讲了科学，发展了生产力，这是好的，但还有一面，是这种讲科学的态度既可活人也可杀人。西方文明忽略了人与人之间应当怎样相处。"[①]人与人之间和国与国之间关系失去了平衡，犯罪和非正义战争必不可免。中国的"战国时代"，原指春秋战国时期列国之间的连年混战。当时的情况是争夺不止，混战不息。世人称"春秋无义战"，就是这个意思。当今世界"正在进入一个更大规模的战国时代"（费孝通语）。可以想象，21 世纪的世界将会有更大规模的混战和翻新花样的犯罪发生。这是我们实在不希望出现的局面，但这种预言也是从当今世界某些地区民族和宗教冲突尖锐、激化为战争的情况说起的。另外，还有对人类生命财产安全威胁极大的黑社会集团犯罪。这种犯罪类型在发达国家还有发展势头，在发展中国家正在酿成一种势力。黑社会集团犯罪多采用暴力暗杀行动，并且规模正在扩大。有的还具备了有组织的现代化武装，在一些国家甚至形成了一股和政府分庭抗礼的力量。这股势力在一定程度上甚至能够影响一国的政治形势。

为什么人与人之间和国与国之间关系会失去平衡？"人类心态失调了。"这一回答固然有道理，但还不是深层的原因。深层的原因，是

①参见费孝通《在"北京大学社会学十年纪念会"上的演说》，文载 1992 年 10 月 4 日《北京青年报》。

人们没有了精神支柱。传统的社会伦理观念和道德准则遭受巨大冲击,在相当一部分人中则荡然无存;新的伦理原则和道德规范尚未形成体系。法律规范,国内有、国际也早已有之,但有法不依、违法不究的情况不只是国内现象,国际上更甚。联合国安理会决议做出很久,三令五申敦促执行的案子,当事国置若罔闻或拖着不肯执行的例子屡见不鲜。

为什么伦理原则、道德规范乃至法律规范都失去作用呢?从根本上讲,是因为人性扭曲了,有的情况表明是人性的大扭曲。人性扭曲,就失去了人的本来面貌,就没有了人格;国性扭曲,就失去了国家之为国家的本来意义,就没有了国格。所以,每当出现这种局面,各种犯罪和坏事就发生了。世界三大宗教,在其内部虽各有许多门派,但所有这些宗教教派的教义和教规都有一些共同点:它劝导人们弃恶扬善、普度众生、超凡脱俗;忠于真主、孝敬父母、亲爱亲朋、帮助弱者;做错了事或犯下罪过的要忏悔和赎罪;要公正无私、洁净灵魂、不争名夺利;不贪财色、尊老爱友、慈悲为怀,创造人人互爱的理想社会等等。但是,从"两伊战争""海湾战争"所反映的宗教冲突以及波黑地区的民族冲突和南非地区的种族冲突、中国台湾省内"台独"分子的猖獗、日本国内某些势力对二战时期侵华战争罪恶的不认账和暧昧态度,以及还有一些大国霸权主义者和军国主义者的猖狂等等的情况看,都在肆无忌惮地践踏和破坏教义、教规,绝无伦理秩序可言。这种人性的大扭曲在世界范围大有蔓延发展之势。

一、人性的大扭曲

人性之内涵极为丰富。科学地讲,它有闪光的一面,也有灰暗的一面。所谓人之"惰性",大概就是这灰暗的一面。人性之光明的一面,大凡衣食住行、七情六欲、饮食男女、功名利禄、趋利避害、求稳怕乱、安全感、恻隐之心,万事如意、自尊心、爱美之心,乃至热爱自由、平等意识、复仇心理,对政治、经济和文化的参与和追求等等都包括在内。人性之灰暗的一面,则有权势欲、金钱欲、贪婪财色、自私自利、富贵淫、贫贱移、苟且偷安、贪生怕死、嫉妒心、占有欲等等。概而言之,这些涉及人类学、生理学、普通心理学、社会心理学、伦理学、社会学、美学、政治经济学、哲学、犯罪学、文学等学科领域的东西,于不同角度表现着生动而具体的人性。其中,哲学研究人性最多,文学揭示和描述人性最具体、最深刻,有所谓"文学是人学"之称。俱往矣,关于人性的界定,总有些偏颇。不是"自然说",就是"阶级说"。现在,我们用比较科学的方法来界定,简单地说,人性就是人的自然属性和社会属性的综合。上面列举的种种现象,两方面的属性都有。尽管人性之有光明和灰暗的两重性,世界如果按照人性的本来面貌运转,也就大致平衡了。可惜,自人类社会进入文明期以来,人的世界就从未达到过平衡。中国古代,有在中华大地上进行的炎黄之战、春秋列国之战(所谓"战国时代")、楚汉相争、三国两晋南北朝之争、十六国之乱、安史之乱、五代十国之争、宋辽金之战、元明之战、满汉之争。近代中国遭受西方列强和殖民主义者的掠夺和蹂躏极惨,鸦片大战之祸害极深,腐败无能、闭关锁国的清政府丧权辱国、割地赔款,丢尽了中国人的脸,把数以千万计的中华儿女推向火海。英法联军火烧圆明园之惨祸,使举世无双的人类文明毁于一旦,不只是对中国、也对世界文明犯下了千古大罪!

善良的中国人民在20世纪三四十年代连遭日本法西斯侵略和残害的程度,是世界罕见的。震惊世界的"南京大屠杀",使几十万无辜男女遭受了惨绝人寰的杀戮。日寇竟以杀人比赛以及强奸妇女和失去反抗能力的老妪为能事。到今天为止,日本的一些军国主义分子还不肯承认是侵略,日本政府还不肯向中国人民谢罪,民间索赔问题尚属悬案,足见其心态是什么样子!世界范围的大战,在西方,有古代罗马帝国的十字军东征，拿破仑帝国的远征，沙皇俄国的扩张征战，有 20 世纪初叶的一次世界大战，30 年代末德意日法西斯联手发动的横扫欧亚大陆乃至并吞全球的二次世界大战，以及当今世界地区性的混战等等，不可胜计。可以说，自有国家存在以来，几乎无国不战。21 世纪的世界究竟怎样呢？正如费孝通先生评估的那样：“世界正在进入一个更大规模的战国时代。”尽管这些年向往和平的人们一再倡导让世界充满爱，当今世界潮流之主题是“和平、友谊、发展”，但还有相当多的人群在战乱的氛围之中挣扎，和平与发展两大主题一个也未解决。非洲地区的饥饿现象，中东地区的战后难民问题，还有困扰世界的六大犯罪公害等等，在世界犯罪白皮书上占有重要的一页。所有这些，都是人性大扭曲的典型例子。“21 世纪是个危险的世纪。”费先生说出了这话，是有根据的。上述例子充分表明：人性的大扭曲，自人类进入文明社会以来就发生了。当今世界发生的情况又预示着 21 世纪的人性大扭曲，这是值得世界反思的重大课题。

人性之与生俱来的自然属性和后天形成的社会属性，用“善”与“恶”之伦理范畴加以定论，是不科学的。中国古代的蒙学丛书之一《三字经》上讲，“人之初，性本善；性相近，习相远；苟不教，性乃迁。”这十八个字中，前六个字的意思是不科学的，不能下此定论；其余十二个字的意思大体上符合实际，旨在强调教化，防止人性变坏。人刚从娘胎出生，性之善恶无从说起。与生俱来的自然属性，是人之天性，诸如婴儿肚子饿了哭着要吃奶，冷了要穿衣，害怕了则依偎在母亲怀里才觉安全，等等，这些天性就连刚出世的希特勒、东条英机之流也无二致。在中国古代思想家那里，人之初的性善性恶问题曾一度争论不休，莫衷一是。但有一点是共同的：皆从人性论发起端。无论他们是儒墨道法，还是阴阳家杂家，其社会理想和政治主张乃至治国安邦之策，无不以他们各自的人性论作理论基础的。由于那时的科学技术不发达，往往把人们的心理活动、心态表现统统归之于伦理范畴，并且多与人性论有密切的联系，这在古代各国也不足为奇。在古希腊哲人们和伦理思想家那里，有所谓“快乐主义”和“幸福论”；在古代中国，有早期政治家、思想家们的“德主刑辅”主张，有哲学家、道家始祖老子的“清静无为”“小国寡民”思想；有儒家代表、大思想家、大教育家孔子的“仁学”和“礼治”思想；有法家代表、法律思想家韩非、商鞅的重刑主义和“以刑去刑”“以杀去杀”的法治主张；有唐代明君李世民的“安人宁国”“礼”“法”结合、刑礼互用的治国之策；以及领导宋元明清统治思想潮流的程朱理学等等，都是建立在他们的人性论基础上的。到了近代，德国的大哲学家费尔巴哈提出“人人都有追求幸福的欲望”和对这种欲望应当给予“合理的节制”的观点；同时代的又一位大哲人黑格尔却说“恶”可以促进社会的发展。凡此种种论说，都与人性有缘。

有人性，才可成其为人。所以一切关于人的学问自然离不开人性的研究。世界上不管有多少人道主义学说，都离不开“人”这个主题。西方资产阶级革命时期，“尊重人”“关心人”“以人为中心” 这些命题的提出，曾经是针对着“以神为中心”的神道主义的，对那个时代来说，诚然是革命的口号。由于历史的原因，提出这些口号的人们未能将他们的主张贯彻到一切人身上，只代表和维护了世界上极其有限的一部分人的利益。往后，西方资本主义大发展。到了帝国主义、殖民主义膨胀的阶段，扩张领土、侵略周边国家特别是东方不发达国家的战事与日俱增，灭绝人性的战争迭起，搞得世界不得安宁。中国人民连同其人性，在近代以来的一百多年间备受殖民统治者和帝国主义列强的摧残、蹂躏，其惨烈程度，世所罕见。

扩张、侵略、殖民统治、肆意践踏一个民族等等，都是国际性的大罪。尽管历史把战犯们送上了绞刑架、断头台，灭绝人性者受到了有人性者的惩罚,可谓"因果报应",但当今世界摧残以至灭绝人性的世界性犯罪依然层出不穷。人性在继续大扭曲。人类利用自然和生态环境为其造福,而又无止境地索取和破坏自然和生态环境,乃至到了竭泽而渔、杀鸡取卵的田地。这等于是人类在进行慢性自杀的犯罪。毒品犯罪,简直就是看不见硝烟的"黑雾"战争。它往往可以导致性犯罪、经济犯罪乃至五毒俱全的犯罪,艾滋病毒的流行也与它有关。现代有组织的黑社会团伙犯罪的内容,多为走私贩毒,同时也兼有吸毒和男盗女娼、拐卖人口之类。最大的毒枭手中掌握着国际走私贩毒集团的网络,他们拥有亿万财富,足以影响一个中小国家的经济命脉。其危害之深、影响之大,胜过明火执仗的战争;其危险性不至是扭曲和毁灭人性,更在于悄悄地使人类遭受毁灭性打击。这自然是就后果而论。我们的中心任务,是寻找原因。从根本上反思,还必须再回到人性问题上来。世界上不管有多少民族,以及他们各信仰什么宗教,什么主义和思想,都总是要过人的生活,活得像个人样;人类总是要共同生存下去,还要生存得幸福、美满。不管何种民族、讲何种语言、何种肤色,要幸福、美满地生存下去,这一点是矛盾的普遍性。于是我们就要寻找一个人类共同美好生活下去的办法。

二、未来世界犯罪的社会控制

在本文的引言中,我们提出了对世界进行综合治理的方案。综合治理,就是综合运用社会控制的各种有效手段和方式,对未来世界的犯罪进行预防和打击,使 21 世纪的国际社会有一个良好的社会秩序和良性循环的生态环境。这就首先要调整已经失调的人类心态,防止健康人类的心态失调。

(一)抓内在控制

社会控制的基本点应放在内在控制方面。这是因为,内在控制是根除犯罪土壤、净化社会环境的治本之策。从当今世界人们伦理观念和道德水准的情况看,21世纪的社会控制基点,是内不是外,即教会人们如何自我控制。中国历史上的诸子都注重人的思想品德教育,当然,也不忽视知识学问的方面。但其特点,是寓思想品德教育于知识学问教育之中。古代中国的人才培养,很大程度上是以伦理道德教育为中心的。作为古代中国学生必读教科书的《四书五经》特别是《四书》,其中相当一部分内容是讲如何正心、诚意、修身、齐家、治国、平天下的道理的。是个人才,就要具备"仁""义""礼""智""信"这些基本素质。诸子中的杰出代表、大教育家、大思想家孔子,在他的思想体系中,总是把这五个方面纳入伦理道德教育的范畴。在他看来,不具备这五个方面素质的人就是缺德小人,具备了这些素质的人就是堪称国家栋梁的君子。中国传统的伦理秩序,就是所谓"五伦",即君臣有义、父子有亲、长幼有序、夫妇有别、朋友有信。这些伦理原则调整了古代社会人与人之间和国与国之间的基本关系,管理了中国社会几千年。仁、义、礼、智、信和"五伦"的关系,是显而易见的。具备了仁义礼智信的人,一般说来他的行为是能够自觉地控制在"五伦"的规范秩序之内的。

《四书》之首的《大学》强调明德、修身为本,即曰:"大学之道,在明明德。""明德"的最高境界是"至善"。为了达到这个境界,就得经历一个艰苦卓绝的修身实践过程。《大学》总结了这个过程:"古之欲明明德于天下者,先治其国;欲治其国者,先齐其家;欲齐其家者,先修其身;欲修其身者,先正其心;欲正其心者,先诚其意;欲诚其意者,先致其知;致知在格物。"落脚点在"格物"。宋代理学大师朱熹解释"格物"说:"格,至也;物,犹事也。穷至事物之理,欲其极处,无不到也。"因此,"格物"与这个实践过程的关系就是:"物格而后知至;知至而后意诚;意诚而后心正;心正而后身修;身修而后家齐;家齐而后国治;

国治而后天下平。”修身—齐家—治国—平天下,这个链条的关键环节是修身。“自天子以至于庶人,一是皆以修身为本。”从国家元首到普通百姓,统统都以修身为本。这是一个很完整的社会内在控制的举措。中国古代的文明,曾影响了整个东方文化。在东方诸国几千年历史上,社会稳定、经济繁荣、人才济济,到了今天还有这一文明的积淀,是值得反思的。当今世界的文明程度以及 21 世纪人类文明的程度,是过去多少世纪所无法比拟的。社会的进步,过去的几千年岁月用“日新月异”这个词表达,是艺术上的夸张,在今天就不算过分。特别是高科技、新技术这一冒尖的“第一生产力”的迅猛发展,在人类文明史上正以料想不到的速度前进。但同时,人类却往往忽视自然资源的保护和生态环境的平衡问题。在这方面,人类犯下的和正在犯的罪过也是不小的。这类犯罪往往不被人们所觉察,在一个相当的时期还执迷不悟。只有到了受惩罚的时候,才恍然大悟,有所收敛,但为时已晚,损失难以弥补。顾眼前不顾长远,缺乏战略头脑,真是“人无远虑,必有近忧”,这也是人之惰性的一个表现。这种人与自然的关系的矛盾,主要也应是从人类自身调节加以解决才有效。比如自觉认识和处理好索取与给予、利用和保护的关系,这是更加重要的社会内在控制。未来世界是高新技术大有作为的天下,利用和控制得好,高新技术可以活人,为 21 世纪的人类文明造福;利用不当,失去控制,则可杀人,毁坏 21 世纪的人类文明。这个课题从现在起就要认真研究。

内在控制,说多说少,都是从人性的如何完善做起;在培养人才的优良素质上下功夫。举凡一般战争的狂人和法西斯分子、各色犯罪分子乃至黑社会犯罪集团的分子等等,他们无论是何国的公民,操何种民族语言,出生于何种家庭,在他们脱胎而出的最初年月里,还不知善恶是非和美丑的幼小年龄段上,他们的人性没有扭曲,连希特勒也没有想到他成年以后的事。黑社会的毒枭们也有过他们幸福的童年。他们干坏事都是有行为能力以后的事。这一切表明了一个严峻的事实:“苟不教,性乃迁”。这只是一方面。无数经验证明,人的品德教育抓晚了也不行。这是更重要的方面。当今世界,犯罪年龄层日渐低龄化。青少年犯罪是各国普遍头痛的问题。仅此现象表明:对人的教育宜早不宜迟。中国有句名言叫作:“三岁看大,七岁看小”。内中包含着两层意思:一是说,人在这两个年龄段上一般可以从他们的行为表现评估和预测日后成长发展的趋势,从三岁小儿身上能够看出其品质上的优势,七岁儿郎可以发现其品质上的弱点和缺陷;另一是说,基于这种评估和预测,及早抓思想品德和智能方面的教育,而且从幼小的时候起就因势利导,扬长避短、因材施教,在他们还不懂人事的时候就受到了良好的教育和熏陶,使他们的弱点和缺陷以至坏毛病被纠正在摇篮里。现在普遍发生的现象,往往是等到“小儿郎,背上书包上学堂”的烂漫之时,品质上的弱点和缺陷毛病一大堆都暴露出来、令家长们深感头痛的时候方才下手抓。更有不及者,有些家长非但不抓,还要护其短,给学校的教师们难堪。还有的父母家长凭靠自己的显赫社会地位和优裕的家庭生活条件和环境,对孩子一味地满足其非分要求和欲望,任其所为,溺爱到了极其愚蠢的地步。也还有些父母家长,本身的修为、伦理素质和道德水准就很低劣,不能正其身,焉能正其子女?再者,还有走入家教误区以至放弃不管的,把起码的家庭教育推给社会和学校,或者走上极端,用棍棒和绳索等家暴解决问题致死人命的,等等。特别引人瞩目的,是独生子女的家教问题。这对未来世纪的中国和世界都越来越重要。独生子女本身就有养尊处优的优越地位,在家庭中是“天之骄子”,学龄前的家教如何,对他们一生都至为重要。若不从三岁小儿抓起,学龄以后的麻烦定会不少。所以,人性的如何完善,就应当在学龄前开始抓起,重点在品性和人格的养成方面。抓早了,内在控制能起决定性作用;抓晚了,即使施以外在控制也无济于事。等到进入社会,必定会给社会造成损失,家庭也不得安宁。因此,抓好子女特别是独生子女的早期教育,是实现社会内在控制的战略性任务,也是和修身、齐家、治国、平天下的战略目标息息相关的。就未来世界犯罪的积极预防而论,这是最根本的举措。

(二)完善外在控制

在人性的扭曲和反扭曲斗争中,社会的外在控制是必不可少的。当今世界和未来世界,将会有多少社会的外在控制手段和方式被有效运用,这是难以胜计的。不过,可以这样概算:当今和未来世界有多少犯罪类型,就有多少相应的外在控制手段和方式被有效运用。从当今世界的犯罪类型看,社会危害性最大的是黑社会集团犯罪、毒品犯罪和恐怖活动犯罪。这三种犯罪类型已越出国界,越来越国际化。黑社会集团犯罪和恐怖活动犯罪还具有犯罪内容的多样化、犯罪成员的职业化、犯罪活动的组织化和计划化、犯罪手段的残暴和犯罪工具的现代化,乃至一定的政治色彩等特点。毒品犯罪早已国际化。从有名的"金三角"运出来的鸦片,转手到几个国家和地区加工贩卖,变成若干提炼品;吸毒者遍布世界各国。从种植到吸食,形成了"一条龙"式的犯罪大军。面对这一局面,国际社会如何采取对策呢?当今的国际刑警组织,似乎只在追捕国际逃犯或者互通情报时才发挥其作用,这显然是远远不够的。为了适应对这种局面的社会控制需要,有必要在国内刑事立法的内容和外交途径的办事程序方面做些补充和调整,以利该组织便宜行事,提高预防和打击犯罪的效率。国际刑警组织的职能和力量装备只能加强,不能削弱。

"一手抓建设,一手抓法制",这无论是对国内,还是对国际,都是外在控制的战略性手段。历史上政治清明的国家和有作为的政治家们都懂得抓这两手。中国的春秋时代,五霸之首的齐国以管仲为相(职同今天的国务院总理),国君桓公采纳了管仲的治国主张。管仲推行了发展经济、富国强兵的改革政策，很快使齐国强盛起来，社会安定，犯罪率下降。“仓廪实，则知礼节；衣食足，则知荣辱。”就是管仲的治国指导思想。秦统一六国前夕采纳了改革家商鞅大夫的变法主张，在法制建设上注重有法必依、违法必究、执法必严的原则，还抓了几个典型，示信于众，使君臣上下不敢枉法，老百姓信法、守法。秦国社会治安很快好转，“盗贼”几乎绝迹。在一定意义上说，商鞅的改革为秦统一六国奠定了良好的社会基础。

当今世界和未来世界，人们的物质文化生活的需求无论怎样的低下，也今非昔比；照此逻辑，当今和未来世界应当消灭犯罪，但是，人性的扭曲也今非昔比了。社会情况比古代不知复杂多少倍。仅就犯罪类型而论，也是古、近代社会不可想象的。另外，就经济、社会发展状况和法制建设来说，在发达国家和发展中国家也是不一样的。还有相当一部分国家和地区困扰在解决温饱问题上面。发达国家和地区，物质和精神文明程度明显地高些。这种不平衡状态的存在，某种意义上又为新的犯罪提供了温床。只有到了世界各国都共同富裕起来，人类的绝大部分过上了小康生活，距大同社会理想不远的时候，地球上的犯罪现象才有可能灭迹。

法制建设是经济建设的保障力量。单纯地抓经济建设，忽略了法制建设这一手，经济建设就失去了良好的社会环境。社会失去了法律手段这一强有力的外在控制，治安状况恶化，人们何以安宁？哪有搞建设的心思？又何以集中精力？所以，这两手是相互影响的，对于加强社会的外在控制来说，两者缺一不可。“两手抓”的战略对于发展中国家尤为重要，这是不证自明的简单道理。法制建设的主题是，有法可依、有法必依、违法必究、执法必严。这是古今中外的经验证明了的共识。中国近代法学家、太平天国的政治家和法学家洪仁玕曾论证说：“国以法制为先,法以遵行为要。”[①]有法制才有国家;法制得不到遵行,等于无法,同样没有国家。当今世界各国没有法律的情况几乎是不存在的,法制最简单的国家也有一部宪法;但是,法制最健全的国家有法不依、违法不究、执法不严,乃至徇私枉法的现象却是屡见不鲜的。我们中国抓法制建设的重点,就是要放在执法和守法上。

社会的内在与外在控制两种方式和手段并不是孤立的、无联系的存在与发挥作用。在中国,历代都特别强调两者何以为主、何以为辅以及主辅关系是怎样的,各起什么作用,人们如何去认识和掌握它们为社会秩序的稳定服务。唐代学者赵蕤先生在其“政礼篇”中说道:“夫仁义礼智者,法之本也;法令刑罚者,治之末也。无本者不立,无末者不成;何则,夫礼教之法,先之以仁义,示之以礼让,使之遗善,日用而不知。……法令者,赏善禁淫,居理之要。商韩见其如此,因曰治国不待仁义之礼,故法令行于下也。故有刑罚而无仁义,则人怨;怨则怒也。有仁义而无刑罚,则人慢;慢则奸起也。本之于仁,成之以法,使两道而无偏重,则治之至也。”

宗教的教义和教规,既是社会内在控制的一种方式,又是社会外在控制的一个不可忽视的手段。世界三大宗教,各有自己的经典。基督教的《新旧约全书》,伊斯兰教的《古兰经》,藏传佛教的《大藏经》,汉传佛教的《法华经》《金刚经》《六祖坛经》等等,都是流传千年而不衰的宗教规范性文献。对于这些宗教经典,人们作为一种信仰,是社会内在控制的一种方式;作为行为规范,要求信徒们必须遵守,不失为社会外在控制的一种手段。特别是占世界人口近五分之一的伊斯兰教[②]在一些国家居国教地位,广大的穆斯林兄弟散居在世界的广大

①参见洪仁玕:《立法制宣谕》,中华书局版的《太平天国史料》一书。

②参见《伊斯兰教知识问答》,江苏古籍出版社。

地区，其影响对所在国家和地区的经济和社会发展起着举足轻重的作用。穆斯林兄弟都团结在《古兰经》教义的旗帜下，对未来世界的和谐做出贡献，将是人类一大幸事。因此，正确处理宗教问题，以科学态度对待宗教经典，对社会治安的综合治理是有利的。

国家政权体系是国家生活与社会生活的至关重要的外在控制手段。运用国家政权体系的力量平息内乱、制裁重大犯罪，是其他社会控制手段不可替代的。运用外交手段和军事力量抵御外来侵略扩张，乃至不得已时被迫进行旨在捍卫国家领土完整和主权尊严的正义战争，也是社会外在控制的重要手段之一。这些都属于国家活动的范围。还有处理国与国之间关系的正常邦交活动，也需要国家出面进行。国际社会的秩序尽管需要通过国际组织和国际法律制度及惯例加以调整，但没有国家法人的参与，是不能奏效的。在动用国家军事力量这一控制手段时，值得弄清楚的是，要审查本国军事行动的性质是正义的，还是非正义的。非正义的军事行动，如扩张、侵略以及干涉别国内政等，是扭曲人性的犯罪勾当；正义的军事行动，如反抗侵略和扩张，反对干涉内政和捍卫主权尊严，就是将扭曲的人性纠正过来，恢复人性的尊严，是有人性的表现。灭绝人性的战争，只能是非正义战争。

强化犯罪社区控制，是当今中国正在研讨论证的一个重要课题。已有的山东“滕州模式”[①]表明：在社区内控制犯罪有许多有利条件。一是具有加强防范、堵塞漏洞、减少犯罪行为实施的条件和机会；二是采取现代化的控制防范技术便于操作；三是有利于犯罪社区控制的层次化；四是有利于处理好“打”与“防”的关系。中国对世界来说，

---

①参见 1992 年 10 月 15 日《法制日报》载文：《强化社区控制能力，落实综合治理措施——全国犯罪社区控制研讨会综述》(记者张国)。

也是一个社区。中国社区犯罪控制搞好了,对当今和未来世界犯罪的控制可以提供经验,做出贡献。

三、21 世纪需要新时代的孔子

人类对 21 世纪抱有美好的期望,这是正常人的心态。“和平、友谊、发展”,已经是全世界各国善良人民的共同愿望。但现实情况告诉我们:21 世纪并不是“伊甸园”,也不是“天国”,扭曲人性的犯罪和混战还会在一些国家和地区发生,这是现在就可料到的局面。人类总是要跟随着历史的车轮前进的,就是说要生存下去的。人类为了要在 2l 世纪生存得好些, 就要寻找能够维系未来社会秩序和生态环境的一种力量。这种力量除了物质基础,就是精神支柱。当今世界,传统的精神支柱已深深地发生了危机。以中国为例,“文革”劫难破坏最惨烈的就数传统的伦理文化和优良的道德观念。到今天,仅存的马列主义毛泽东思想的信仰,也因“文革”那些年搅乱了人们的思想而变得混浊不清,正本清源的工作谈何容易,正好应验了列宁说过的一句至理名言:“无政府主义是对机会主义的惩罚。”精神支柱的无政府状态不只存在于中国,在经济、政治复杂多样的当今世界,哪国不存在?人类不能没有精神支柱。人总是要和人一道相处、生活,否则就不叫人类社会。人穷了渴望有钱、发财;钱财多了,又怕精神空虚,活得太没意思,于是就追求精神上的满足。这是人类最一般的心态。因此,适应人类不同群体而需要的各种信仰就产生了。信仰就是精神支柱。其内容主要包括伦理观念、道德意识,思想意识形态等。精神支柱的无政府状态不可能旷日持久地存在下去,真空状态更是不可能。当今世界怎么办呢?社会学家费孝通先生提出了一个方案,就是呼唤出一个新时代的孔子来。他说:“过去有孔夫子从正面研究人的心态,现在人类正需要一个不仅懂得本民族,同时又懂得其他民族和宗教的孔子。他能为人类共同生存下去找到一条出路。"呼唤出一个新时代的孔子，这就是人类期望的、能够治理好21世纪社会的神圣的力量。

孔子是集教育、伦理、道德、社会、法律、文化、科学技术、宗教、哲学、逻辑等各门学问于一身的先哲，是中国历史上的"智多星"，也是人类智慧的化身。由孔子的学生们辑录成册的经典《论语》，收集整理了孔子与弟子们授学的主要内容和他的治国主张、社会理想以及治学态度和方法。其中，在如何处理人与人之间和国与国之间关系的方面，有着精到的见解和论述。孔子的弟子子夏说："贤贤易色，事父母能竭其力；事君能致其身；与朋友交言而有信，虽曰未学，吾必谓之学矣。"[①]宋代理学大师朱熹注解说，"贤人之贤，而易其好色之心；好善有诚也；致犹委也，委致其身，谓不有其身也。四者，皆人伦之大者。"用现代汉语说就是，贤人者，乃国家之栋梁。这样的人能改变其好色之心，纯洁自己的心灵；孝敬父母，尽心竭力；为国效忠，能忘我献身；与朋友交往，言而有信。这四个方面，是社会伦理关系的最基本、最重要的内容。能够在行动上确实这样做的，即使不学也应当说是学到手了。

日本学者森三树三郎先生以大文化为标准，把世界划分为"耻辱感文化圈"和"罪恶感文化圈"[②]两种类型。中国及其东方诸邻国以及东南亚国家皆属于耻辱感文化，西方诸国皆属于罪恶感文化。中国的伦理思想文化特征，是典型的名与耻的文化。古代中国的孔子特别重名。他主张的名实关系，旨在"正名"、治乱、理顺关系，要求国家生活、

---

①见《论语·学而》。

②参见[日]森三树三郎著《名与耻的文化——中国伦理思想透视》，甘肃人民出版社1990年版。

社会生活都纳入严格的伦理秩序轨道。他说:“必也,正名乎。……名不正,则言不顺;言不顺,则事不成;事不成,则礼乐不兴;礼乐不兴,则刑罚不中;刑罚不中,则民无所措手足。”[①]在名与言、言与事、事与礼乐、礼乐与刑罚、刑罚与社会成员的守法等一系列逻辑关系中,理顺的关系应当是:名正,则言顺;言顺,则事成;事成,则礼乐兴;礼乐兴,则刑罚中;刑罚中,则社会成员知道如何守法,该做什么和不该做什么。这样一来,国家生活、社会生活都有了一定的秩序,天下就会出现和谐的大好局面。如将此理贯彻到当今和未来世界,人与人之间和国与国之间关系也就调整好了,人类何愁没有出路?名声欲、名誉感这些涉及人格尊严的内容,以及定名分以各安其所的内容等等,也在“名”的范畴之内。为了保住好名声、守住名节,甚至可以付出生命代价。“名”的内在控制作用,是显而易见的。未来世界的人类,文明程度高了,名誉感、名声欲之意识非但不会冷却,还会升温。这对未来人类社会的进步是有利的。

孔子思想的核心是“复周礼”。他心目中的理想社会,就是周公所开创的礼仪之邦的西周社会。“论语”中讲“仁”的地方很多,含义也极丰富。但凡国君施仁政者为仁;爱人者为仁;有礼者为仁;有德者为仁,等等。不过,孔子最终强调的仁之核心还是复周礼。他甚至说:“一日克己复礼,天下归仁焉。”说到底,孔子对当时列国社会秩序的混乱,特别是人与人之间和国与国之间关系的混乱深恶痛绝,所以提出以“克己复周礼”为治乱的奋斗目标。反映了春秋战国时代各诸侯国之间的混战局面以及列国内部不安定团结的状况。抛开“复周礼”不说,就追求人类社会要有秩序地生活下去这点而论,孔子的社会思想

①见《论语·子路》。

和伦理主张对21世纪的人类来说,的确是有指导意义的。

“耻”的概念有着极高的伦理价值。在孔、孟看来,“知耻近乎勇”“羞耻之心,义之端也”“无羞恶之心,非人也”“无耻之耻,无耻矣”,直到“礼义廉耻,国之四维;四维不张,国乃灭亡。”耻的意义何等重要!人类的耻辱感意识随着社会文明程度的提高,不会泯灭,还会增强。这又是一种强劲的社会内在控制力量。犯罪是大耻,丢掉国土和丧失主权是国耻。人有了这个意识,犯罪在一定程度上可得以控制和防范。

在《中庸》这部经典中,很准确地解释了“中道”的精确含义。宋代理学的奠基者程颐说;“不偏谓之中,不易谓之庸。中者,天下之正道;庸者,天下之定理。”他还说“中庸”这部经典是“孔门传授心法”的书。《中庸》讲,“喜怒哀乐之未发,谓之中;发而皆中节,谓之和。中也者,天下之大本也;和也者,天下之达道也。”“致中和,天地位焉,万物育焉。”[①]这给“中道”正了大名。“四人帮”大批“中庸之道”甚是荒唐可悲!调整人与人之间和国与国之间的关系,都能恪守“中”“和”之道就好了。人类将要失调的心态得以协调节制,就能趋于平衡;将要扭曲的人性可以复初,犯罪也就可以防范或者得以控制。人类彻底执行了“中”“和”之道,就能以科学态度处理人与自然的关系,出现“天地位焉,万物育焉”的良性循环,生态也就趋于平衡了,人们破坏自然生态环境的犯罪现象就可以得到控制。

西方的罪恶感意识,来自基督教的“原罪论”。它认为,人类与生俱来就有诸多罪过,现在降生在世,每日每时都要反思自己的言行,以慈善之举来赎罪;有了过错及时忏悔,否则就要加重罪过。一切邪恶和越轨行为都是罪过,要受到严厉惩罚。罪恶感意识的增强,给犯

---

①参见(宋)程颐《中庸》注解。

罪控制增添了力量。

无论是西方宗教的“原罪”论，还是东方宗教的“劝善”说、“因果报应”论等，无非都是要求人类各安其所，隐恶扬善，规范言行，修己安人，利国利民。呼唤出一个既懂得本民族心理和宗教，又懂得其他民族心理和宗教的新孔子来，人类有了共同的精神支柱，一切邪恶势力和犯罪在极大程度和范围上得以控制，21 世纪的世界将会是很有希望的。

（原载光明日报出版社 1993 年出版的论文集《中国现阶段市场经济与犯罪控制》一书）

《犯罪的人性解读》

第一章 犯罪观辨析

若要在一定程度上满意地解决犯罪问题，有效的方法是研究罪犯产生的原因，并根据这样一种研究的结果来制定救治措施。菲利教授这本书就主张这种观点。

——著名犯罪学家W·道格拉斯·莫里森为意大利著名犯罪学家恩利科·菲利著、郭建安教授英译本《犯罪社会学》所做的序言。

第一节 犯罪观的碰撞

讨论犯罪观问题,首先要回答的就是“什么是犯罪?”亦称犯罪概念的内涵和外延的界定问题。在犯罪学未成为独立的学科以前,问题比较简单,你只要说清楚刑法学上的犯罪概念就可以了。但是自从犯罪学产生并成为一门独立学科以来，对犯罪概念如何界定和表述就不那么简单了，必须分别就刑法学上的犯罪概念和犯罪学上的犯罪概念予以回答。

一、刑法学与犯罪学犯罪概念的异同

刑法学上的犯罪概念,偏重于法律评价,即我国现行《刑法》第13条的规定：

一切危害国家主权、领土完整和安全,分裂国家、颠覆

人民民主专政的政权和推翻社会主义制度，破坏社会秩序和经济秩序，侵犯国有财产或者劳动群众集体所有的财产，侵犯公民私人所有的财产，侵犯公民的人身权利、民主权利和其他权利，以及其他危害社会的行为，依照法律应当受到刑罚处罚的，都是犯罪，但是情节显著轻微危害不大的，不认为是犯罪。

这一刑法规定从社会危害性、刑事违法性和应受刑罚处罚性三个方面表述了中国内地刑法犯罪概念的基本特征，这就是刑法学界主张的“三特征说”，是为目前中国刑法理论的通说。[①]此外，还有所谓“两特征说”和“四特征说”。“两特征说”主张犯罪具有两个基本特征：社会危害性与刑事违法性。基本意思是，认为“犯罪的本质特征是应当追究刑事责任程度的社会危害性，法律特征是刑事违法性”[②]。就是说，达不到追究刑事责任程度的社会危害性不能认为是犯罪，即现行《刑法》第13条规定的“情节显著轻微危害不大的，不认为是犯罪”。这一特征强调的是，只有社会危害性达到严重程度并应予追究刑事责任时才构成犯罪。另一特征强调的是，已经达到追究刑事责任程度的社会危害性同时又触犯了刑律，即具备了刑事违法性要件，依法应给予否定的法律评价。“四特征说”主张犯罪具有四个基本特征，即：社会危害性、刑事违法性、罪过性、应当承担刑事责任性。[③]我国刑法学者张小虎教授主张犯罪概念的“二特征说”[④]。他排除“三特征说”的理由主要是，认为“应受刑罚惩罚性”是犯罪的法律后果，不是犯罪的基本特征；再者，在犯罪定义中将应受刑罚惩罚性列为犯罪的一个基

①②张小虎：《犯罪论的比较与建构》，北京大学出版社，2006年，23页。

③张小虎：《犯罪论的比较与建构》，北京大学出版社，2006年，23页。

④张小虎：《犯罪论的比较与建构》，北京大学出版社，2006年，24页。

本特征,在逻辑上犯了循环定义的错误;第三,外国不少立法例并未把应受刑罚惩罚性列为犯罪的特征。[①]排除"四特征说"的理由主要是,认为"四特征说"的特别之处在于将"罪过性"列入犯罪的基本特征。张小虎教授认为在犯罪的基本特征中无须列入罪过性,"因为罪过性包容于作为犯罪基本特征的刑事违法性与社会危害性之中"[②]。并认为"三特征说"与"二特征说"分歧的根本问题在于:刑罚是否犯罪的标志?[③]笔者基本赞同张小虎教授的分析。在我国刑事司法过程中,有部分刑事案件犯罪嫌疑人员被认定为构成犯罪(构成要件齐备),但因具备了从轻发落的条件而被宣告免予刑事处分。这样的刑事案件不因被告人免予刑罚处罚就认为不是犯罪。所以,是否应受刑罚处罚不是犯罪与否的必要条件,但可以是充要条件。

然而,为什么我国现行《刑法》第13条关于犯罪的定义中明确采用了"三特征说"?笔者认为这与我国法文化传统分不开。从我国历代刑法规定特别是具有经典法律文本特点的《唐律疏议》关于刑事方面的立法来看,律文规定突出的就是两个方面:一是犯事,二是刑罚,除此之外别无他项。例如,《唐律疏议》第120律规定:

> 诸闻父母若夫之丧,匿不举哀者,流两千里;丧制未终,释服从吉,若忘哀作乐(自作、遣人等),徒三年;杂戏,徒一年;即遇乐而听及参与吉席者,各杖一百。[④]

听到父母逝世的消息就像妻子丧夫一样悲痛,"闻丧即须哭泣,岂得择日待时。"[⑤]如果还瞒着不办丧事,要处两千里流刑;丧事未毕,就脱去孝服过正常生活,乃至"忘哀作乐",则要处三年徒刑。罪名未作交代,从情节看是"不孝"之罪。按照唐律规定,"不孝"之罪属于不

---

①②③张小虎:《犯罪论的比较与建构》,北京大学出版社,2006年,24页。
④⑤《唐律疏议》,第120律,中华书局,1983年,204页。

准适用减、赎的"五流"刑之一。[1]古代中国是法、刑同义的。《说文解字》讲:"灋,刑也。平之如水,从水……"没有刑罚等于没法,刑不仅是法的作用的具体化,而且是法的本质的体现。所以古代中国历代都很重视刑罚的制定,并细密化。在这种传统法文化影响下,应受刑罚处罚性自然就成为犯罪的基本特征和必要条件。换言之,犯罪是应受刑罚处罚的行为,不受刑罚处罚的行为不认为是犯罪。我国现行《刑事诉讼法》关于立案根据的规定表明,"认为有犯罪事实需要追究刑事责任的时候,应当立案。"(第 86 条)所谓"需要追究刑事责任",就是犯罪事实要求犯罪主体承担一定的法律后果。而法律后果是什么?就是犯罪主体将要承担的刑罚义务。有所谓"无责任则无刑罚"的近代刑法原则,[2]在刑事责任与刑罚法律后果之间存在因果关系。这就是说,犯罪的"三特征说"不仅是我国刑法理论的通说,而且已为现行《刑法》和现行《刑事诉讼法》所确认。尽管刑法理论界对此存有争议,但为传统法文化所包容,是说得过去的。

犯罪学上的犯罪概念,偏重于对犯罪事实的社会评价。它的外延比较广,除包括触犯刑律的犯罪行为外,还包括非刑法确认的违法行为和社会不良行为。由于这种外延上的广泛性,它反映在对犯罪类型的划分标准上也和刑法学概念存在着差异。刑法学的划分标准着眼于根据法律和定罪量刑的需要出发;犯罪学的划分标准着眼于犯罪行为的不同特点及其变化趋势,[3]简言之,刑法学的犯罪分类是法律

---

①《北京大学法学百科全书·法史学》卷,北京大学出版社,2000 年,864 页。

②《北京大学法学百科全书·刑法学、犯罪学、监狱法学》卷,"刑事责任"条,北京大学出版社,2003 年,909 页。

③《北京大学法学百科全书·刑法学、犯罪学、监狱法学》卷,"犯罪类型"条,北京大学出版社,2003 年,185 页。

的分类,犯罪学的犯罪分类是非法律的分类。犯罪学上犯罪概念的内涵,注重将犯罪作为一种特殊的社会现象,以揭示犯罪的事实本质为核心,探索犯罪的原因,寻求犯罪对策和治理犯罪的措施和机制。张小虎教授就犯罪学与刑法学犯罪概念的不同点给出了如下说法:

> 刑法学上的犯罪概念以刑法的犯罪规定①为基本载体,而刑法是国家制度结构中的基本成分②,其紧贴的层面是国家。由此,刑法学上的犯罪,就直接意义而言,反射着国家的犯罪观。……犯罪学上的犯罪概念以社会现象及其本质为基本载体,而社会现象与本质是开放性的认识对象,其紧贴的层面是认识者。由此,犯罪学上的犯罪,就直接意义而言,折射着观察者的犯罪观。③
>
> ……刑法学注重犯罪后的公正的刑事处置,强调明确、确定、合理的定罪量刑,因而形式、规范则成为其当然的重心。……犯罪学注重犯罪前的罪因机制,强调犯罪是什么、为什么、怎么办,由此实质、事实则成其为当然的聚焦。④

笔者赞同张小虎教授的上述评析。它从理论上表述清楚了刑法学与犯罪学犯罪概念的基本相异点。

犯罪学与刑法学在犯罪概念上尽管有上述区别,但二者也存在着共同点和内在联系。首先,犯罪学与刑法学在犯罪概念上都是对客观犯罪事实的观念反映。第二,犯罪学与刑法学在犯罪概念上的核心

---

①例如我国现行《刑法》第 13 条规定即是刑法学意义上的犯罪概念的完整表述。——笔者。

②虽然我国目前已跨进民法时代的门槛,但毕竟刚刚起步,而刑法时代的法文化传统和刑法实体还牢固地占据着原有的统治地位。——笔者。

③见张小虎:《犯罪论的比较与建构》,北京大学出版社,2006 年,5 页。

④见张小虎:《犯罪论的比较与建构》,北京大学出版社,2006,5 页。

内涵都在于对犯罪做出否定性评价,都对犯罪的实质内容做出界定。第三,犯罪学上的犯罪概念的外延包容了刑法学上的犯罪概念的外延。刑法学上的犯罪概念的外延只限于依法应受刑罚处罚的严重危害社会的犯罪行为,而犯罪学上的犯罪概念的外延除包括严重危害社会、依法应受刑罚处罚的犯罪行为外,还包括非刑法确认的违法行为和社会不良行为,这种包容与被包容的关系有着内在的密切联系。

二、犯罪观的差异

由于人们对犯罪这种社会现象产生的历史、原因以及对策的认识和评价的不同,无论在犯罪学层面还是刑法学层面;也无论在西方还是在中国,都有不同的犯罪观。因此,犯罪观存在差异和发生碰撞实在太正常了。

犯罪是一种客观世界的特定现象。因此,对犯罪的看法就是对客观世界特定现象的看法,犯罪观是世界观的组成部分①。那么,不犯罪就是客观世界的普遍现象了,这也是一种犯罪观。哲学是关于世界观和思想方法论(认识论)的学问。不同的犯罪观自然有不同的哲学基础。既然讨论到哲学基础,理应包括不犯罪观一面。对犯罪与不犯罪,无论是作为一种社会现象(犯罪学的),还是作为一种个人行为(刑法学的)去观察、认识、研究、做出价值评断等等,都离不开对人性的思考、认知与理解。这也可算做是一种犯罪观。当然,犯罪学上的犯罪,不排除非法律确认的、为道德所不容的一般违法行为(即不构成犯罪的)和社会不良行为,而这一部分恰好是刑法学上的犯罪所一律排除的。

---

①参见杨春洗主编:《刑法基础论》,北京大学出版社,1999年,126页。

犯罪是一种很古老又很复杂的社会现象。据我国刑法学者研究，对犯罪产生于何时的问题，历史上有两种回答：

马克思主义犯罪观认为，它是随着阶级斗争和国家的产生而产生的，同时也将随着阶级斗争和国家的消亡而消亡。但另一种观点即多数西方学者则认为，犯罪自古以来就存在，并且以后也会长期存在，是一种与人类文明史同步的“永恒的社会现象”……

实事求是地说，如果把犯罪定义为严重违反某个社会所存在的行为规范，并招致该社会的权力机构对之进行严厉处罚的行为的话，那么在人类社会进入文明之初就存在这种所谓犯罪。以被认为与“人类社会历史共长短”的性犯罪为例，在中国上古的有巢氏时代，便有这样的事情：“实有季子，其性喜淫，昼淫于市，帝怒，放之于西南。”①

这就是说，在中国的原始社会氏族部落阶段，就有刑法意义上的犯罪存在了。从《说文解字》对古罪字“辠”的释义，即“辠，犯法也，从辛从自，言辠人蹙鼻苦辛之忧。秦以辠似皇字，改为罪”②来看，中国自有文字记载的上古时代就有关于“罪”的理念了，而且还是刑法学意义上的。至于犯罪学意义上的“罪”的理念，理应是更早一些的。所以，在中国，作为一种社会现象的犯罪，其历史的悠久远在国家产生之前。这是因为，中国法的起源远早于国家起源。有几条资料信息可资参证：

一是历史学者晁福林就中国夏商社会的性质问题于

①杨春洗主编：《刑法基础论》，北京大学出版社，1999年，136页。

②转引自《北京大学法学百科全书·法史学》卷，北京大学出版社，2000年，1135页。

1998年发表在《光明日报》上的专论《夏商社会性质论纲》中提出,夏商时代,氏族是最主要的社会组织形式。通过氏族组织剥削劳动者的力役地租是最主要的剥削形式。这是只有封建所有制社会才有的剥削形式。所以,可将其封建制的经济形态概括为"氏族封建制"。这一论断推翻了夏商时代为中国奴隶制社会的传统说法,并且连带着也推翻了西周社会为中国奴隶制与封建制时代的分界线的历史分期说。作者明确宣告,夏商两代可称之为"氏族封建制时代"。这表明,中国古代社会的第一个阶级社会是由原始社会直接进入"氏族封建制"的社会,而不存在经过西方国家具有的奴隶制社会的过渡时期。

二是上海华东师大已故哲学家兼逻辑学家胡曲园教授早些年撰著的《从〈老子〉说到中国古代社会》的学术论文,论证中国古代没有像西方那样典型的奴隶制社会,是由原始社会直接过渡到封建社会的。

三是2000年11月9日《北京晚报》头版头条报道,"200位专家5年联合攻关,《夏商周年表》今问世,中国历史纪年前推1229年。"具体内容称:"夏代始年约为公元前2070年;夏商分界约为公元前1600年;盘庚迁殷约为公元前1300年;商周分界为公元前1046年。"这是国家"九五"重点攻关计划项目"夏商周断代工程"的阶段性科研成果。工程的标志性成果《夏商周年表》正式公布(这个年表已正式列进2002年增补本《现代汉语词典》的附录中——笔者)。

四是恩格斯在《论住宅问题》的分篇《再论蒲鲁东和住宅问题》一文中关于法律起源问题有一段精彩论述,兹摘引如下：

在社会发展的某个很早的阶段，产生了这样一种需要，把每天重复着的生产、分配和交换产品的行为，用一个共同规则概括起来（1995年版的《马克思恩格斯选集》第3卷为“约束起来”——笔者），设法使个人服从生产和交换的一般条件。这个规则首先表现为习惯，后来便成了法律。随着法律的产生，便必然产生出以维护法律为职责的机关——公共权力，即国家。①

先不去讨论历史问题的本体如何，但可以从中受到启发，它暗示了我们这样一些意向：中国的原始文明是早于西方的；中国很有可能不存在西方那样典型的奴隶制社会的历史阶段，是从原始社会直接进入封建社会的；在这样一个历史进程中，中国的原始文明不会没有法的文明；中国法的起源不取决于国家起源，它远远早于国家起源，即原始社会就有了法（基本形态是习惯法）。依此论之，中国的犯罪现象自原始社会的文明期或者氏族部落阶段就存在了。

我们将自己的思考拉回到当代中国的犯罪。当代中国社会早已不存在阶级划分和阶级斗争，至少是从“文革”宣告结束时起，可以这样判断。事实上，当今中国社会的各犯罪类型，你能说出哪些或者哪个犯罪类型或现象是具有阶级性或者阶级斗争性质的？或者某罪犯是属于哪个阶级的？今未闻之能者也。所以，笔者对《刑法基础论》（杨春洗主编，北京大学出版社1999年2月第1版）中引述的出自甘雨

①以上4条资料信息源自笔者2001年8月为中国犯罪学研究会第十届学术研讨会撰写的交流论文：《再论当代犯罪学基础理论研究的若干问题》，转引自恩格斯：《论住宅问题·再论蒲鲁东和住宅问题》，见《马克思恩格斯选集》第2卷，人民出版社，1972年，538~539页。

沛、何鹏教授著《外国刑法学》(上册)中的一句话,“犯罪就是侵害阶级统治利益的行为。这就是犯罪的阶级性,也就是犯罪意义的实质”的犯罪观,是不能苟同的。至于说,人类社会发展到有阶级对立和阶级斗争的历史阶段的犯罪,带有阶级性或者阶级斗争性质,那也要具体分析是什么犯罪类型,不能一概而论。比如,“与人类社会历史共长短”的性犯罪,就很难评断它具有阶级性或者是一种阶级斗争的反映。

至于未来社会国家和阶级在大范围消亡,犯罪也随之消失的问题,以往都是在实现共产主义社会这个目标框架下的一种理论预测,故难免有空想成分。关于西方学者认为犯罪是“永恒的社会现象”[①]的观点,笔者还拿不准,因为没做这方面的考察研究,目前很难做出科学评断。我国当代已故刑法学家杨春洗教授主编的《刑法基础论》(原国家教委“八五”社会科学博士点项目),对西方刑法学者的这一观点也是客观介绍,而且是和马克思主义的犯罪观放在学术讨论的同一层面上予以描述的,不像是过去“左”的年代动辄以“资产阶级论调”加以批判了事,这是很难得的。这几位中外学者的犯罪观对我们思考未来社会的犯罪问题具有启迪意义。中国刑法学与犯罪学家高铭暄、陈兴良教授研究指出:

> 犯罪作为一种社会现象,是社会、心理与生理诸种因素相互作用的产物,其存在具有某种社会必然性,在这种社会必然性消失之前,完全消灭犯罪是一种不切实际的幻想。[②]

---

①杨春洗主编:《刑法基础论》,北京大学出版社,1999年,136页。

②高铭暄、陈兴良:《挑战与机遇:面对市场经济的刑法学研究》,载《中国法学》1993(6);转引自罗玉中主编:《知识经济与法律》,北京大学出版社,2001年,180页。

法国社会学家杜尔凯姆断言：

> 犯罪不仅是见于大多数社会，不管它是属于哪种社会，而且是见于所有类型的所有社会。不存在没有犯罪行为的社会。只要犯罪行为没有超出每种类型社会所规定的界限而是在这个界限以内，它就是正常的。[①]

第二节 信息化和知识经济时代的到来使犯罪学基础理论面临挑战

当代中国和世界都迎来了信息化和知识经济时代。和传统的以生产物质财富为主要任务和目的的社会不同，知识经济社会，知识和技术成为主要的生产要素和社会财富的主要源泉，"谁占有知识，谁就拥有财富、拥有权利。"[②]首先是马克思主义的经典法学理论遇到了难题。马克思主义关于法的本质的经典论断，就是我们现在的法理学教科书和专著常引的那一段话：

> 你们的观念本身是资产阶级的生产关系和所有制关系的产物，正像你们的法不过是被奉为法律的你们这个阶级的意志一样，而这种意志的内容是由你们这个阶级的物质生活条件来决定的。[③]

从20世纪50年代到现在，半个多世纪以来，各种版本的法学基础理论和法理学教科书以及专著，还有不胜枚举的各种版本的部门法学的基础理论、教辅读物等等，但凡回答"法"是什么，或者对"法"

---

①[法]杜尔凯姆：《社会学方法的准则》，商务印书馆，1995年，83页。转引自罗玉中主编：《知识经济与法律》，北京大学出版社，2001年，180页。

②罗玉中主编：《知识经济与法律》，北京大学出版社，2001年，78页。

③马克思、恩格斯：《共产党宣言》，见《马克思恩格斯选集》第1卷，北京：人民出版社，1972年，268页。

概念的内涵表述时，无一例外地引述马克思、恩格斯写进《共产党宣言》中的这段话的要旨——“法是阶级意志的体现”。“法是由统治阶级的物质生活条件决定的”，这是法学界耳熟能详的经典话语。在知识经济条件下，这些提法和观点自然面临挑战。法学界有学者提出质疑，认为：“既然物质形态的资本已不是主要的生产要素，将对物质生产资料占有作为划分阶级的标准这条理论就不再适用。”“如果传统意义上的阶级不再存在，那么，法律的本质究竟还是不是阶级意志的体现？”有学者以为，“知识不仅是‘力量’，而且是‘权利’，不仅是一种经济权利，也是一种政治权利。知识社会中的法律所体现的主观意志性，首先不是什么‘阶级意志性’，而是‘科学的意志性’。”因此，知识经济时代的到来对“目前法理学根据传统社会主义理论提出的‘法律阶级性问题’提出了严峻的挑战。”[①]北京大学法学院罗玉中教授主编的《知识经济与法律》一书，对当前法学前沿的重大理论问题提出了颇有新意的观点和主张。它触动了马克思主义法理学关于法的起源、法的概念、法的本质、法与国家的关系等基本范畴的理论基础，人们有理由对上述理论方面的传统观点的科学性提出质疑。这些问题的讨论，对当代中国法理学的理论创新很有助益；对犯罪学基础理论建设也很有启迪作用。

犯罪学在目前已经作为一门独立的法学部门而存在。但其基础理论与法理学和比较法学有着十分密切的联系。这是因为法理学和比较法学是整个法学的基石[②]。从逻辑关系上讲，法理学和比较法学

---

①以上引述均参见罗玉中：《知识经济与法律》，北京大学出版社，2001年，78~79页。

②详见笔者与张晓秦合写的书评：《法理学与比较法学——法学的基石——兼评〈法理学与比较法学论集〉》。载《中外法学》1999年第6期。

对于犯罪学基础理论来说,自然也起到基石的作用。作为法学基石之一的法理学,在知识经济时代到来之后,它的若干基本范畴的理论系统自然也会受到严峻挑战,因此,犯罪学基础理论面临挑战是题中应有之义。以笔者之见,就当今世界的犯罪类型越来越智能化、知识化、高科技化发展趋势看,21 世纪的犯罪具有全人类性。它不但超越了阶级,连民族也超越了。作为犯罪学研究对象的反社会行为、违法行为、社会不良行为,你很难甚至无法界定它们之中哪些是属于某阶级的犯罪;其犯罪规律何以带上阶级的色彩?如此说来,我们中国出版的犯罪学教科书、专著和工具书,就不好贴上"马克思主义"标签,连"中国"标签也不好贴。1995 年 4 月出版的中国第一部大型犯罪学工具书——《犯罪学大辞书》,在编纂和编辑出版过程中,也曾有过要不要冠以"中国"这个"帽子"的考虑,但很快就被否定了。现在回头查阅其中许多辞目的释义,仍不过时,13 年过去了,其生命力还比较旺盛,说明它的编纂者们的学术思想在当时是具有超前眼光的,是站在犯罪学理论前沿的。

第三节 选择人性研究路径的儒学思考

当今中国和世界的犯罪,无论从犯罪行为的表现形式即犯罪类型看,还是从犯罪产生的根源上分析;无论从社会成员的绝大多数都恪守社会公德和法律规则不去犯罪的不作为现象看,还是从主体张扬善举,见义勇为,积极维护社会和公共利益,甚至不惜牺牲生命,作为现象来看以及忠实于社会规则的制约而不犯罪,抵制犯罪行为的根源考察和价值评估,人性的活动过程或曰机制,是个深层次的核心因素。阶级性已经褪色了,乃至退出历史舞台。活跃于中国先秦诸子学说论坛上的儒家学派,是最能博采众长,兼收并蓄,容纳四方之言,很少门户之见的一家。"三人行,必有我师焉。择其善者而从之,其不善者而改之。”[①]是这个学派最大的优点,也是该学派治学的风度和处世的基本原则。诸子百家,唯独儒家学说能延续2500多年而不衰,并且走出了国门。近几年来,西方发达国家争相兴办孔子学院,大兴儒学,连发展中的非洲国家——尼日利亚也于最近建起了孔子学院。国内也开始觉醒,一些重点大学也筹办了以儒学为核心的国学院系或国学研究中心。这正是儒家学派所以能繁衍至今,仍具有强劲生命力的价值所在。

以孔子(公元前551年—前479年)为创始者的儒家学派的伦理思想和法律思想体系的核心,是“仁”学和“礼”学。“仁”是孔子锐意倡导的伦理道德中的一个最重要的范畴。《论语》是流传至今、最能表达孔子思想和儒家学说的经典。有学者作过一个统计:只有一万多字的这部书,“谈到‘仁’的地方就有58处之多,‘仁’字105见。”[②]孔子的“仁”学,内涵极其丰富,其核心是“爱人”和“忠恕之道”。“樊迟问仁,子曰:爱人。”[③]孔子十分重视处理人与人之间的关系。而“爱人”在他的心目中“就是处理人事关系的基本原则。根据这一原则,用之于处理父兄与子弟的关系,就是父慈、子孝、兄友、弟恭;用之于处理君臣关系,就是‘君使臣以礼,臣事君以忠’;用之于处理同辈之间的关系,就是‘己欲立而立人,己欲达而达人,和‘己所不欲,勿施于人’的‘忠恕之道’。尽管具体内容各不相同,但总的都是‘爱人’的表现。”[④]儒家还重视民族关系的处理,既反对侵略别人,也反对外族的入侵。“《左

①《论语·述而》,载《诸子集成·论语正义》,中华书局,1954年,146页。

②张国华、饶鑫贤主编:《中国法律思想史纲》,上册,甘肃人民出版社,1984年,88页。

③《论语·颜渊》,载《诸子集成·论语正义》,中华书局,1954年,278页。

④张国华、饶鑫贤主编:《中国法律思想史纲》,上册,甘肃人民出版社,1984年,88页。

传·定公十年》记载孔子相鲁定公参加齐鲁的夹谷之会，他对齐国君臣说：‘裔不谋夏，夷不乱华。’裔是指夏以外的地方，夷是指华以外的民族。主张互不侵犯，和平共处。”[①]这是孔子仁学思想的延伸，也是“爱人”精神的扩张。

把人确实当人看，是孔子“爱人”的指导思想，包括社会最底层的成员，也要把他当人看待。“子曰：汎(泛)爱众，而亲仁。”[②]要广泛地亲爱众人，亲近有仁德的人[③]，是这句话的今译。这“爱众”，可以理解为爱所有的人。尽管孔子的“爱人”是有等级差别的，比如对待君子与对待小人，不可能是给予同等的爱，但他并未排除是个人都在被爱之列这个因素。这个思想对他的继承者孟子有很大影响。孟子提出“仁政”的治国之道“民贵君轻”说，完全和孔子以“仁”为核心的德治思想是一脉相承的。

孟子(约公元前390年—前305年)在继承孔子“仁”学的基础上，大胆地提出“民为贵，社稷次之，君为轻”[④]的“民贵君轻”主张，比孔子的“泛爱众”思想进了一步。孟子看清了民心向背的政治价值，对管理国家的统治者来说太重要了，“得民心者得天下”之谓也。

“复周礼”是儒家法律思想的核心。孔子特别崇拜周的治理秩序，对周礼的向往和追求到了忘我的境地，要“克己复礼”；对恢复周礼的精神寄托达到了极端的程度：“克己复礼为仁”“一日克己复礼，天下归仁焉”[⑤]。“复周礼”是一个努力奋斗的过程。在此过程中，人的视、

---

①汤伟伦：《孔子思想与香港和平回归》，载《国学论衡》，第1辑，敦煌文艺出版社，1998年，35页。

②《论语·学而》，载《诸子集成·论语正义》，中华书局，1954年，10页。

③刘俊田等：《四书全译》，贵州人民出版社，1988年，85页。

④《孟子·尽心下》，载《诸子集成·孟子正义》中华书局，1954年，第573页。

⑤《论语·颜渊》，载《诸子集成·论语正义》，中华书局，1954年，262页。

听、言、行要达到“非礼勿视，非礼勿听，非礼勿言，非礼勿动”[①]这样严格的规范化程度。只有这样，人的言行才符合周礼的规范要求；只有这样，才能实现“仁”这个目标。到了天下“归仁”的时候，天下也就太平了。

儒家学说的这一宏大思想的治理价值，被当今世界的精英们悟透了。下面我们引述香港孔教学院院长汤恩佳先生提供的几则科研信息：

> 1988 年 1 月，七十余位诺贝尔奖组织人及获奖者在巴黎开会结束时宣言：“如果人类要在 21 世纪生存下去，必得回溯 2500 年去吸取孔子的智慧。”
>
> 澳大利亚两位著名学者李瑞智和黎华伦在他们合著的《儒学的复兴》一书中也说：“西欧智慧所定的标准已指导世界 500 年，我们看不出有什么理由可以阻止儒家所提出的标准，在行将来临的 500 年不能引领环球。”
>
> 美国芝加哥大学艾恺教授（Prof.Guy.Alitto）在《读书》杂志 1996 年第 1 期发表《21 世纪世界文化会演化至儒家文化的文化吗？——重新阐释梁漱溟〈东西文化及其哲学〉》一文，文中认为从今日世界种种变动中显示，中国儒家文化将会取代西方物质科技文化成为未来的世界文化。他说：“梁先生在 70 年前的预言，今日证明是确实不虚的金玉良言”，“这种儒家社会，不但不会伤害到个人，而且也不会阻碍社会的现代化和经济的成长。综观以上所讨论到的各种宏观历史学说，梁漱溟先生所提到的，也许是最能预测到 21 世纪如何展开的宏观历史学说。”

---

①《论语·颜渊》，载《诸子集成·论语正义》，中华书局，1954 年，262 页。

联合国教科文组织泰勒博士也说，不管人类是进步及不进步，时至今天人类社会始终不能越过孔子在2500年前所讲的范围。

汤恩佳先生总括上述资料信息，作了一个扼要的评估：“上述来自联合国、诺贝尔组织、美国、英国等等对孔子时至今天都这样给予最崇高的评价，这就证明了孔子虽生长在2500多年前的封建社会，但他的思想是超越时代的。如果他是维护封建社会的，现今世界的进步社会仍会有他的崇高地位吗？”[①]

汤恩佳先生指出，“用孔子的伟大思想作为整个中华民族的精神轴心，建立共同的价值观，增强民族的团结，确认民族的尊贵。”“中国人应有中国之宗教，中国人之宗教是道德、伦理、人性的宗教，因人之性而取体中和，用中庸为最胜义，自此观之，中国人可谓融情理于一炉，化人神于一体，所谓天人虽分而实合一。”[②]

美国出版的《世界名人大辞典》和英国出版的《人民年鉴手册》里所列举的世界十大思想家和文化名人名单相同，“依次是孔子(Confucius)、柏拉图（Plato)、亚里士多德（Aristotel)、哥白尼(Copernlcus)、牛顿(Newton)、达尔文(Darwin)、培根(Bacon)、阿奎那[③](Aquinas)、伏尔泰(Voltaire)、康德(Comte)”。[④]

我国著名社会学家费孝通(1910—2005)教授于20世纪80年代

---

①《国学论衡》编委会编:《国学论衡》,第1辑,敦煌文艺出版社,1998年,11页。

②转引自《国学论衡》编委会编:《国学论衡》,第1辑,敦煌文艺出版社,1998年,10~11页。

③原文为“阿桂拿”。通译为“阿奎那”,因改之。——笔者

④《国学论衡》编委会编:《国学论衡》,第1辑,敦煌文艺出版社,1998年,10页。

末在一次学术会议上发表演讲，惊呼:“目前导致大混乱的民族和宗教冲突充分反映了一个人类心态失调的局面,世界正在进入一个更大规模的战国时代,这个时代呼唤一个新的孔子,他将通过科学,联系实际,为全人类共同生存下去寻找一个办法。”费老进一步告诫人们:“人与人之间怎样相处?国与国之间怎样相处?人类还没有足够的觉醒。”[①]中外学者对以孔孟为代表的儒学之于当今世界社会矛盾冲突和国与国关系不和谐原因的人性分析与对策,在认知上几乎达成共识,都看到了儒学在当代和未来世界的治理方面所蕴含的巨大价值。

费孝通教授发表上述演讲的前夕，正值20世纪80年代后期海湾战争打得火热的时候。时至今日,近20年过去了,中东和平进程还处在硝烟弥漫之中。国际恐怖主义活动日趋疯狂,毫无收敛之意。继纽约世贸大楼恐怖惨案和英国地铁连环爆炸案之后不久,2006年7月12日又发生了印度客运火车连环爆炸案,一次伤亡900余人。伊拉克战争结束后的这些年，每日都能听到汽车炸弹和自杀性爆炸的惨案发生。人类进入21世纪后的日子,很不平静。以上发生的事件,印证了社会学家费孝通教授的预言:“世界正在进入一个更大规模的战国时代”。其所以如此,原因就在于人类的心态出现了失调的局面。心态一旦失调,人性就可能扭曲;人性扭曲,什么坏事都能做得出。小扭曲,犯小罪,大扭曲;犯大罪,乃至发生不义之战。恐怖分子制造的各种形式的恐怖主义惨案，事实上已构成了规模性的反社会、反人类、反和平罪。

以孔孟为代表的儒家学派产生于“春秋无义战”的战国时代。发

---

①以上转引自拙文:《人性的扭曲与未来世界犯罪的社会控制——21世纪世界犯罪问题的伦理社会思考》，载康树华、赵可主编:《中国现阶段市场经济与犯罪控制》(中国犯罪学研究会第二次学术研讨会论文集),北京:光明日报出版社,1993。

生于2500多年前的中华列国之间矛盾冲突的起因虽不能和今天的相比，但从人性的层面上讲，道理是相通的。无论是2500多年前的战国时代还是当今世界的“战国时代”，缘起的实质就在于利益之争。不管是诸侯国之间的争斗，还是民族、宗教派别之间的冲突，矛盾的根源不外乎一个大写的“利”字。而人性之最致命的弱点，恰正在这个大写的“利”字上。这方面，法家“好利恶害”的人性论有透彻的剖析和精彩的描述。“法家认为人人都有‘好利恶害’或‘就利避害’的本性。”[①]《管子·禁藏》谓：

> 夫凡人之情[②]，见利莫能勿就，见害莫能勿避。其商人通贾，倍道兼行，夜以继日，千里而不远者，利在前也。渔人之入海，海深万仞，就彼逆流，乘危百[③]里，宿夜不出者，利在水也。故利之所在，虽千仞之山，无所不上；深源[④]之下，无所不入焉。故善者势利之在，而民自美安；不推而往，不引而来：不烦不扰，而民自富。[⑤]

儒家也看到了人性“好利”的弱点，只是没有像法家那样绝对化，把“好利恶害”看作是普遍人性，而是区别不同的层面加以评估，即

①张国华、饶鑫贤主编：《中国法律思想史纲》上册，甘肃人民出版社，1984年，163页。

②在张国华、饶鑫贤主编的《中国法律思想史纲》上册中，写作“性”；中华书局1954年12月第1版的《诸子集成·管子校正·禁藏》原文作“情”，故据此引之。——笔者

③《中国法律思想史纲》上册中写作“万”，中华书局1954年12月第1版的《诸子集成·管子校正·禁藏》原文作“百”，据此引之。——笔者

④《中国法律思想史纲》上册中本为“渊”；中华书局1954年12月第1版的《诸子集成·管子核正·禁藏》原文作“源”。比较看，“渊”为合理，但尊重原文，故据引之。——笔者

⑤《诸子集成·管子校正·禁藏》，中华书局，1954年，291页。

“君子喻于义，小人喻于利”[1]。再者，儒家对“义”、“利”的价值评价是有所侧重的。它不但吸收了法家先驱管仲将“礼义廉耻”比作“国之四维”的思想，提出“仁义礼智”犹如“人之四体”的主张，而且明显将“义”放在仅次于“仁”的重要位置。而“利”显然不是善德之要素，故不再提起。“义”出自“羞恶之心”，即孟子所言“羞恶之心，义也。”[2]孟子并且认为，“仁义礼智，非由外铄我也，我固有之也。”[3]他把仁、义、礼、智“四端”看作是人性固有的一部分。这正是孟子主张人性本善的根据所在。所以儒家认为人是可以教化的，即可以“化性起伪”“道之以德，齐之以礼，有耻且格。”[4]所以，儒家推行的“德主刑辅”，“德治”“礼治”和“刑礼互用”的治国主张，直到西汉武帝时，“春秋公羊学”博士董仲舒提出的“大德小刑”理论和“性三品”的人性论以及“春秋决狱”的刑罚观等等，基本上都是建立在“我固有之也”的仁、义、礼、智这些善德的人性基础上的。

第四节　关于犯罪人性研究的指导思想和犯罪分类的标准问题

一、犯罪人性研究的指导思想

恕笔者直言：我之所以选择了犯罪与不犯罪根源的人性分析这一认知路径，是因为阶级分析法已远远脱离21世纪的中国与世界犯罪与非犯罪原因的实际，而且就中国目前正在努力构建和谐社会与新农村建设的国情实际言之，更是不可再适用阶级分析来回答问题，

①《诸子集成·论语正义·里仁》，中华书局，1954年，82页。

②③《孟子·告子上》，载《诸子集成·孟子正义》，中华书局，1954年，446页。

④《论语·为政》，载《诸子集成·论语正义》，中华书局，1954年，22页。

事实上也不能在逻辑上自圆其说；更何况，在“以阶级斗争为纲”错误理论与实践[1]统领下的“以阶级论是非”和阶级分析之于中国来说，在过去的半个多世纪里往往成为“左”倾教条主义者手中整人的一张“王牌”，是政客们玩弄权术的筹码。它对中国法学和犯罪学的学术研讨、理论创新、学科建设来说，除了窒息独立思考，阻塞言路，扼杀真知灼见，以至孕育教条之外，并未起到积极的推动作用。这是遵照马克思主义的历史唯物论和辩证唯物论指导思想，检讨和总结了以往研究中的经验教训之后才有的认识。

对犯罪根源与不犯罪根源的人性分析作儒学思考，其指导思想仍是对历史唯物论和辩证唯物论的把握。儒学关于人性的理论是很丰富的。其中有精华的部分，也有非精华乃至糟粕的成分，全盘吸收与全盘排除，都不是实事求是的立场和治学态度。历史唯物论和辩证唯物论是富有批判精神的世界观和方法论。这方面，笔者的业师张国华和饶鑫贤二位教授主编的《中国法律思想史纲》（上、下）教科书做出了榜样。尽管此书著于20世纪80年代初，于1984年出版，学术理论界尤其是法学界还处在“左”的意识形态氛围之中，但该书在历史唯物论和辩证唯物论的把握上，尤其是对儒家法律思想的挖掘与剖析以及历史评价上，处理和掌握得很有分寸，在当时那种学术理论环境下是很难得的。

“学问极，则在舍似存真。”[2]求真，是学术研究的灵魂，也是终极目标。任何学术理论研究，全在一个“真”字上说话。此外，就是应然性

---

①胡锦涛：《高举中国特色社会主义伟大旗帜，为夺取全面建设小康社会新胜利而奋斗——在中国共产党第十七次全国代表大会上的报告》，载《人民日报》2007年10月25日要闻版。

②参见虞愚：《因明学·自序》，载刘培育主编《虞愚文集》第1卷，9页，兰州：甘肃人民出版社1995年版。

研究。应然以价值为目标,学术理论本就是以应然为主导的。如果我们的研究总是停留在实然的层面上,除了低水平重复,难有前沿性理论创新成果出来。这不是纯粹的思辨之辞,确属笔者和多少论者过去走过的路径,是经过研究实践检验的,是不可重蹈的覆辙。笔者之所以选择了对犯罪与不犯罪根源的人性研究的认知路径以及儒学思考,也正是这个缘故。

有学者指出:"对人性的善与恶的判断说明了犯罪观的文化实质和刑罚的理论依据,但从人性本身是难以说明犯罪的真正根源的。所以,人性善恶只是社会生活中对人的行为特征的一种判断,只能用以解释对犯罪问题的人性评价结论,而不能回答犯罪的真正根源。犯罪的根源并不在于人性,而在于同样塑造了人性的社会生活方式。"①

对此论,笔者只能认同其部分说法,不能完全苟同。从社会生活方式中寻找犯罪根源和人性根源,这无疑是唯物主义的;人的行为特征而形成的,即善或是恶,也是社会的,自然离不开社会生活方式的物质基础。所以马克思说:"犯罪和现存的统治都产生于相同的条件。"②这个相同的条件就是社会生活方式——或者马克思常说的"物质生活条件"。然而,当今世界和中国犯罪由以产生的社会生活方式和人的行为特征而形成的,即善或是恶由以产生的社会物质生活条件都大大地不同于马克思主义创始人生活的时代。尤其是当今中国和世界所处的21世纪的社会物质生活条件(知识经济和信息化时代)下,不再是研究阶级和阶级斗争的世纪,而是研究人的世纪,一切都讲"以人为本",讲社会和谐。这也是由当今中国和世界的物质生活条件决定的。看不到或者不承认这个巨大的发展变化,辩证唯物主义

---

①见杨春洗主编:《刑法基础论》,北京大学出版社,1999年,161页。

②见《马克思恩格斯全集》第3卷,人民出版社,1956年,379页。

原理就无法解释。

如今中国和世界的热点犯罪类型——诸如经济犯罪、职务腐败犯罪、国际恐怖主义犯罪、毒品犯罪、环境与资源保护犯罪等，都是人干的，不是哪个阶级干的。研究这些类型的犯罪所以产生的根源，固然离不开社会根源的研究，但犯罪主体不是社会而是具体的人。而人之所以为人，是因为人性是人的本质属性，即人的自然属性和社会属性的统一或者是综合。按照传统的马克思主义观，在资产阶级生活方式下的美国竟出现了将500亿美元家产不留给子女一分钱的遗产而悉数捐赠社会慈善事业的富人慈善家比尔·盖茨，是不可思议的；在已经消灭了阶级和剥削制度半个世纪的社会主义中国生活方式下出了陈希同、成克杰、陈良宇这类共产党高官腐败大贪，同样是不可思议的。然而这一切都是真实的，都发生在同一时代。他们的行为都超越了社会生活方式，超越了阶级和社会制度，而且这种超越现象在今天已司空见惯、不足为奇了。那么，我们如何回答这类现象的真正根源问题呢？看来，传统的，即“以阶级论是非”的马克思主义犯罪观是很难回答清楚当今中国犯罪与不犯罪的根源问题的。所以，以人性分析来回答21世纪的中国与世界犯罪与不犯罪的根源问题，虽不能说是唯一的认识方法，但也不失为一种可行的认知路径。正如刑法学家陈兴良教授[①]所言：“犯罪是一种恶。因此，刑法学可以说是一门研究恶的学问。正因为刑法学研究恶，才要求我们的研究者有一种善的冲动。”[②]陈教授以哲学的眼光诠释了刑法学对犯罪——恶的人性研究，那么，对应言之，不犯罪自然是一种善。我所主张的“犯罪的人性研究”，是一门涵盖了对恶与善两个层面研究的犯罪学的一门新学问。

---

①陈兴良教授，现为北京大学法学院刑法学教授、博士生导师。

②陈兴良：《刑法的人性基础·序》，中国方正出版社，1996。

对这门新学问的研究，除了要求我们的研究者“有一种善的冲动”外，还必须有一种责任心和使命感。它将策励我们循着人性研究这一路径深入下去，探个究竟。

二、关于犯罪分类的标准问题

本书本不打算讨论犯罪分类问题，因为犯罪类型“与时俱进”的灵敏度远比我们防控犯罪的程度要高。当我们正在讨论和研究传统的和刚才形成的犯罪类型时，新“冒出”的犯罪类型不知有多少。可以说最超前的犯罪学理论也赶不上犯罪类型的发展，应对这种形势令犯罪学者甚感力不从心，所以在已出版的《犯罪学大辞书》和《北京大学法学百科全书·刑法学、犯罪学、监狱法学》卷里找不到关于“犯罪分类”这样的条目。但是，本书又选择了经济犯罪、职务腐败犯罪、有组织犯罪、毒品犯罪、国际恐怖主义犯罪、性犯罪、环境与资源保护犯罪七种热点犯罪类型，作为犯罪人性研究的对象。这七种犯罪类型是根据什么标准划分的？

上述七种犯罪类型，有按犯罪行为主体划分的，如职务腐败犯罪；有按犯罪行为方式划分的，如性犯罪、经济犯罪等；还有的是根据犯罪行为主体与行为方式交叉兼有划分的，如有组织犯罪、环境与资源保护犯罪、毒品犯罪和国际恐怖主义犯罪。这看上去很不合乎形式逻辑关于划分标准的同一性规范——对同一事物的划分标准不能有两个以上的不同标准。然而，犯罪既是一种极其复杂的社会现象，又是一种极其复杂的个人行为，它还有变动不居、难以把握的不确定因素这样一些特点，于是就出现了上述划分标准的不统一。限于篇幅，权作此简单说明，未必成理。

（原载甘肃民族出版社 2009 年版刘延寿著《犯罪的人性解读》）

第二章 人为什么会犯罪？社会上为什么有犯罪？

第一节 犯罪学关注人性的理论意义和价值

一、人性是人而为人的最本质的特性

人之所以为人，是以人的自然属性和社会属性的统一或者综合——人性为最根本的特性来评价的。有人性，方可称其为人；没有人性，何以为人？一切关于人的学问自然离不开对人性的研究。犯罪学是以人的特定行为，即反社会行为、违法行为、不良行为为研究对象，并研究这些行为所以产生的原因和犯罪规律，以及预防和治理犯罪的对策等的综合性学科。这是传统的一般意义上的犯罪学概念。本书所论的犯罪学，还包括人的不犯罪行为的研究这一层面，即人为什么能恪守包括道德规范、伦理原则、法律规范在内的社会规则，而不去犯罪、抵制犯罪的原因和规律，以及对预防犯罪的价值评估等等。因此，从两方面来说，都离不开对人的行为的研究。世界上不管有多少人道主义学说，都离不开"人"这个主题。普通人是人，好人是人，犯罪嫌疑人也是人，犯罪人还是人。这些不同的人概念，何以有如此大的区别？都是从人的行为表现上界定和评价的。离开人的行为表现，无论是刑法学还是犯罪学，都无法鉴别一个人与另一个人的本质的不同，而人的行为表现的内在本质，就是人性。

二、犯罪既是社会现象，又是个人行为

在以往的犯罪研究中，总是把犯罪作为一种特定的社会现象加以研究，而甚少关注犯罪也是一种个人行为这一层面，似乎认为这是刑法学研究的范围。笔者以为，犯罪学虽然已经从刑法学分离出来成为独立的法学分支学科，且有百余年历史的积淀，但它不可能完全隔断与刑法学的联系，这是人所共知的。尤其是已进入21世纪的中国和世界，都处在信息化和知识经济时代已经到来，市场经济已呈全球化发展趋势，以及作为最大的发展中国家的中国已迎来了"民法时代"——讲个人权利、义务、平等、自由和契约关系的时代；发达国家已相继进入"行政法时代"——以权利制约权力为基础，最终实现权力制衡权力，即行政法"平衡论"阶段的时代。处在这样一个新的时代的犯罪，多与个体心态失去平衡，进而导致人性扭曲有直接关系。包括一些性变态者的犯罪在内，都是个人行为。再者，对犯罪根源的人性分析，以及对不犯罪根源的人性分析，都是以个人行为为客体的，不再是以社会群体、集团、阶级的行为为客体，因为无法对这些行为主体进行人性分析。或许有人会提出质疑：人是划分为阶级的，研究人性怎么可以离开对阶级的研究和阶级性的分析呢？这已经是过去的公式，今天的犯罪个案，究竟有几起是阶级斗争或者阶级矛盾冲突性质的？这是不值一驳的浅薄之见。

三、以人的行为表现来判定人性之善恶的价值观念，是唯物主义的

中国古代刑事审判制度上有"五听"断狱的做法，即：辞听、色听、气听、耳听、目听。所谓"以五声听狱讼，求民情"就是这个意思。"辞听"讲，"观其出言，不直则烦"，即观察当事人的言辞表达，理屈就会言语烦乱，没有伦次。"色听"讲，"观其颜色，不直则赧然"，即观察当

事人面部表情，理亏者陈述起来便会面红耳赤，羞愧不已。“气听”讲，“观其气息，不直则喘”，即观察当事人的呼吸，真有问题，陈述时就会气喘。“耳听”讲，“观其听聆，不直则惑”，即观察当事人的听觉反应，若心虚，便会听力迟钝。“目听”讲，“观其眸子，不直则眊然”，即观察犯罪嫌疑人的眼神，无理，心怀鬼胎，则两眼会黯然无光。这种凭直觉的察言观色法，抓住了人的生理反应，也就是人性的自然属性方面。虽不能说可靠无疑，但从犯罪心理学上讲，不失为一种犯罪心理分析的便捷之径，也是长期审判经验的总结，基本上是唯物的。人要真干了犯罪勾当，面对威严的正义审判，除了生理上会有所反应外(如“五听”所言)，心态也会再次失去平衡，思想不会平静如水。本来犯罪时人性就扭曲了，面临刑罚的挑战，除极个别的犯罪嫌疑人有可能控制住心虚，不露出情绪破绽外，一般嫌犯都守不住“防线”，要不了几个回合，精神就崩溃了。这是人性本能的必然反映。

邪恶如何猖獗，在正义面前也会感到恐惧。

> **[案例5]** 2006年7月13日，中央电视台“说法”栏目向公众展示了一个震惊国人的见义勇为案例：东北一位83岁的老太太王桂莲，面对凶恶歹徒再次袭击13岁孙女的危急情势，不顾自身安危，奋起与38岁的壮年歹徒搏斗。头部连中7刀，血流如注，仍牢牢抱住行凶歹徒不放。孙女获救，迅速脱离现场，向警方报案去了。就在警方尚未赶到现场之前，壮年歹徒面对王桂莲老太太的勇敢反抗之气势，胆怯了，不敢继续纠缠下去，于是迅速逃离现场。事后，身受重伤的王桂莲老太太只住了三天医院，还未拆线，就悄悄出院回家了，院方惊叹不已，都说这简直是奇迹！

案子迅速告破。东北有关部门将王桂莲老太太的英雄事迹广为宣传，并在一些高校组织了“女英雄王桂莲见义勇为事迹报告会”，闻者无不为之动容。83 岁老太太勇斗歹徒,是目前全中国最年长的见义勇为英雄。她的事迹震撼了千万青年学子的灵魂,同时也震慑了凶犯的灵魂:凶犯万万没想到被自己连砍 7 刀的被害者已是 83 岁高龄的老太,他对自己的罪恶行径感到十分后悔。

通过此案，我们从加害人和被害人的行为表现上真实地看到了人性与兽性搏斗的生动场面，还领悟到了恩格斯对杜林人性论的批判之名言的意蕴。

首先,38 岁的壮年歹徒原定的袭击目标是 13 岁的无辜幼女。实施第一次打击(用石块砸向幼女脸部)后,遭遇幼女奶奶、83 岁的王桂莲老太太的勇猛反抗。于是歹徒临时转移目标,向王老太头部连砍 7 刀。加害人连续袭击两人,手段凶残,意欲置被害人于死地。加害人的人性已扭曲到丧失人性之程度。这不能不说是兽性的顶级表现。在这一场景下,被害人王老太为救年幼孙女,奋不顾身,完全忘却老身已迈 83 岁高龄,在头部被歹徒连砍 7 刀、血流如注的危险情势下,一身正气,毫无惧色,使尽浑身气力,抱住凶徒不放,连加害人也觉出这老太太的过人气力。义生勇,正压邪。到了两个生命受到致命威胁的境地,不制服歹徒,奶奶孙女都就没命了。这时候,你选择什么?求生自然是人性之第一本能,哪容得犹豫思考许多,先拼上老命救下孙女再说。就是这一念之间,王老太太与歹徒勇猛搏斗,力大无比,连歹徒也未想到。83 岁老太太的英雄行为就这样铸就了——人性的力量。

其次,我们从加害人身上看到了兽性的肆虐和残暴。人性一旦扭曲,兽性必然占了上风。一个 38 岁的壮年大汉竟能面对反抗的 83 岁老太太头部连砍 7 刀，完全丧失了人性。与这兽性作英勇搏斗的是 83 岁的被害人王老太的人性。处于弱势群体的年迈女性竟制服了身强力壮的壮年男性,人性与兽性的生死搏斗中,人性胜了!

第三，恩格斯在其哲学专著《反杜林论》中，针对杜林把人分成“人性的人和兽性的人”的人性论观点，进行了如下的批判：

> 人来源于动物界这一事实已经决定人永远不能完全摆脱兽性，所以问题永远只能在于摆脱得多些或少些，在于兽性或人性的程度上的差异。把人类分成截然不同的两类，分成人性的人和兽性的人，分成善人和恶人，绵羊和山羊，这样的分类，除现实哲学外，只有在基督教里才可以找到。①

恩格斯对人之有人性与兽性的两面，人性或者兽性只是程度上有差异的诠释，是从人类起源于动物这一历史事实而做出的。其科学性和理论价值是毫无疑问的。我们通过“王老太勇斗歹徒案”，也领悟到恩格斯这一人性分析的科学性。38 岁的壮年加害人在行凶作恶时，兽性大发，无以复加，人性丧失殆尽，屠刀砍向 83 岁老太太要害处达 7 次。但是，当血流如注的被害人王老太不顾生命危险，用尽平生之力与之搏斗时，令他始料未及，一刹那间，他的灵魂受到极大震慑，他害怕了。就在警方还未赶到现场之前，他逃离现场了。后来记者在监狱采访时，他说未想到一位 83 岁老太太竟有如此大的气力，对自己的罪行感到十分后悔。由此看来，即使是兽性大发到丧心病狂的地步，在这样的犯罪人身上也还能看到一点点人性的回归之光。我们可以预料，该犯一旦被判自由刑，劳动改造得好，日后出狱，回归社会，说不定能干出若干人性的事来。

四、犯罪学关注人性的理论意义及其价值

人性之善恶问题，本是伦理学和宗教哲学讨论的范畴。但在中

---

①恩格斯：《反杜林论》，载《马克思恩格斯全集》第 20 卷，人民出版社，1971 年，110 页。

国，由于受传统文化儒学和儒家思想的深刻影响，“德主刑辅”“礼法结合”“纳礼入律”，形成了中国特色的法文化。刑法上讲的“主观恶性”“打击黑恶势力”；民法中的“恶意串通”“善意第三人”等等，均是现在法律实务中使用频率很高的法律语言。它大大丰富了伦理学上善、恶范畴的内涵。犯罪学上讲的反社会行为，包括了刑法学上的犯罪行为和违法行为，与伦理学上的丑恶行为意思也是相近的。由此观之，人性之向善、向恶，不能只局限于伦理学范畴去研究，将之引进犯罪学、刑法学范畴去研究，是大有作为的。事实上，20 世纪 90 年代以来，我国刑法学者已进行了这方面的研究并获得丰硕成果。北京大学法学院的刑法学教授陈兴良博士于 1992 年出版的《刑法哲学》[①]和 1996 年出版的《刑法的人性基础》[②]等专著，就是很好的范例。只是犯罪学对人性问题的研究才刚刚起步，还不能说形成什么理论体系。其实，从应然的意义上讲，犯罪学关注人性，以人性理论分析犯罪产生的根源和不犯罪的根源，提出防控犯罪的治理对策，相比已走在前头的刑法学来，其理论意义更为现实，也更为深远，理论和实践价值更大。这是因为，犯罪学研究的对象没有一样不是围绕着人的行为表现展开的。这是业内人士都清楚的。现在需要我们做的，主要是突破传统的思维定式，大胆去研究犯罪与不犯罪的人性问题。

第二节　满足物质需要是人性的第一本能

一、满足物质需要的人权意义

生命权是人权序列中最重要的人权。为了维持生命，第一要务就

①陈兴良：《刑法哲学》，北京：中国政法大学出版社，1992。

②陈兴良：《刑法的人性基础》，北京：中国方正出版社，1996。

是满足人的物质需要。在人权序列中,与生命权联系最紧密的是健康权和发展权。健康权是人之生命得以存在和延续的必要条件;发展权则是人之生命价值得以实现的充要条件。而健康权、发展权都离不开物质资料的满足,这是最起码的要求。当今世界,最大的人权问题还是人的温饱问题解决得如何,这是生存权的前提。中国在20世纪末基本解决了温饱问题。20世纪初的这些年又基本进入了温饱型的小康社会,对一个拥有世界五分之一人口的发展中大国来说,实属不易。还有像非洲一些发展中国家,至今还有相当多的人口在饥饿线上挣扎。这意味人权的第一要义——生存权问题在世界范围还有关注的现实意义;与此联系甚为紧密的人性之第一本能——满足物质需要的问题,现在仍未失去研究的价值。

二、中国古代法律思想家对人性第一本能的诠释

中国古代特别是先秦时期,以管仲为代表的法家先驱,以孔孟为代表的儒家学派,对人性第一本能——满足物质需要问题都有精到的研究和精彩的描述。管仲(? —公元前645年)在任齐国宰相以前,年轻时曾和挚友鲍叔牙一道经商,对普通百姓的生活比较熟悉和了解。他从大众身上观察到了满足物质需要尤其是吃饱肚子、穿暖衣服,仓里有粮食与人们遵守礼仪法度和知荣辱的关系,于是提出了经典性论断:“国多财,则远者来;地辟举,则民留处;仓廪实,则知礼节;衣食足,则知荣辱。”[①]儒法合流的先行者[②]荀况(约公元前313年—前238年),是战国末期杰出的思想家,是“富有战斗精神的朴素唯物主

①《管子·牧民》,载《诸子集成·管子校正》,中华书局,1954年,1页。

②张国华、饶鑫贤主编:《中国法律思想史纲》,上册,甘肃人民出版社,1984年,113页。

义者。”[①]他认为，满足最起码的物质需要，是人的自然属性。他说：“凡人有所一同：饥而欲食，寒而欲暖，劳而欲息，好利而恶害，是人之所生而有也，是无待而然者也；是禹、桀之所同也。”[②]

儒家的重要代表、孔子思想的忠实继承者孟轲（约公元前 372 年—前 289 年）深知满足民众物质需要对巩固王道政权、稳定社会秩序的重大意义。他回答梁惠王治国大计的策问时，说出了下面一番道理：

> 不违农时，谷不可胜食也；数罟不入洿池，鱼鳖不可胜食也；斧斤以时入山林，材木不可胜用也。谷与鱼鳖不可胜食，材木不可胜用，是使民养生丧死无憾也。养生丧死无憾，王道之始也。[③]

如果耕作收获不违农时，捕鱼有节，伐木有规矩，粮食就多得吃不完，鱼类水产多得吃不了，木材也可取之不尽。这样，黎民百姓的生活就有了保障，生老病死也没有了后顾之忧。这才是实行王道之治的逻辑起点。

告子是主张人性无分善恶说的代表。他说：“性犹湍水也，决诸东方则东流，决诸西方则西流。人性之无分于善不善也，犹水之无分东西也。”[④]但他对人性之第一本能——满足物质需要这一点上，与诸子各家没有分歧。他与孟子讨论人性问题时说，“食色，性也。”[⑤]

---

①张国华、饶鑫贤主编：《中国法律思想史纲》，上册，甘肃人民出版社，1984 年，113 页。

②《荀子·荣辱》，载《诸子集成·荀子集解》，中华书局，1954 年，39 页。

③《孟子·梁惠王上》，载《诸子集成·孟子正义》，中华书局，1954 年，32 页。

④《孟子·告子上》，载《诸子集成·孟子正义》，中华书局，1954 年，433 页。

⑤《孟子·告子上》，载《诸子集成·孟子正义》，中华书局，1954 年，437 页。

三、满足人的物质需要是马克思主义唯物史观的第一条定律

1883年3月14日,是近代最伟大的思想家、世界无产阶级革命的伟大导师马克思逝世的日子。马克思最亲密的战友和他的思想的忠实继承者恩格斯在其墓前致悼词说:

> 正像达尔文发现有机界的发展规律一样，马克思发现了人类历史的发展规律，即历来为繁茂芜杂的意识形态所掩盖的一个简单事实:人们首先必须吃、喝、住、穿,然后才能从事政治、科学、艺术、宗教等等;所以,直接的物质的生活资料的生产，因而一个民族或一个时代的一定的经济发展阶段,便构成为基础,人们的国家制度、法的观点、艺术以至宗教观念,就是从这个基础上发展起来的,因而,也必须由这个基础来解释,而不是像过去那样做得相反。①

这是恩格斯第一次对马克思主义唯物历史观内涵的完整表述,他将其提到“历史发展规律”的高度予以评价。其中,首先提到“吃、喝、住、穿”这个人性之第一本能的物质需要。文中虽未明确讲人性问题，但实质上揭示了满足物质需要——这个人性之第一本能及解决这一需要的直接物质生活资料的生产与从事政治、科学、艺术、宗教等上层建筑意识形态领域的关系。和2500多年前中国先秦思想家荀况发现的人性规律“凡人有所一同:饥而欲食,寒而欲暖,劳而欲息,好利而恶害,是人之所生而有也,是无待而然者也;是禹、桀之所同也”两者作一比较,两位思想家都关注到满足人的第一需要——首先必须解决吃、喝、住、穿问题的重大意义。所不同的是,荀况将其作为

①恩格斯:《在马克思墓前的讲话》,载《马克思恩格斯选集》第3卷,人民出版社,1972年,574页。

人性问题提出来，马克思、恩格斯将其作为历史发展规律提出来。但就相同之点来说，中国古代思想家荀况的发现在当时来说，是很了不起的历史唯物主义思想硕果。

第三节 追求利益最大化是人性的基本本能

一、人对利益追求的两面性

人对利益的追求，从本能上讲，是无止境的。是善，还是恶？笔者以为，它具有两面性。它既是人性的进步，又是人性的致命弱点。社会既承认和容纳人之追求利益的最大化，否则社会的进步和发展就失去动力。但又不能容忍人之利益追求无秩序、无节制、不择手段，即以损害他人利益为代价的疯狂行为。市场经济从本质上讲，可以说是天然的人性化经济。有市场，必然有竞争。没有自由竞争，市场经济建立不起来，那就不是市场经济。自由竞争的背后是利益的竞争，而且是追求利益最大化的竞争，这是市场经济所以能够发展起来的原动力。由于人对利益追求的无止境性，往往会出现无政府状态、无节制乃至以损人利己为代价的疯狂行为，垄断的出现是其中的一种表现。还有诸如不正当竞争、假冒伪劣等等，人性的弱点赤裸裸地暴露出来了。“市场失灵”的源头，其实就在市场主体——人性弱点那里。所以，在社会不能容忍的时候，国家就要出来干预，进行必要的宏观调控。办法就是立法，依法办事。因此，市场经济又被称为法治经济或法制化经济。这实际就是对人性弱点的社会控制，是对利益的一种平衡。

二、刑法上的“正当防卫”和“紧急避险”的人性评价

1997年八届人大第五次会议修订后的《中华人民共和国刑法》第20条，是关于正当防卫的规定。该条有3款规定：

第一款：为了使国家、公共利益、本人或者他人的人身、财产和其他权利免受正在进行的不法侵害，而采取的制止不法侵害的行为，对不法侵害人造成损害的，属于正当防卫，不负刑事责任。

第二款：正当防卫明显超过必要限度造成重大损害的，应当负刑事责任，但是应当减轻或者免除处罚。

第三款：对正在进行行凶、杀人、抢劫、强奸、绑架以及其他严重危及人身安全的暴力犯罪，采取防卫行为，造成不法侵害人伤亡的，不属于防卫过当，不负刑事责任。

第一款规定列举了四个方面利益受侵害时可以采取正当防卫的情形。即当国家利益，社会（公共）利益，受侵害人本人的人身、财产和其他权利，他人的人身、财产和其他权利之中的任何一种或几种，一旦遭遇“正在进行的不法侵害”时，受侵害人为了捍卫即将受侵害的利益免受侵害，而有权采取不及暇顾的应急措施，包括对侵害人给予必要的打击乃至造成损害，以制止不法侵害的得逞。只要受侵害人制止不法侵害的行为未“明显超过必要限度造成重大损害的”，依法不负刑事责任。这款规定的主旨，在于张扬义举。而义是人性亮点的一个方面。面对国家、社会（公共）、本人、他人诸多利益受侵害的危险情形下，受侵害人见义勇为，奋起制止不法侵害，是在特定情势下追求利益最大化的一种行为表现。

正当防卫是在情况紧急、一般受侵害人往往无法从容选择与权衡自己的制止行为会造成什么法律后果的情形下发生的。因此，一般很难把握得恰如其分，明显超过必要限度的可能性是常有的，但造成重大损害，如本当致伤的却造成死亡，或者终身残疾的情形，不是普遍的。所以，法律对这种过当行为也做出了公正的评价：“明显超过必要限度造成重大损害的，应当负刑事责任”，这是对侵害人利益的救济或者是一种补偿。“但是应当减轻或者免除处罚”，这又是对受侵害人正义行为的利益平衡，这就有了第二款的规定。总之，第二款规定的主旨在于平衡正当防卫法律关系中两个主体之间的利益分配，促使彼此心态和谐，人性恢复到良善的正常状态。因为犯罪是人性的扭曲，是兽性占了上风。

第三款是对例外情况的特别规定。因为暴力犯罪往往严重危及受侵害人人身安全甚至生命，而且侵害行为来势凶猛、猝不及防，受侵害人根本不可能考虑制止行为的法律后果如何。因此本款规定“采取防卫行为，造成不法侵害人伤亡的，不属于防卫过当，不负刑事责任。”面对人身安全或者生命受到侵害行为严重威胁时，受侵害人迅速做出反应：不是你死，就是我活，别无选择。于是采取了极端的制止行为，给侵害人以致命打击，致侵害人重伤或者死亡。这是受侵害人人性本能的反应，是受侵害人危急情况下自救的一种方式。法律规定此情况下防卫不属过当，当然不负刑事责任。这是一项合乎实际的人性化法律评价。20 世纪 80 年代初，某地农村发生过一起农妇杀死强奸歹徒案。案情大概是这样的：

[案例 6] 某年夏季的一天，因天气特别炎热，一农妇午休时光着上身于地铺睡觉。一歹徒路过该屋时，从窗户窥见此情，顿生淫念，于是穿窗而入，意欲强奸。怎料，歹徒进屋的动作惊醒了酣睡的农妇。还未及起身反抗，人高马大的歹徒就扑向农妇。也是情急生智，刹那间，农妇发现地铺边有把剪刀，乘歹徒尚未发现之际，迅速操起，用尽平生气力刺进歹徒的腹部。歹徒疼极，血流如注，捂着肚子逃离现场。未及走出多远，就栽倒地上，再未起来，及至警方接到报案赶来，歹徒已无气息。

此案在审理时，1997 年修订《刑法》尚未公市，原 1979 年五届人大公市实施的《刑法》在正当防卫的规定中还无1997年《刑法》第20条第三款那样的规定。1979年《刑法》第17条关于正当防卫的规定只有如下两款:

为了使公共利益，本人或者他人的人身和其他权利免受正在进行的不法侵害,而采取的正当防卫行为,不负刑事责任。

正当防卫超过必要限度造成不应有的危害的，应当负刑事责任,但是应当酌情减轻或者免除处罚。①

和1997年3月14日公市的修订《刑法》第20条对照,1979年《刑法》第17条不仅没有1997年《刑法》第20条第三款关于对暴力犯罪的正当防卫行为造成侵害人伤亡的规定,“不属防卫过当，不负刑事责任”的规定,而且原有的两款规定也不够完善。在立法不完善甚至缺失的情况下,当时该案的审判结果是,判受侵害人防卫行为不属防卫过当,不负刑事责任,与1997年《刑法》第20条第3款规定完全吻合。说明该案法官的自由裁量很有人性化法律评价的水平。

1997年《刑法》第21条是关于紧急避险的规定。该条也有3款规定:

第一款:为了使国家、公共利益、本人或者他人的人身、财产和其他权利免受正在发生的危险，不得已采取的紧急避险行为,造成损害的,不负刑事责任。

第二款:紧急避险超过必要限度造成不应有的损害的，应当负刑事责任,但是应当减轻或者免除处罚。

第三款:第一款中关于避免本人危险的规定,不适用于职务上、业务上负有特定责任的人。

---

①《中华人民共和国法律汇编(1979—1984)》,人民出版社,1985年,103页。

本条前两款规定的人性化法律评价，和《刑法》第 20 条关于正当防卫的第一、二款规定的人性化法律评价精神是一致的，此不再赘。第三款规定的例外情形，主要是指身负特定职责，受职业道德约束，在本人人身安全有危险时，不能和其他人一样采取避险措施，也就是说，即使以身殉职，也不能擅离职守。例如航空器上的机组人员（包括机长、驾驶人员、领航员、乘务人员等），船舶上的乘务人员（包括船长、大副、驾驶人员和船员等），火车、汽车上的驾驶人员、乘务人员等，遇有人身安全危险时，不能擅离工作岗位，扔下旅客自己去避险。一旦发生这种情况，应当追究刑事责任。对此情况，法律做出否定性评价，也完全在于张扬人性之善德，抑制人性之恶德。立法的出发点是所保全的利益要大于牺牲的利益。总的精神还是追求利益的最大化。

（原载甘肃民族出版社 2009 年版刘延寿著《犯罪的人性解读》）

第十四章　名与耻：人性自尊的精神家园
——解读“人为什么不犯罪”之（一）

第一节　赋予生命意义的“名”
——“面子感”的人性自尊

本书第二编的第五章至第十三章是从人性根源上解读了“人为什么犯罪，社会为什么有犯罪？”第三编自本章开始至第十八章，是对“人为什么不犯罪，社会的绝大多数成员为什么不去犯罪”的解读，也是从人性根源上说起的。中国是一个具有强烈耻辱感文化传统的多民族大国。“有耻”，对中华民族来讲，是做人的第一要义；“无耻”，则是最丢人现眼、最没人格乃至丧失人格的大事。孟子就讲：“耻之于人大矣。”①羞耻对于人是至关紧要的。然而，还有比羞耻更为紧要的呢，那就是“名”。名的内涵比耻更为丰富和深广。“名”是一个特殊记号，具有语言、文字上的意义，有所谓言词之名，姓氏之名等等。进而言之，还有逻辑学上的概念之名。中国先秦逻辑体系“名辩”的概念、判断、推理，不是现代这个名称，而是叫作名（概念）、辞（判断）、说（推理）。本章讨论的重点不在言词之名，也不纠缠名辩逻辑问题，而在“尊名”上，即含有人格尊严的名誉、名声方面，俗话说就是面子问题。

在中国，“面子感”是普遍的羞耻感现象，一旦丢了面子，无颜见

---

①《孟子·尽心上》，见《诸子集成·孟子正义》，中华书局，1954年，522页。

人，以致走上绝路，自古及今不乏其例。中国是耻辱感文化的故乡，有深厚的耻辱感文化传统。名誉和人格尊严（或曰面子）对一个正直的中国人来说，比生命还重要，尤其是女性。她们一旦被破坏了名誉，或者被害失身，无颜苟活于人世，于是以死雪耻，以净其名。还有相当多的强奸案被害人出于羞耻感、顾面子而隐忍伤痛，拒不报案，不只本人，家人亦是。

面子为何如此重要，以至甘愿付出生命代价？这是因为，当人们的目光投向某人的时候，集中在他身体的最多的部分，要算是脸部。

> 世人投以赞许的目光，这个人便有“脸面”，并因之而笑逐颜开；相反，当世人投以厌恶的目光，这人便“丢脸”，顿觉“无脸见人”。[①]

中国古代有羞辱人格尊严的刑罚处罚方法，如黥、墨（脸上刺字涂黑）、髡（剃光头），乃至游街示众等等。虽是处罚轻罪犯的刑罚，但令罪犯丧失人格尊严，有“生不如死”之感。所以，有好名声的人，处处有脸；坏名声出了名的人，就处处丢脸。日本学者森三树三郎说，“在中国，脸的历史十分古老。战国时代，就有‘有何面目到×’的习惯用法。这里的‘面目’一词，就是指身体的一部分——脸”[②]。到今天，国人还有“有何面目见江东父老”的俗用。因此，对脸面的这些评价，总是和名誉联系起来的，不过，也只有和名誉联系起来，这“面子”才有意义。中国现代散文家、小说家林语堂（1895—1976）先生在《我之国土，我之国民》一文中论及面子的部分有精到的描述：

---

①[日]森三树三郎著、乔继堂译：《名与耻的文化——中国伦理思想透视》，甘肃人民出版社，1989年，70~71页。

②同上书，第71页。

“面子”是无法翻译和定义的。它同于名誉,不是金钱所能够得,但却给男男女女以物质的夸示。男人追逐它,许多女人也不惜为此献身。它目不能见,却可以示人,是清楚明白地存在着的。

它无可理论,却是必须遵从的社会习惯。它可以导致诉讼的延期、破产、杀人和自杀。比之世俗的财产,它不知要贵重多少。它比宪法还要厉害,往往决定战争的胜败,能够推翻内阁。

把“面子”与西方的“名誉”混同,实在是天大的误解。中国的姑娘被男人看见了身体,会常常为了面子而自杀,就像过去一部分西方妇女因私生子而投海一样。西方男子躲避决斗要丧失“名誉”,却不丢面子。

不给人面子就是失礼。①

“名”具有了“面子”的内涵之后,其社会和伦理价值极大地提升起来。它对人性的修养和升华、人格的完美、爱国主义和民族精神的养成等等,起着十分重要的内省作用。历史上无数民族英雄为使国家和民族免遭侵略者的侮辱蹂躏以及亡国灭种的奇耻大辱, 不惜流血牺牲;当他们陷入绝境、落入敌手,面对敌人的软硬挑战和金钱、色利诱惑等严峻考验时,真能做到贫贱不移,富贵不淫,威武不屈,决不失节。国家和民族的尊严是最大的面子,爱国主义者和民族英雄付出的一切代价就在于维护和捍卫这个“大面子”。当然,这样的“大面子”不是抽象空洞的记号, 而是蕴涵着国家和民族的利益, 是有具体内容的。中华民族在近代以来,蒙受了一个半世纪的外敌蹂躏和欺侮,尽

①[日]森三树三郎著、乔继堂译:《名与耻的文化——中国伦理思想透视》,甘肃人民出版社,1989年,257页。

管积贫积弱，但最后还是“柔弱胜刚强”，打败了侵略者，靠的就是不甘当亡国奴，不当汉奸，不丢国家和民族的“脸”这样一股民族精神。日本武士、浪人用“东亚病夫”的牌匾侮辱、蔑视霍元甲、陈真，想让中国人丢脸，结果是激发了英雄们的浩然正气，击败了对手，体体面面地为中华民族争回了面子。抗日战争年代，在强敌面前“宁为玉碎，不为瓦全”的民族英雄不可胜数。例如：

[案例 50]在抗日战争最艰苦卓绝的年代，活跃在冀中平原的“冀中回民支队”是一支令日寇闻风丧胆的“铁军”。在司令马本斋的率领下，从成立到抗战胜利的 6 年中，历经大小战斗 870 多次，消灭日伪军 36700 余人，缴获大批枪炮、弹药和军用物资，给日寇以沉重打击。受到回民支队沉重打击的日军，恼羞成怒，施出毒计，将马本斋司令的母亲抓走，并用尽各种威胁、利诱之伎俩，强逼马母写信让儿子投降。老人在敌人软硬兼施下宁死不屈，英雄母亲以绝食至死回答敌人。1944年 2 月 7 日，马本斋在山东莘县逝世，年仅 43 岁。毛泽东题词：“马本斋同志不死！”周恩来挽联：“民族英雄，吾党战士！”朱德敬挽：“壮志难移汉回各族模范，大节不死母子两代英雄。”①

第二节　名的禁忌与道德、法律意识

一、人名、亡父之名和君王之名的禁忌与夏商时代的道德法律意识

在中国古代，人名、亡父之名、君王（包括天子）之名的禁忌是普

①资料来源：见喇敏智主编：《回族对伟大祖国的贡献》，甘肃民族出版社，2006 年，198 页。

遍的、严格的。如管子，名夷吾，字仲；孔子，名丘，字仲尼；蒋介石，名中正，字介石。这种风习尤在知识分子层中为甚，至今不衰。“名与字有着清晰的功能区”。只有那些社会地位比某人在上的人才可以叫他的名，同辈或社会地位在下的人叫他的名便是失礼。到今天为止的中国社会，特别是寻常百姓，遇到长辈或者干部，大凡叫尊称或者官阶名称的为多，如老王、老张，李处长、赵书记等等。要是干部下了乡，农民在不清楚他们的具体官阶时，百分之百地不称某某干部的名字，而一律称呼老王、老张，年纪比他轻的就叫王同志、张同志；要是工作组下乡，工作组长的名字是以某某组长为代号的。有人只知道叫“钱组长”，直到工作组撤离时，还不知道“钱组长”大名叫什么。“对原始部落人来说，姓名不单是标记，也是构成身体的一部分，是自己的‘身份’。把自己的姓名告诉了别人，就等于把自己的身体交给了人家。假如对方心怀恶意，便可以念你的姓名来咒你。”①人名的禁忌，大概就源出于此吧。

死人之名的禁忌更为严格，特别是亡父之名，是孝男孝女绝口不言的。这和儒家道德以家庭道德为根基是分不开的。千百年来，中国人恪守避讳风习，“特别是以对父母的孝顺心为中心……作为道德的一环——忠孝而存在的……父名与‘死’都是讳。”②除避父母之讳外，更为严格的是避伟人讳、君王讳。例如：

> **[案例52]**现今的南京是三国时吴国的首都。当时叫建业。公元313年，晋愍帝即位，愍帝名业，建业被改为了“健康”(现在南京还有叫“健康路”的一条大街——笔者)。《史通》作者、唐代史学家刘知几，因“几”与唐玄宗名隆基之

①[日]森三树三郎著、乔继堂译：《名与耻的文化——中国伦理思想透视》，甘肃人民出版社，1989年，3页。

②同上书，5页。

"基"音同,便专用了字"子玄";汉高祖之妻,女强人吕后名雉,因此雉改名为野鸡。[1]

这种与地名、人名、物名有牵连的避讳简直成了国君的特殊权力,这在当朝来说,已超出了道德的范围,如不避讳,就有"犯上"之嫌,弄不好,是要坐牢的。这就涉及法律制度问题了。虽未见哪个朝代的法律条文上写上天子避讳的规定,但事实上已形成制度,就不是一般的礼貌道德问题。这种不敢触犯天子之名禁忌的法律意识,可以说最早出自夏、商氏族封建制[2]社会最高统治者自命为的"君权神授"说和"神权法"思想。相传,夏禹本人对鬼神就很迷信和虔诚,并且非常重视祭祀。神权法思想到商代进入高峰。《礼记·表记》:"殷人尊神,率民以事神。"[3]所有国家大事,包括年成的丰歉、战争的胜负、城邑的兴建、官吏的黜陟以及奴隶是否逃亡等等,都要通过占卜向上帝和祖先祈祷或请示。发展到后来,"为了假托神意,商王几乎无事不卜,无日不卜,甚至定罪量刑也要诉诸鬼神。"[4]国君所以叫天子,与君权"受命于天"的理论是分不开的。这在统治者自己一方是但愿如此的,这是天子的一种法律意识。在被统治的广大臣民一方,天子说的话就是法

①参见拙著《学步集》,甘肃人民出版社,1996年,247页。

②历史学者晁福林在其《夏商社会性质论纲》一文中提出,夏商时代,氏族是最主要的社会组织形式。通过氏族组织剥削劳动者的力役地租是最主要的剥削形式。这是只有封建制社会才有的剥削形式。所以将其封建制的经济形态概括为"氏族封建制"。这一论断推翻了夏商时代为中国奴隶制社会的说法,并且连带着也推翻了西周社会为中国奴隶制与封建制时代的分界线的历史分期说。笔者赞成这一说法。晁福林《夏商社会性质论纲》一文发表在1998年5月22日的《光明日报》第7版上。——笔者

③《礼记·表记》,《十三经注疏》下册,中华书局,1980年,1642页。

④张国华、饶鑫贤主编:《中国法律思想史纲》上册,甘肃人民出版社,1984年,39页。

律,是被迫接受的,他们的法律意识,是不敢违天子之命,有敬畏感或者畏惧感,一提到"王法",就惧怕三分。在这种思想支配下,天子之名是连大臣都不敢直言的,只能称呼"大王"、"国君",至于低层的官吏以及臣民们就更不用说了。尊名思想的根源,如果说始自原始巫术观念,那么到夏、商时代的迷信鬼神,占卜问事,乃至君权神授和神权法思想,就是原始巫术观念的继续和发展了。

二、名分思想与西周和春秋战国时期的道德、法律意识

以孔子为代表的儒家学派,被后世称为儒教,进而由于重名,被人们称为"名教",即"重名之教"。孔子的重名,意在正名,《论语·子路》云:"必也,正名乎?"接着有一段连锁式推理的名句:

> 名不正,则言不顺;言不顺,则事不成;事不成,则礼乐不兴;礼乐不兴,则刑罚不中;刑罚不中,则民无所措手足。故君子名之必可言也,言之必可行也。君子与其言,无所苟而已矣。①

孔子在这段话中讲正名,并非逻辑学意义上要求明确概念的正名(尽管当代逻辑史学家们多采用此例作为连锁推理的典型式,那是学术层面的,不妨碍理论家作为政治问题加以探讨),而是关系到国家统治秩序的政治问题,也就是大义、名分要加以匡正的当务之急。孔子所处的春秋时期,正是中国社会处于各路诸侯封建割据的局面。各诸侯国之间争名夺利之事屡有发生,争夺激烈时,往往爆发战争。"春秋无义战",说的就是这种战争的性质和状况。争夺的激烈,战乱的频仍,出现了君不君、臣不臣、父不父、子不子的混乱局面,引起了社会上各学派的关注;同时,也因态度和主张的不同,产生了诸子百

①《论语·子路》,见《诸子集成·论语正义》,中华书局,1954年,283页。

家并存、学派林立的争鸣局面，其中尤以孔子为代表的儒家学派为甚。在春秋战国前期，本派的观点影响很大，它站在维护周天子一统天下的立场上，极力反对争夺，劝说天下和谐，祈望尽快结束君不君、臣不臣、父不父、子不子的乱局，所以提出君君、臣臣、父父、子子为核心的正名论，或曰名分思想。孔子说的“正名”，就是要端正君与臣、父与子、兄与弟、夫与妻以及朋友之间这五伦关系的秩序。有君臣之名，就要有君臣之分。“名”在这里是指职位说的，“分”是指应该承担的那份责任或者义务。换言之，就是有职位之名，就应该有职位之实，名副其实是理所当然的。有子之名，就要尽子对父的那份孝心。

名分思想进入道德范畴，就是封建宗法社会的君臣、父子、夫妇、兄弟、朋友为内容的所谓“五伦”的最重要的社会关系。《孟子·滕文公上》交代了这种关系：“使契为司徒，教以人伦，父子有亲，君臣有义，夫妇有别，长幼有叙(序)，朋友有信。”[①]宋代理学家朱熹在《白鹿洞书院为学大端》里明确地把父子有亲、君臣有义、夫妇有别、长幼有序、朋友有信列为“五教之目”。“五伦”是封建社会最基本的伦理关系，也是占统治地位的封建道德秩序，是几千年封建社会影响最为深广的道德意识的基本内容。它调节和维系中国封建社会秩序达三千年[②]之久，是值得我们深入研究的。其实，中国社会除去君臣这一层封建关系被现代社会置换为文官制度下的上下级行政关系外，其余四伦中将夫妇有别改造为“夫妇平等”，其他三伦的传统关系依旧实行，新的“五伦”关系将成为维系中国社会主义和谐社会秩序的道德根基。自

①《孟子·滕文公上》，见《诸子集成·孟子正义》，中华书局，1954年，226页。

②2000年11月国家公布的“夏商周断代工程”科研阶段性成果《夏商周年表》，商周分界为公元前1046年，按照著名历史学家范文澜先生“西周封建论”的说法，自此为封建制社会起点算起至1949年，中国封建社会的历史应为2995年。——笔者

20世纪70年代末改革开放启动以来到现在的30年里，传统的正常伦理关系日渐恢复，及至建设和谐社会战略的提出和实施，新的“五伦”秩序将会建立起来。这对社会主义市场经济的中国社会稳定和长治久安意义甚为深远。

三、名誉、名声之名与人名、家名的联系

名誉和名声之名总是和特定的人名联系在一起的。这种关系具有两方面的意义：一方面，人名是广为人知的，特别是出了名的人名；另一方面，这人名只有和他所代表的对象的优点、美德或者是缺陷、丑行相联系才有价值。与对象的优点、美德联系起来的人名见到、听到，就立刻做出肯定性的社会评价，认为该人是有名的好人、善人；如果是相反的联系，就立刻做出否定性的社会评价，说该人名声不好。名声欲是人皆有之的。孔孟对名声欲是充分肯定的。他们也特别尊崇名声，并认为喜好名声的人能够不惜千乘大国而谦让于他人，即所谓“君子疾没世而名不称焉”①。“好名之人能让千乘之国，苟非其人，箪食豆羹见于色”②，这是因为对名声的追求胜过了对利欲的追求。孔子的弟子曾参比他的老师更尊崇名声，相传他作的《孝经》把名声看作是最高的德行，即所谓“身体发肤，受之父母，不敢毁伤，孝之始也。立身行道，扬名于后世以显父母，孝之终也。”难怪“立身扬名”成了大多数中国人的人生理想。

四、儒道诸子的名誉、名声观

孔孟对名声欲是给予积极的、高度的评价和持奖掖、鼓励的态度

①《论语·卫灵公》，见《诸子集成·论语正义》，中华书局，1954年，342页。
②《孟子·尽心下》，见《诸子集成·孟子正义》，中华书局，1954年，571页。

的，前已述及，此不再赘。老子、庄子对名誉和名声持否定态度。他们的无名思想自有一番道理。老子的生卒年不详，多数学者认为老子即老聃，姓李名耳，稍早于孔子。他是楚国人，为道家学派的创始人。曾做过“周守藏室之吏”，后成隐士。传统的说法，老子的思想和他的辩证法主要反映在战国初期成书的《老子》中。《老子》讲：

> 道，可道，非常道；名，可名，非常名。无名，天地之始；有名，万物之母。①

日本学者森三树三郎对老子上述观点的疏解值得参考。他在《名与耻的文化——中国伦理思想透视》一书中说：

> 真正的道，不是世间普通的道，换言之，即不是人伦之道或者仁义忠孝之道。因为这些道是受“人伦”、“仁义忠孝”等言词限定着的，被言词限定，能不是人为的吗？被言词这种人为手段把握的道，不是自然之道；自然之道，真正的道，是不能被言词捕捉的。道必须是超越言词制约、无限的事物。②

> 因为，终极真理是无名的，是言词所不能表现的。世人以为“天地”是终极之道，其实“天地”仍是受名制约的，仍然不是终极之道，只不过是有形万物之母。老子所谓“无名”，是不能命名，无法用言词表现的意思，说到底，是对言词的否定。否定了言词之名，当然也就否定了名声、名誉之

---

①《老子·道德经上篇》，见《诸子集成·老子注》，中华书局，1954年，1页。

②［日］森三树三郎著、乔继堂译：《名与耻的文化——中国伦理思想透视》，甘肃人民出版社，1989年，35页。

名。①

老子由否定言词之名出发，最终否定名声、名誉之名，目的在于强调无名的主张。无名之民过着太古的自然生活，这是老子的理想。②

老子的无名思想旨在为他的“为无为则无不治”③的治国理想服务的，并非是否定具有面子感意义的名誉、名声之名。老子和庄子其实都是很顾面子和人格尊严的古代大哲学家。据说孔子曾向老子请教过“礼”，孔子认为他莫测高深，告诉弟子：“吾今日见老子，其犹龙邪！”④老子和庄子后来都成了隐士，也说明他们的清高和孤傲，以及对当朝政治的不苟同。

另一位道家学派的代表人物，与老子齐名的庄子（约公元前369年—前286年），名庄周，约与孟子同时，为宋国蒙（今河南商丘东北）人，曾在家乡做过管理漆园的小吏，曾与魏相惠施交游。相传：

楚威王闻庄周贤，使使厚币迎之，许以为相。庄周笑谓楚使者曰：“千金，重利；卿相，尊位也。子独不见郊祭之牺牛乎？养食之数岁，衣以文绣，以入太庙。当是之时，虽欲为孤豚，岂可得乎？子亟去，无污我。我宁游戏污渎之中自快，无为有国者所羁，终身不仕，以快吾志焉。”⑤

可见庄子十分珍惜自己的人格尊严和名誉、名声，宁可隐居乡

---

①②［日］森三树三郎著、乔继堂译：《名与耻的文化——中国伦理思想透视》，甘肃人民出版社，1989年，36页。

③《老子·道德经上篇》，见《诸子集成·老子注》，中华书局，1954年，2页。

④张国华、饶鑫贤主编：《中国法律思想史纲》上册，甘肃人民出版社，1984年，141页。

⑤转引自张国华、饶鑫贤主编：《中国法律思想史纲》上册，甘肃人民出版社，1984年，141~142页。

里，也不为金钱尊位所动。庄子重实轻名，也不完全是含有面子感意义的名誉、名声，还有逻辑思维方法意义上的意思。《庄子·逍遥游》中有一段这样的描述：

> 尧让天下于许由……许由曰："子治天下，天下既已治也，而我犹代子，吾将为名乎？名者，实之宾也。吾将为宾乎？"①

森三树三郎疏解说：

> "名者实之宾"，可以说是道家关于名实关系的基本思维方法。儒家求名责实，是名为主、实为从的思维方法。与此恰恰相反，庄子以实为主，以名为从。②

森三树三郎的这个疏解是合理的。总之，老庄的无名思想都不影响含有面子感意义的名誉、名声之于人格尊严的伦理价值。

第三节　知耻——中国人的民族精神

先秦儒家早已提出"知耻近乎勇"的主张。这"勇"是什么？就是民族精神。中国是世界上最早关注"耻"的国家。

一、中国是"耻辱感文化"的老字号

研究中国伦理思想的日本学者森三树三郎说：

> 无论如何，中国文化都应归属于耻辱感文化。就耻辱感文化而言，中国实在是它的老字号，日本只不过是一爿分店

①《庄子·逍遥游》，见《诸子集成·庄子集解》，中华书局，1954年，3页。

②[日]森三树三郎著、乔继堂译：《名与耻的文化——中国伦理思想透视》，甘肃人民出版社，1989年，37页。

而已。[①]

就耻辱感文化的历史传统来说,整个东方都属于耻辱感文化的类型,只是中国在这方面更敏锐、更强烈。亡国灭种是最大的国耻,自古至今皆然。中国历史曾被列强蔑为一盘散沙的“东亚病夫”,但在历次反侵略的卫国战争中都能“柔弱胜刚强”,以侵略者的可耻失败而告终,靠的就是“勿忘国耻”“不辱使命”,生死关头空前团结的中华民族精神。二战结束半个多世纪以来,中韩两国在“慰安妇”问题上一致对日,毫不退缩,一直坚持日本国政府向受害国中韩两国道歉。这是为国雪耻的一种民族斗争精神,绝不是狭隘民族主义。

[案例53]2007年4月16日,美国弗吉尼亚理工大学校园发生了美国史无前例的枪杀32名师生的惨案。在得知美国弗吉尼亚理工大学枪击事件疑犯为韩裔留学生后,卢武铉总统再次受到“无法形容的冲击”,当天通过驻美大使馆向布什总统致电,表示慰问。4月18日,韩国总统卢武铉召开紧急内阁会议,讨论此次枪击事件带来的严重后果,外交通商部长官宋旻淳也出席了此次会议。与会官员透露,卢武铉与助手们讨论了有关对策,甚至总统致歉信也在考虑范围之内。

枪击案在旅美韩人中造成极大恐慌,很多人担心遭到报复或歧视。另外,在疑犯的韩国裔身份被确定后,韩国驻

---

①[日]森三树三郎著、乔继堂译:《名与耻的文化——中国伦理思想透视》,甘肃人民出版社,1989年,89页。

美国大使李泰植提议轮流绝食32天，以此分担遇难者家属和美国社会的悲痛。李泰植17日晚出席了追悼仪式后，他提议以韩人教会为中心，轮流绝食32天，与会者同意了这一提议。①

对此次枪击事件，韩国总统卢武铉为何再次受到“无法形容的冲击”？可以肯定地说，是出于强烈的蒙羞之感。因为枪杀32名无辜者的凶手已确认为韩国留学生，他给韩国“脸”上抹了黑，有人性者产生如此耻感是很自然的。另外，韩国外交通商部长官李泰植在疑犯的韩国裔身份被确认后提议以韩人教会为中心，轮流绝食32天，以此分担遇难者家属和美国社会的悲痛，是一个人性化的处理方式。这不只是一般的外交礼仪表示，而是知耻之勇的一种精神表达。总统卢武铉准备总统致歉信一举，也属于“知耻”之列。

二、耻是内在的伦理意识

耻的内容异常丰富。但以孔孟伦理思想为核心的中国耻的传统观念十分重视人的内在的伦理意识的养成。《论语》中耻的观念多表现为人性的内在之德，如：

宪问耻。子曰：“邦有道，谷；邦无道，谷，耻也。”②

邦有道，贫且贱焉，耻也；邦无道，富且贵焉，耻也。③

据杨伯峻先生《论语译注》的今译本，上文的现代汉语意思是：

原宪问何为耻辱。孔子答：“国家政治清明，做官领薪

---

①案例资料来源：见《兰州晨报》2007年4月19日A26版。

②《论语·宪问》，见《诸子集成·论语正义》，中华书局，1954年，300页。

③《论语·泰伯》，见《诸子集成·论语正义》，中华书局，1954年，163页。

俸;国家政治黑暗,做官领薪俸,这就是耻辱。”①

国家政治清明,自己贫贱,是耻辱;国家政治黑暗,自己富贵,也是耻辱。②

从《论语·泰伯》的今译:“国家政治清明,自己贫贱,是耻辱”句意看,《论语·宪问》中的“国家政治清明,做官领薪俸”不应和“国家政治黑暗,做官领薪俸”等量齐观,都看成是耻辱,而应译为:国家政治清明,做官理当领取薪俸。

子曰:“君子耻其言而过其行。”③

杨伯峻译为:“说得多,做得少,君子以为耻。”译得贴切。

行已有耻,使于四方,不辱君命,可谓士矣。④

杨伯峻译:

自己行为保持羞耻之心,出使外国,很好地完成君主的使命,可以叫作“士”了。⑤

士志于道,而耻恶衣恶食者,未足与议也。⑥

衣敝缊袍,与衣狐貉者立,而不耻者,其由也与?⑦

杨伯峻译:

读书人有志于真理,但又以自己穿破衣吃粗粮为耻辱,这种人,不值得同他商议了。⑧

---

①杨伯峻:《论语译注》,中华书局,1980年,145页。
②杨伯峻:《论语译注》,中华书局,1980年,82页。
③《论语·宪问》,见《诸子集成·论语正义》,中华书局,1954年,319页。
④《论语·子路》,见《诸子集成·论语正义》,中华书局,1954年,293页。
⑤杨伯峻:《论语译注》,中华书局,1980年,140页。
⑥《论语·里仁》,见《诸子集成·论语正义》,中华书局,1954年,78页。
⑦《论语·子罕》,见《诸子集成·论语正义》,中华书局,1954年,191页。
⑧杨伯峻:《论语译注》,中华书局,1980年,37页。

穿着破烂的旧丝棉袍子和穿着狐貉裘的人一道站着，不觉得惭愧，恐怕只有仲由吧！[①]

由上可见，连人们的日常行为的原则也都建立在"耻"的基础上，经常注意检点自己的行为有无可耻之处；同时，从事公务、执行"君命"时也不辱使命，一定不能使它蒙受耻辱。

三、羞耻之心，义之端也

《孟子》中关于"耻"的言论很多，且赋予极高的伦理价值。例如：

孟子曰："人不可以无耻。无耻之耻，无耻矣。"[②]

杨伯峻译：

孟子说："人不可以没有羞耻，不知羞耻的那种羞耻，真是不知羞耻呀！"[③]

日本学者森三树三郎对上文的疏解是：

人必须知耻，如果把自己的无耻挂于心怀，其心自正，也就不会去干可耻的事情。[④]

杨伯峻的直译和森三树三郎的疏解都很精当，把二者综而合之，意思更为完美。人人都知耻，违法犯罪的事也就不存在了。

孟子曰："耻之于人大矣，为机变之巧者，无所用耻焉。不耻不若人，何若人有？"[⑤]

杨伯峻译：

---

①杨伯峻：《论语译注》，中华书局，1980 年，95 页。

②《孟子·尽心上》，见《诸子集成·孟子正义》，中华书局，1954 年，522 页。

③杨伯峻：《孟子译注》，中华书局，1960 年，302 页。

④[日]森三树三郎著、乔继堂译：《名与耻的文化——中国伦理思想透视》，甘肃人民出版社，1989 年，93 页。

⑤《孟子·尽心上》，见《诸子集成·孟子正义》，中华书局，1954 年，522 页。

孟子说："羞耻对于人关系重大，干机谋巧诈事情的人是没有地方用得着羞耻的。不以赶不上别人为羞耻，怎样能赶上别人呢？"①

森三树三郎对上文的疏解是：

对人来说，耻是重要的。干机谋巧诈事情的人是不顾羞耻的。假如为不及他人而感到可耻，那就总会赶上去；为失败而感到可耻，通向胜利的路不就开通了吗？耻是道德进步的动力，是值得重视的。②

孟子的"四端说"将"耻"作为"义"的开端看待，即"羞恶之心，义之端也"。儒家学派重义轻利，见义勇为被视为"知耻"的英雄行为，这种传统的伦理观念一直流传至今还有现实的社会和伦理价值。孟子说：

恻隐之心，仁之端也；羞恶之心，义之端也；辞让之心，礼之端也；是非之心，智之端也。③

这是儒家倡导的道德行为中最具代表性的善端。恻隐之心，人皆有之，是一种人性本能的感情，"这种感情能自发地形成仁的品德"④。同样，为自己的不良行为感到可耻，憎恶他人所干的坏事，也是一种人性本能的自然感情，"就会形成义的品德。"⑤至此，"耻在儒教的道德体系中，被给予了确定的地位。"⑥

---

①②杨伯峻：《孟子译注》，中华书局，1960年，303页。

③《孟子·公孙丑上》，见《诸子集成·孟子正义》，中华书局，1954年，139页。

④[日]森三树三郎著、乔继堂译：《名与耻的文化——中国伦理思想透视》，甘肃人民出版社，1989年，94页。

⑤[日]森三树三郎著、乔继堂译：《名与耻的文化——中国伦理思想透视》，甘肃人民出版社，1989年，95页。

⑥[日]森三树三郎著、乔继堂译：《名与耻的文化——中国伦理思想透视》，甘肃人民出版社，1989年，93页。

四、"廉耻"之德——儒家道德的核心

"廉耻"观念已成古今中国人共同的思想。法家先驱管仲把"礼、义、廉、耻"视为"国之四维",并与国家的前途命运联系起来。《管子·牧民》讲:

> 国有四维……一曰礼,二曰义,三曰廉,四曰耻。……四维不张,国乃灭亡。[①]

近代中国民主革命的先行者孙中山先生在"礼义廉耻"前面增补了"忠孝仁爱"四端,合成"忠孝仁爱,礼义廉耻"四端四维,成为国民党的党训。意在完全继承和光大中国主流伦理道德传统,但蒋介石接手国民党以后,这八个大字究竟实行得如何,大家都很明白。当代社会主义中国国家主席胡锦涛,于 2006 年 3 月 4 日看望出席全国政协十届四次会议的委员,并参加分组讨论,在听取委员们的意见和建议后指出:"在我们的社会主义社会里,是非、善恶、美丑的界限绝对不能混淆,坚持什么、反对什么,倡导什么、抵制什么,都必须旗帜鲜明。"[②]他并且提出,要引导广大干部群众特别是青少年树立社会主义荣辱观:

> 坚持以热爱祖国为荣,以危害祖国为耻;以服务人民为荣,以背离人民为耻;以崇尚科学为荣,以愚昧无知为耻;以辛勤劳动为荣,以好逸恶劳为耻;以团结互助为荣,以损人利己为耻;以诚实守信为荣,以见利忘义为耻;以遵纪守法为荣,以违法乱纪为耻;以艰苦奋斗为荣,以骄奢淫逸为耻。[③]

---

①《管子·牧民》,见《诸子集成·管子校正》,中华书局,1954 年,1 页。

②新华社北京 2006 年 3 月 4 日电:《树立社会主义荣辱观》,新华出版社,2006 年,1~2 页。

③新华社北京 2006 年 3 月 4 日电:《树立社会主义荣辱观》,新华出版社,2006 年,2 页。

这就是现在正式成为当代中国每一个社会成员应具有的“八荣八耻”社会主义道德理念。以“八荣八耻”为内容的社会主义荣辱观与先秦管仲、孔孟提出的“廉耻”观是继承与弘扬的关系，具有伦理文化历史传统的连续性，是中华民族几千年传统美德和世代智慧的结晶。“八荣八耻”是在“廉耻”观的基础上补充了当代社会主义中国荣辱观的内容而形成的。可以说，迄今为止，世界上还没有第二个国家像中国这样，能使民族的伦理文化历史传统存续2600多年而不中断。这是中华民族值得自豪的一章。

第四节　杀身成仁，舍生取义

一、杀身以成仁，人性的壮烈选择之(一)

当代中国女作家蒋丽萍说：“人事实上是非常复杂的，需要来回地看。人的心念在一念之间会有千差万别的东西出来。”[①]笔者以为，这千差万别全是人性选择的结果，人人都有这种选择的自由，但选择的结果有时反差是巨大的。

杀身成仁，是孔子推崇的美德。《论语·卫灵公》云：

子曰：“志士仁人，无求生以害人，有杀身以成仁。”[②]

孔子的意思是说，崇尚节义的人和心地仁厚的人，不会因为贪生怕死而损害仁德，只有牺牲生命来成全仁德。东汉经学家赵岐（约108—201年）对孔子“杀身成仁”说给出了大视野的诠释。他认为，第一，杀身成仁者都是守义之士，他们是为了他人的生存而宁肯自己死

①转引自《文汇读书周报》2006年7月7日。

②《论语·卫灵公》，见《诸子集成·论语正义》，中华书局，1954年，337页。

的人。第二，为正义而牺牲也是杀身成仁，即曾子所谓“得正而毙者”。第三，杀身成仁不一定指死在敌人的刑场刀斧之下，或者战死疆场，即所谓“杀身不必尽刀锯鼎镬也”。像舜、禹这样的贤帝，他们忘我地为民勤劳治理水患，造福桑梓，积劳成疾，殉职于他乡荒野，也是杀身成仁。因此，所谓成仁，就是“以死勤事”[①]，按今天的话说，就是敬业奉献、以身殉职。第四，“是成仁不必杀身，夫圣贤之死不死。审乎仁不仁，非谓仁必死也，非谓死则仁也。”[②]真正欲成仁者，不一定非要让他献出生命，就好像圣贤的死没有必要让他死一样。考虑仁或是不仁，并非是说仁者必须牺牲生命，也并非是说只有牺牲生命，才算是仁。赵岐的诠释不光视野开阔，而且很有辩证思想，文字表述也很精当。

> 孟子曰：“仁，人心也；义，人路也。舍其路而弗由，放其心而不知求，哀哉！人有鸡犬放，则知求之；有放心而不知求。学问之道无他，求其放心而已矣。……”[③]

杨伯峻先生对上文的今译是：

> 孟子说：“仁是人的心，义是人的路。放弃了那条正路而不走，丧失了那善良之心而不晓得去找，可悲得很呀！一个人，有鸡和狗走失了，便晓得去寻找；有善良之心丧失了，却不晓得去寻求。学问之道没有别的，就是把那丧失的善良之心找回来罢了。……”[④]

孟子提示给人们的是关于人生价值的选择问题。他的比喻和举

①②《论语·卫灵公》，见《诸子集成·论语正义》，中华书局，1954 年，337 页。
③《孟子·告子上》，见《诸子集成·孟子正义》，中华书局，1954 年，464 页。
④杨伯峻：《孟子译注》，中华书局，1960 年，267 页。

例看起来很普通,但道理很不简单,直接触及人性对仁和义的选择与否,也就是对"名誉"和"耻"的选择。这里所说的"名誉"和"耻",不是一般意义上的,而是以"杀身成仁""舍生取义"为代价而守护的那种"名誉"和"耻之于人大矣"的那种"耻"。在中国,殉名、殉耻而杀身成仁、舍生取义的英雄人物自古及今不乏其例。这里有一个壮烈杀身成仁的回族英雄事迹的例子:

[**案例 54**]淞沪会战,中山舰长萨师俊沉江殉国

萨师俊,字翼仲,回族,清光绪二十一年(1895 年)生于福建闽侯县,是中国近代海军名将萨镇冰的侄孙。抗日战争时任国民党海军第一舰队中山舰舰长,率中山舰全体将士参加了著名的淞沪会战。"七七事变"爆发不久,接着淞沪战火又起,全国规模的抗日战争开始了。萨师俊和他的将士们怀着"为中华民族争人格"的强烈信念,以弱抗强,奋起抵抗。由于敌我力量过于悬殊,经过近两个月的战斗,中国海军的绝大部分舰只被击毁,损失惨重,其余舰只沿长江撤往武汉,担负警戒、运输任务。1938 年 6 月,日军集中陆军 12 个师团和 40 余艘海军舰艇,溯江而上,武汉保卫战开始。战斗中,由于我海军部队只有几艘舰艇,无法与装备精良的日军舰队对抗,就采用袭击战术,大量施放水雷炸毁日舰。萨师俊率领的中山舰全体官兵在战斗中担任施放水雷及运输任务,历经多次战斗,重创日军,炸沉炸毁日舰 19 艘,有力地支援了陆军的作战。

1938 年 10 月下旬,中山舰奉令调到金口封锁航道。10 月 24 日凌晨,大批日本飞机分批袭击中山舰。萨师俊舰长站在指挥台上,当敌机飞抵中山舰上空时,萨师俊舰长振臂一呼,数炮齐发,屡次打退敌人的进攻。然而在敌机轮番密

集轰炸下，萨师俊身受重伤，但他仍大声说道："我还能指挥作战，我是舰长，舰长与军舰共存亡。今为我死守尽义之时矣！"官兵们力劝萨舰长摘掉舰长袖章，免得成为日机集中射击的目标，萨舰长泰然地说："我必死矣，军服是国家名器之象征也，绝不可易！"不久，舰身开始倾斜，已无法继续作战，萨师俊劝其部下不要跟他同死，求得生存以备再战，并豪迈地对大家说："不有死者，何以见民族之忠义；不有生者，何以杀倭寇，争胜利，卫国家！尔等当为国家报仇，为中山舰报仇，为我报仇，义之至也，共死何为？"说毕，壮烈殉国。①

萨师俊沉江殉国的英雄壮举，是杀身成仁的践行者，也是对中国名与耻的文化的生动诠释。萨师俊壮烈殉国的场景曾在中日甲午战争中上演，与海军名将邓世昌以及在平壤英勇就义的左宝贵将军(回族)的忠义殉国是何等相似的一幕！有杀身以成仁者，亦有舍生以取义者。

二、舍生取义，人性的壮烈选择之(二)

舍生取义，是"知耻"的最高形式。孟子对舍生取义有很精彩的诠释：

孟子曰："鱼，我所欲也，熊掌，亦我所欲也；二者不可得兼，舍鱼而取熊掌者也。生，亦我所欲也，义，亦我所欲也；二者不可得兼，舍生而取义者也。生亦我所欲，所欲有甚于生

---

①资料来源：喇敏智主编：《回族对伟大祖国的贡献》，甘肃民族出版社，2006年，204页。

者，故不为苟得也；死亦我所恶，所恶有甚于死者，故患有所不辟也。①

舍生取义的人性选择和杀身成仁一样壮烈。和管仲“夫凡人之性，见利莫能勿就，见害莫能勿避”的“趋利避害”的人性论相比，孟子的“存义舍利”乃至舍生取义的人性向善论，其社会和伦理价值十分重要，意义十分深远，以至数千年以后的今天，践行舍生取义的英雄人物层出不穷。这里有两个现实的例子：

[案例55]生死十六秒，英魂寄蓝天——追记李剑英烈士

2006年11月14日，兰州空军某部飞行员李剑英驾驶某型歼击机，在训练结束后的降落过程中撞到了鸽群，导致发动机工作失常，在生死攸关的16秒里，李剑英看到飞机下方密集的村庄和人群，毅然决定改跳伞为迫降，先后三次放弃跳伞求生的机会，为了保护国家和人民群众的生命财产安全而壮烈牺牲。

鸟撞飞机是世界性的航空难题，对于具有两个以上发动机的飞机，撞鸟后，可以紧急关闭损坏的发动机，实施迫降。李剑英烈士当时驾驶的战机只有一个发动机。在通常情况下，飞行员往往报告“我撞鸟了，跳伞！”而李剑英烈士当时却报告“要调整跳伞”。据介绍，沿飞机下滑轨迹下方依次有3个村庄，居住着3500口人。而当时飞机上还有800多公升航空油、120余发航空炮弹、1枚火箭弹，还有氧气瓶等物品，如果跳伞后的飞机失去控制，落到哪里都会像一颗重

①《孟子·告子上》，见《诸子集成·孟子正义》，中华书局，1954年，461~462页。

磅炸弹，后果将不堪设想。

在万分紧急的时刻，李剑英烈士毅然决然地选择了调整跳伞，并且最后放弃了三次跳伞的机会，把生的希望留给了别人。凭借精湛的技艺和良好的心理素质，李剑英烈士努力使战机避开了村庄，驾驶到没有人烟的跑道延长线上进行迫降。12 时 04 分 25 秒，飞机不幸撞击到 3 米高的水渠护坡后爆炸解体，李剑英烈士壮烈牺牲。飞机解体后发生的爆炸持续了两个多小时，没有一名群众受伤。李剑英同志从准备跳伞到调整跳伞，再从准备迫降到执行迫降，短短的 16 秒，李剑英为了人民群众的生命财产安全，把危险留给了自己，把安全留给了人民群众。[①]

李剑英烈士的壮举，是践行舍生取义的当代经典案例。据 2007 年 1 月 8 日中央电视台《感动中国》栏目组相关负责人刘凯先生称：兰空殉职飞行员李剑英已经成为 2006 年“感动中国”的候选人之一，1 月 9 日已在中央电视台网站和新浪网上推出了其英雄事迹介绍。

[案例 56]普通司机生死抉择，撼人心魄

2007 年 5 月 7 日凌晨 6 时许，一辆满载钢材的农用货车自西向东驶往甘肃省永登县城。据目击者描述，当车行至距县城 300 米处的永窑桥头时，货车并没有上桥，而是突然改变方向冲向河堤旁的一堆建筑垃圾，紧接着冲出河堤，在空中“飞”了十几米后，车头先扎在裸露的河床上，之后又在惯性的作用下，翻了一个跟头倒扣在了河床上。事故发生后，附近村民立即赶到桥下进行救援，但车内两人均已死

①资料来源：新浪网据 2007 年 1 月 5 日《郑州晚报》；网址：http：bbs14.xuu.c。

亡。

记者了解到,货车出事前刹车可能已经失灵。五渠村村民火某告诉记者,当时货车的刹车好像已经失灵,车像脱缰的野马一样狂奔,在经过近两公里的下坡路段后,巨大的惯性导致货车的速度非常快,当时他站在距永窑桥头500米处的公路北侧,感觉货车就像狂风刮过一般。火某告诉记者,当时永窑桥上没有任何车辆,不知为何,货车在快上桥时突然转向,冲向了河堤上的一堆建筑垃圾,紧接着就冲到了庄浪河里。据事故现场附近的一些目击村民推测,货车出事地点距永登县城不到300米,而前方就是永登县城的一个综合批发市场,清晨6时正是蔬菜批发时间,市场门口及马路上有很多人。货车司机当时可能考虑到一旦进入县城,失控的货车将会造成群死群伤的重大交通事故。危急关头,他突然转向将车开下了庄浪河。

据死者堂兄告诉记者,其堂弟铁某及其妻子系永登县民乐乡八林村人,家中还有3个未成年的孩子及两个老人。据永登县交警大队勘查现场,初步推断这是一起单方面的交通事故,具体原因还在调查中。①

看上去,像是一起“单方面的交通事故”,但从事件的结果来看,和感动中国的英雄李剑英的生死抉择过程何等相似!货车失控又遇下坡路段,永窑桥上空无一车,也无行人,如不是考虑冲过桥后进入蔬菜批发市场将会造成群死群伤的严重后果,驾驶员可不转向,直行桥上进入县城,司机夫妇有可能躲过一劫,死里逃生。然而,在生死的

①资料来源:《兰州晨报》2007年5月8日A06版。

危急关头,司机夫妇果断选择了宁可自己与车同归于尽,也不能造成群死群伤的严重恶果。“货车快上桥时突然转向”,“将车开下了庄浪河”,这一写实过程还不够证明问题的性质吗?不要以为事主是一对很普通的农民夫妇,就以“单方面交通事故”予以评价!须知,人性的向善选择和英雄行为的发生,往往是超越阶层、门第和身份差别的,尤其在当今的社会主义中国。如果廉耻之德仅仅是存在于高修养人群之中,那么,如何解释社会的绝大多数成员不去犯罪这一现象呢?

第五节 雪耻在惩恶扬善

一、中国古代的雪耻意识

(一)老子主张“以德报怨”分大小

《老子·道德经下篇》云:“大小多少,报怨以德。”[①]三国魏玄学家王弼(226—249)注曰:“小怨则不足以报,大怨则天下之所欲诛,顺天下之所同者,德也。”[②]意思很明白,老子主张的“以德报怨”并非是“一刀切”的,是看具体情况而论的:对一般的“小怨”,即小耻小辱,可以德报之,不必以怨报怨,以牙还牙,而对奇耻大辱的“大怨”,则要以怨报怨,“天下共诛之”。这是老子的雪耻意识。

(二)孔子主张“以德报德”、“以怨报怨”

孔子对老子的“以德报怨”有不同意见,主张只要是怨就要“以怨报怨”,这样做,能惩恶扬善,否则,以德回报敌手,那恩人又该如何?例如《礼记·表记》云:

---

①②《老子·道德经下篇》,见《诸子集成·老子注》,中华书局,1954年,38页。

子曰:"以德报德,则民有所劝;以怨报怨,则民有所惩。"①

《论语·公冶长》云:

子曰:"巧言、令色、足恭,左丘明耻之,丘亦耻之。匿怨而友其人,左丘明耻之,丘亦耻之。"②

以上所述表明,孔子是主张"以德报德"、"以怨报怨"的。这样做,可使人们去恶向善,惩恶扬善,否则,内心藏着怨恨,表面上却同怨恨的对象要好,这种行为,左丘明认为可耻,孔子自己也认为可耻。森三树三郎也认为,"《礼记》所言似乎更接近孔子的真实思想。"他列举了吴王夫差和越王勾践的复仇故事:

[**案例 57**]公元前 494 年,吴王夫差在会稽大败越王勾践。对吴王来说,这是报杀父之仇的一战。越王臣服了,吴王的臣下伍子胥进言道:"今不灭越,后必悔之。勾践贤君,种、蠡良臣,若反国,将为乱。"但是,伍子胥不为吴王所宠,吴王不仅没有听从他的忠告,相反把他当作奸邪的蛊惑,赐剑伍子胥,命其自杀。临死前,伍子胥留下遗言:"必取吾眼置吾东门,以观越兵入也。"然后饮剑自刎。吴王闻此大怒,命令用马皮袋装了伍子胥尸体,弃之江流。

归国后的越王勾践卧薪尝胆,时刻提醒自己莫忘会稽之耻。20年后,终于攻克吴国,生擒吴王夫差,成功地洗雪了会稽之耻,越王命吴王为百家之长,吴王想起了直言进谏的伍子胥,道一声"吾无面目以见伍子胥也",然后蒙面

---

①《礼记·表记》,见《十三经注疏》,下册,中华书局,1980 年,1639 页。

②《论语·公冶长》,见《诸子集成·论语正义》,中华书局,1954 年,108 页。

自杀。[①]

森三树三郎引述《史记·越王世家·伍子胥传》的故事情节，与现在电视剧中的某些故事情节，比如勾践"卧薪尝胆"，究竟是在吴国臣服期间的事，还是回国后的事，不完全一样。当然，电视剧允许艺术上虚构某些情节，处理手法可以有所不同。这不影响本题讨论的性质。笔者以为，森三树三郎先生举的这个例子虽然适合证明孔子的"以怨报怨"的复仇思想；其实，也可用来证明老子"以德报怨"分大小的雪耻观。吴、越两国之间的怨是国耻，是大怨，当以怨报怨，而且举国共报之。这是老子认同的。

二、得道多助，失道寡助——现代中国的雪耻观

森三树三郎又举出蒋介石在二战结束后搬出了老子"以德报怨"的格言，放弃了要求日本战争赔款的权利。姑且不论这话的政治背景，就个人信念而言，可以说：在中国，老子思想至今犹生。[②]笔者对森三树三郎之言不完全苟同。说"老子思想至今犹生"，这一点我赞同。我们共产党人比蒋介石的肚量宽宏多了，"得饶人处且饶人"，这方面我们从来都是大度的。我所不苟同森三树三郎先生的观点处在于，他对老子的"以德报怨"分大小的思想和蒋介石在日本战败无条件投降，二战结束后不要求日本战争赔款的态度不加具体分析，笼统作证，结果是是非不清，何以为证？按老子"以德报怨"分大小的思想本意，中国对日本侵略的国耻是坚决不能忘记的，因为那是奇耻大辱。

---

①[日]森三树三郎著、乔继堂译：《名与耻的文化——中国伦理思想透视》，甘肃人民出版社，1989年，101页。

②[日]森三树三郎著、乔继堂译：《名与耻的文化——中国伦理思想透视》，甘肃人民出版社，1989年，100页。

所以报之以怨，经过14年艰苦卓绝的抗日战争，终于把日寇赶出了中国。二战结束后，在远东国际军事法庭审判日本战争罪犯时，我方坚决将罪恶累累的若干日本战争罪犯送上了审判台，最后得以正法。这是雪国耻的继续。至于放弃战争赔款的权利，那只不过是对放下武器的敌人的一种宽大政策的继续，是对小怨报之以德的处理方法。因为毕竟日本最高统治者已向世界宣告无条件投降了。经过战争的浩劫，交战双方国力都招致巨大耗损，这种情况下坚持"以怨报怨"，是会失道的。"得道多助，失道寡助"，也是老子"以德报怨"思想的辩证法。这一点，森三树三郎先生没有悟透老子之意。

三、"以德报怨"的社会评价

"以德报怨"的提出，是一个积极的人性化思考，它的出发点在于化解矛盾，息事宁人，化干戈为玉帛，促进社会的和谐与稳定。具体说来，具有如下功能：

(一)捐弃前嫌，和为贵

《论语·学而》明确提出"和为贵"主张：

> 有子曰："礼之用，和为贵。先王之道，斯为美；小大由之，有所不行，知和而和，不以礼节之，亦不可行也。"

据杨伯峻先生的译注，这段话所说的"和为贵"的中心意思是说，礼的作用，以遇事都做得恰当为可贵。过去圣明君王的治国之道，可宝贵的地方就在这里。他们小事大事都做得恰当。但是，如有行不通的地方，便为恰当而求恰当，不用一定的规矩制度来加以节制，也是不可行的。在国家生活与社会生活中，在人和事方面发生利益冲突或者其他矛盾纠纷以及恩恩怨怨的事总是难免的。在如何处理社会矛盾、利益冲突以及恩怨关系问题上，中国自古以来都有调节矛盾、化解冲突，使恩怨双方握手言和、和平共处的原则精神和办法。为了国家利益和社会稳定，以及人事关系的和谐，说服双方捐弃前嫌，以和为贵。所谓“冤冤相报何时了”“冤家宜解不宜结”，也都是这个意思。再如，在天时、地利、人和的条件关系中，“人和”是最重要的条件；人和了，万事也就有兴的可能。但尽管如此，“和为贵”也是有原则、有是非的，并非是为和而和，即“知和而和”。总有和为贵行不通的时候和地方，这种情况下，就要运用社会规则和制度加以节制；在分清是非的前提下，以德报怨，化解矛盾；否则，无原则的“和”，那可真成了“和稀泥”，是收不到“言和”的效果的。

和为贵是解决社会矛盾的一种重要手段，不能把它当成目的来追求，正像“以德报怨”是旨在把问题调适处理得恰到好处的一种方法，一个过程，而不是目标；最终使国家利益得以维护，大局得以稳定才是目标。

[案例58]战国时赵国名将廉颇，赵惠文王时任上卿，屡次战胜齐、魏等国，声名大振。蔺相如，战国时赵国名臣，与廉颇同朝。赵惠文王时，秦闻赵惠文王得“和氏璧”，乃价值连城的稀世珍宝。秦向赵强索“和氏璧”，秦王并佯称愿以十五城易之。赵王恐其有诈，便派遣蔺相如护璧入秦。秦果诈，相如当廷力争，挫败秦王阴谋，完璧归赵。赵惠文王二十年（公元前279年），秦王又于渑池（今河南渑池西）设宴约赵王赴会，伺机谋刺。相如随赵王到渑池与秦王相会，相如又一次挫败秦王，使赵王没有被屈辱。归赵后，相如被封为上卿。老将廉颇居功自傲，不服相如封卿，竟三次挡道辱蔺。但相如顾念大局，屡次容忍谦让，后经虞卿劝解，使颇愧悟，遂负荆请罪于相如，将相和好，亲密有加，成为团结御侮的知交。“将相和案”被传为千古美谈，且有京剧、秦腔《将相

和》《负荆请罪》等历史剧传演至今。[①]

蔺相如"以德报怨"的结果十分理想,不但确实捐弃了前嫌,而且将相从此成了肝胆相照、荣辱与共的至交,使赵国当时成为周边国家刮目相看的强国之一。赵孝成王十五年(公元前251年),廉颇率部战胜燕军,升任相国,封信平君。

(二)心地善良,宽厚仁慈,得饶人时且饶人

在处理冤假错案和个人恩怨问题上,中国传统的主导雪耻意识和观念,不是以牙还牙的复仇心理,而是只要对方肯低头认罪,一般在处理上都能"得饶人时且饶人",从宽掌握,给对方一个出路,更不会"落井下石",因为这是陷正义于不义之举,是小人的做法。再以"文革"为例,20世纪70年代后期,由于"文革"祸患造成的冤、假、错案堆积如山。整人者与被整者之间的案情十分复杂,既有人品道德问题,又有认识问题,中国共产党十一届三中全会(1978年12月18日至22日)后,全国平反假案、纠正错案、昭雪冤案的工作可谓是量大面宽,但这方面的拨乱反正工作应当说进行得非常顺利,不到几年时间就基本澄清了是非,数以万计的冤假错案得以平反昭雪,及至80年代初,党内外都出现了团结一致向前看的局面,其中,一个很重要的因素就是"文革"期间挨过整、受过迫害的同志以高姿态的心态坚持了"两个正确对待",即正确对待自己和正确对待别人,按中国传统的"以德报怨"理念讲,就是对低头认罪者持以宽厚仁慈、得饶人时且饶人的态度。

(三)报复和复仇主义绝不是雪耻

"报复"一词在中国古代具有双关的含义。《辞海》云:

---

①以上参见《辞海》"廉颇""蔺相如"条,上海:上海辞书出版社,1979;王正强主编:《秦腔词典》"将相和"条,兰州:敦煌文艺出版社,1995。

> 古代报恩、报仇都叫报复。《汉书·来买臣传》："悉召见故人与饮食，诸尝有恩者，皆报复焉。"《三国志·蜀志·法正传》："一飡(cān)之德，睚眦(yá zi)之怨，无不报复，擅杀毁伤己者数人。"现谓故意地回击批评或伤害过自己的人。①

现代的"报复"已不具报恩内涵，只具报仇的意思。从古籍对报复的诠释看，一顿饭的恩惠和发怒时瞪了一眼的怨恨都要耿耿于怀施以回报和回击，显得心胸多么狭窄。倾向性很明显，古人不赞成对小小恩怨施以报复，主张"隐忍"。至于复仇主义，那更是坚决反对的。《辞海》对"复仇主义"的诠释是：

> 一般指战败的帝国主义国家以恢复失去的领土为借口，力图发动新的侵略战争的反动思想和政策。德国在第一次世界大战失败以后，以希特勒为首的法西斯势力在"收复失地"的口号下，准备并发动了第二次世界大战，就是一例。②

耻对于人来说是大事，那么雪耻当然就不是小事。古往今来，有耻必雪是天经地义的。然而雪耻绝不是报复，更不是复仇主义。报复或者复仇，是很原始的情感反应，其渊源可以追溯到原始社会氏族部落阶段的"血族复仇"。当时那种血族复仇，"是无节制的原始本能的自救行动，往往导致氏族或部落之间漫无限制的残暴厮杀，甚至造成整个氏族或部落的灭绝。"③还有"同态复仇"的习俗，是一种原始的"报应刑"。那种"以牙还牙""以血还血"的复仇行为只能产生"冤冤相报何时了"的恶性循环效应，非但起不到惩恶扬善作用，反而会使雪

---

①《辞海》："报复"条，上海辞书出版社，1979年，1554页。

②《辞海》："复仇主义"条，上海辞书出版社，1979年，470页。

③杨春洗主编：《刑法基础论》，北京大学出版社，1999年，371页。

耻异化、变味。日本法西斯军国主义者对二战战败并无条件投降的结局一直耿耿于怀，长期以来拒不向受害国谢罪。至今，其右翼势力还在伺机"复仇"，包括亲右首相在内的一些右翼分子三番五次地参拜"靖国神社"，召唤战争罪犯亡灵；不断壮大"自卫队"军事力量；篡改历史教科书，拒不承认侵华罪恶历史；连"南京大屠杀"这样为世界瞩目和公认的滔天大罪也拒不认账。足见日本军国主义者亡我之心不死的复仇心态和梦想新的侵略扩张图谋。因此，对日本右翼势力复仇主义的狼子野心决不可掉以轻心。

"耻"或者是"雪耻"，是有是非界限和正义与非正义之别的。再以二战为例：对中、苏、美、英、法以及欧洲的波兰、阿尔巴尼亚、保加利亚、罗马尼亚、匈牙利、捷克以及前南斯拉夫等国，还有亚洲的韩、朝、印尼、马来西亚、缅甸诸国，总之，饱受德意日法西斯侵略之痛的所有国家和地区来说，是有奇耻大辱要洗雪的，但对德意日法西斯侵略者来说，即使他们以战败、无条件投降而告终，不是什么雪耻的问题，而是反省过去侵略别国的反人类、反和平的可耻罪恶。要说有国耻，它们侵略和蹂躏别国人民，滥杀无辜、奸淫掳掠、无恶不作的兽行，给本国人民脸上抹了黑，也给自己国家蒙了羞，也算是一种国耻。对正义方是受辱之耻的，对非正义方则是侵略之耻；回击侵略者的卫国战争是雪国耻的正义行动，就像苏联红军攻克德国首都柏林那样。还有1959年，中国对印度的边界自卫反击战；1969年，中国在珍宝岛地区对苏军入侵的自卫反击战；1979年，在中越边界地区中国对越南的自卫反击战等，都是雪国耻的正义军事行动。

四、"以德报怨"的法律评价

（一）儒家"德主刑辅"的法律思想和以"礼"为主导的刑罚观

以孔、孟为代表的儒家"德主刑辅"的法律思想和以"礼"为主导

的刑罚观,是儒家学派“以德报怨”思想的法律体现。“德主刑辅”的主要内容是:

1. “为国以礼”“礼乐不兴,则刑罚不中”

“礼”在儒家学派的治国主张体系中占有极其重要的地位。它把“礼”看作是用“法”的前提和统帅一切的纲领,主张“为国以礼”的“礼治”。一天,孔子同他的学生子路、曾皙(曾参之父)、冉由、公西华等讨论治国问题。子路(仲由)口气很大,孔子说:“为国以礼,其言不让,是故哂(shěn)之。”[①]意思是说,治理国家要靠礼法,仲由(子路)讲话太不谦让了,所以我笑笑他。[②]又一次,孔子与子路讨论治国问题,孔子主张以“礼乐”作为适用刑罚的指导原则,认为只有在“礼乐”的指导下,刑罚的适用才能得当,不致使人们无所适从。所以他说:“礼乐不兴,则刑罚不中;刑罚不中,则民无所措手足。”[③]

2. “礼”是指导立法和审判的根本原则[④]

荀子在《荀子·劝学篇》中说:“礼者,法之大分,类之纲纪也。故学至乎礼而上矣。”[⑤]其义是讲,“礼”是指导立法和审判的根本原则。知识学问能达到“知礼”的境界,也就到此为止了。儒家讲的“礼”,在当时来说是调整社会关系,维系社会秩序的重要社会控制手段,其地位相当于今天国家的基本法。立法和执法都要以“礼”为指导原则。到了汉代“独尊儒术”以后,儒家政治地位不断提高,儒家经典日益受到重

---

①《论语·先进》,见《诸子集成·论语正义》,中华书局,1954年,261页。

②据杨伯峻《论语译注》和台湾李牧华《论语读本》的今译略加调整。——笔者

③《论语·子路》,见《诸子集成·论语正义》,中华书局,1954年,283页。

④张国华、饶鑫贤主编:《中国法律思想史纲》上册,甘肃人民出版社,1984年,78页。

⑤《荀子·劝学篇》,见《诸子集成·荀子集解》,中华书局,1954年,7页。

视，“纳礼入律”已成定势。集中反映儒家法律观的《春秋》一书在汉代似乎成了“宪法”[①]，凡有政治上的重大问题，都要引述《春秋》来议决。受到汉武帝重用的大儒董仲舒常用《春秋》经义评议政治，而且直接引用《春秋》经义附会汉律，指导司法实践。[②]

3. 主张以德服人

儒家在治国方略上主张“为政以德”的“德治”和“以德服人”的“仁政”，主张“王道”，反对“霸道”[③]。

孔子十分推崇“德治”。他讲：“为政以德，譬如北辰，居其所而众星拱之。”[④]孔子说，以德治国的执政者就像北极星一样，居于适当的位置，所有的其他星星都围绕着他运作。他还说：“道之以政，齐之以刑，民免而无耻；道之以德，齐之以礼，有耻且格。”[⑤]杨伯峻先生对孔子这段话译为：

> 孔子说：“用政治来诱导他们，使用刑罚来整顿他们，人民只是暂时地免于罪过，却没有廉耻之心。如果用道德来诱导他们，使用礼教来整顿他们，人民不但有廉耻之心，而且人心归服。”[⑥]

孟子说：“以力服人者，非心服也，力不赡也；以德服人者，中心悦而诚服也，如七十子之服孔子也。”[⑦]仗恃实力来使人服从的，人家不

---

①②张国华、饶鑫贤主编：《中国法律思想史纲》上册，甘肃人民出版社，1984年，337页。

③张国华、饶鑫贤主编：《中国法律思想史纲》上册，甘肃人民出版社，1984年，81页。

④《论语·为政》，见《诸子集成·论语正义》，中华书局，1954年，20页。

⑤《论语·为政》，见《诸子诸成·论语正义》，中华书局，1954年，22页。

⑥杨伯峻：《论语译注》，中华书局，1980年，12页。

⑦《孟子·公孙丑上》，见《诸子集成·孟子正义》，中华书局，1954年，131页。

会心悦诚服，只是因为他本身的实力不够的缘故；依靠道德来使人服从的，人家才会心悦诚服，好像七十多位大弟子归服孔子一样[①]。孟子"以德服人"的思想，对唐代"简禁恤刑""明正赏罚""慎刑恤典""安人宁国"，以至出现"贞观之治"的盛世，都产生了重大影响。

(二)李世民及其统治集团"简禁恤刑""明正赏罚""慎刑恤典"的刑罚观

唐朝建国不久，太宗李世民登基，年号贞观。李世民和一班开国老臣认真汲取隋亡教训，他们牢牢把握"安人宁国"的总方针，李世民带头求谏纳谏，选贤任能、杜谗去佞、谨言慎行[②]，励精图治。《贞观政要》讲，李世民接受隋亡教训，"故夙夜孜孜，惟欲清静，使天下无事。遂得徭役不兴，年谷丰稔，百姓安乐。夫治国犹如栽树，本根不摇，则枝叶茂荣。君能清静，百姓何得不安乐乎？"[③]李世民紧扣"安人宁国"的核心——"安人"，他接受臣下的忠言，说："夫安人宁国，惟在于君，君无为则人乐，君多欲则人苦。朕所以抑情损欲，剋己自励耳。"[④]

在刑罚的运用上，特别是死刑的适用上，实行"慎刑慎杀""死者不可复生"，用法"务在宽简"的政策，从严掌握。李世民亲自规定："自今以后，大辟罪皆令中书门下四品以上及尚书九卿议之。"[⑤]李世民和谏臣魏征都看到了赏罚公正的社会意义，于是提出了"明正赏罚"，不避亲疏贵贱，一切依律办事的司法原则。贞观九年，魏征奏疏称：

---

①杨伯峻：《孟子译注》，中华书局，1960年，74页。

②张国华、饶鑫贤主编：《中国法律思想史纲》上册，甘肃人民出版社，1984年，463页。

③④张国华、饶鑫贤主编：《中国法律思想史纲》上册，甘肃人民出版社，1984年，463页。

⑤张国华、饶鑫贤主编：《中国法律思想史纲》上册，甘肃人民出版社，1984年，468页。

夫刑赏之本,在乎劝善而惩恶。帝王之所以与天下为画一,不以贵贱亲疏而轻重者也。今之刑赏未必尽然。或屈伸在乎好恶,或轻重由乎喜怒。遇喜则矜其情于法中,逢怒则求其罪于事外。所好则钻皮出其毛羽,所恶则洗垢求其瘢痕。瘢痕可求,则刑斯滥矣;毛羽可出,则赏因谬矣。刑滥,则小人道长;赏谬,则君子道消。小人之恶不惩,君子之善不劝,而望治安刑措,非所闻也。①

魏征的直疏太漂亮了！他一方面直谏了贞观之初唐朝刑赏的弊端;一方面又准确地阐明了理性的刑赏主张,李世民对这一直疏深以为然,并照着去做。最近央视频道播放的82集新编历史电视连续剧《贞观长歌》,在处理废太子李承乾和吏部尚书侯君集谋反大案上,李世民颇费神思。他一方面顾念父子之情、君臣之义;一方面又不能徇私枉法,还要践行"明正赏罚"、不避亲疏贵贱、"一断以律"的刑罚原则,于是最终还是依律处断,将废太子李承乾处3000里流刑,发配贵州服刑;对侯君集和其他卷入"废太子谋反案"中的诸多文臣武将,李世民都本着"以德报怨"精神予以宽厚处理。李世民是一位宽厚仁慈,很念旧情的明君。像侯君集这样的开国功臣,虽然策划了谋反案和泽州冤案,几乎要了李世民的命,按律杀他一百次也不过分,但李世民不忍心杀他,还是"以德报怨",把争取工作做到仁至义尽,给他留下了很宽的回转余地。然而侯君集私心太重,仍执迷不悟,无奈之下,只好听任其自尽了断。

在拟立新太子李治的前前后后,其他诸皇子之间以及他们各自在王府内外的党羽之间明争暗斗、互相算计的权力争夺战相当激烈。

---

①张国华、饶鑫贤主编:《中国法律思想史纲》上册,甘肃人民出版社,1984年,469页。

李世民面临如此复杂、险恶的局面，他都以隐忍小耻小辱的大度胸怀与中和精神成功地化解了宫廷内部的矛盾冲突，达成了内部的安定。即使是对边患那样的大耻大辱，李世民也是恩威并举、剿抚并用，在取得军事胜利的同时，政治上仍坚持"安人宁国"方针，在国库拮据的情况下，动迁关外百万少数民族到内地安置其生活，从根本上解决国家安全与社会稳定问题，实现了"贞观之治"的宏愿。据说，贞观年间，中国社会治安状况很好，犯罪率很低，有一年全国只判了 29 个死刑。尽管当时人口不能和今日中国相比，但是就犯罪率之低、社会治安状况良好这两方面的情况来看，是中国有史以来值得称道的一页。2006 年，中国大陆判处 5 年以上有期徒刑、无期徒刑以及死刑的有 153724 人。[①]2003 年至 2007 年，判处 5 年以上有期徒刑、无期徒刑和死刑的共 76 万人，占犯罪总数的 18.18%。[②]5 年以上有期徒刑是重刑。在 76 万人这个数据中，死刑犯料想不会少于 5 位数。

(三)现代理性主义的刑罚观与儒家"以德服人"刑罚观的比较

现代理性主义的刑罚观认为，刑罚在现实生活中具有捍卫以基本人权为中心的公平主义的保障作用。刑罚的公平正义性，是刑罚存在的灵魂，没有公平正义的刑罚，也就无所谓刑罚功能的理性化。[③]按照这一诠释，理性主义的刑罚，或者刑罚功能的理性化，其核心内涵就是公平正义。一般意义上的"公平"和"正义"，是伦理学上的概念，属于道德范畴，难怪在法学辞典以及类似工具书中查不到这两个词条。所以，就在人权的意义上赋予刑罚功能的公平正义性以特殊的内

---

①肖扬：《最高人民法院工作报告》，2007 年 3 月 22 日《人民日报》第 2 版。

②见肖扬：《最高人民法院工作报告》，2008 年 3 月 10 日《人民日报》要闻版。

③钟安惠：《刑罚功能论》，载杨春洗主编：《刑法基础论》，北京大学出版社，1999 年，391 页。

涵，正像钟安惠教授讲的：

> 刑罚功能理性化即刑罚具有公平正义的功能，正义包括平等和自由，机会均等以及最少数人的最大利益，这与人权的基本内容也是相吻合的。①

“正义”的内涵上面已说明白了。那么“公平”的内涵是什么？伦理学工具书中只有“公正”一条，它讲：

> 现代意义上的公正，是指在办事情和处理社会生活中的某些人（包括阶层、集团）的作用和他们的社会地位之间；行动和报应之间；贡献和报酬之间；权利和义务之间的关系时，要做得正直和合乎道理，使之相适应。②

在“以阶级论是非”、讲阶级性不讲人性的年代能对“公正”做出这样一个解释，并且是一个不错的解释，实属不易。在找不到关于“公平”一词的合适的解释的情况下，把这个释义给了“公平”，我以为是可以的。这样，理性化的刑罚就是公平正义的刑罚，给它一个相对完整的表述就是：

刑罚的公平正义性是指，对某种犯罪做出的刑罚处罚，能够体现如下特征：第一，罪刑相适应；第二，充分考虑了犯罪主体的主观恶性如何；第三，对犯罪的社会危害结果做出了客观公正的评价；第四，充分考虑了犯罪主体的认罪态度（包括有些自首或立功表现）；第五，关注了犯罪人对被害人所做的救助性和补偿性的行动表现以及被害人做出评价的反应等。笔者以为，司法机关对某一具体犯罪做出的刑罚处罚符合或者基本符合上述诸特征的，即是符合上述公平正义内涵

---

①钟安惠：《刑罚功能论》，载杨春洗主编：《刑法基础论》，北京大学出版社，1999年，392页。

②《简明伦理学辞典》，甘肃人民出版社，1987年，112页。

的刑罚,亦即理性化的刑罚。当然,这是一种应然的设计,实然的理性化刑罚不可能与此没有差距,但这不是我们要继续讨论下去的。我们要讨论下去的是,在儒家“德主刑辅”“以德报怨”的刑罚观与现代理性主义的刑罚观之间有些可比较之处的问题。笔者以为,可比较的地方有如下几点:

第一,现代理性主义刑罚观所主张的公平正义,与人权的基本内容相吻合,即将犯罪行为人也要当人看,不仅看重被害人的自由和权利被侵害的事实;同时也应看到,犯罪人因犯罪当然会失去一定的自由和权利,但他只要不被判处死刑立即执行,还存有一定的自由和权利。最高人民法院院长肖扬在2008年3月10日向十一届全国人大一次会议所做的《最高人民法院工作报告》中特别提出了“坚持惩罚犯罪和保护人权并重”的司法原则。[①]而儒家“以德服人”的刑罚观显然关注到犯罪行为人也是人的问题,而且内中含有尊重被处罚者意志选择的自由,“服人”即是这个意思。

第二,现代理性主义刑罚观所主张的公平正义,包含着某种刑罚的做出对犯罪人和被害人双方来讲,都是公平的、正义的,这不用再解释,而儒家的“以德服人”,必然包含着犯罪人和被害人对所作出的刑罚处罚都表示诚服;否则,有一方不诚服,刑罚就执行不下去,怎能叫“以德服人”?只要做出的刑罚处罚对双方都是公平的,“以德服人”就有了落实的基础。

第三,现代理性主义刑罚观所主张的公平正义思想,与儒家所主张的“和为贵”刑罚的人性化思想非常接近,它们都不把刑罚当作目的,而当作惩恶扬善的一种手段。这样,显然都否定了目的论刑罚和

---

①见肖扬:《最高人民法院工作报告》,2008年3月10日《人民日报》要闻版。

报应论刑罚。

第四,现代理性主义刑罚观的出发点,是通过彰显刑罚的公平正义性,以及对人权的尊重这样一些功能,从而使人权得到保障,社会公平的正义得以实现,它与儒家"以德服人""和为贵"以及唐代"贞观之治"盛世之时李世民提出的"安人宁国"方针,在思想上有相通之处。刑罚的"以德服人""和为贵"功能论和"安人宁国"的出发点等,这些主张与现今国内外刑法学界和犯罪学界正在热议的"恢复性司法"的出发点也是相通的。对此,前文已有论及,此不再赘。

第五,理性主义刑罚功能论和儒家"以德报怨""以德服人"刑罚观与报应主义刑罚功能论的"向后看"不同,它们是"向前看"的,其所关注的不仅仅是对过去恶的惩罚和善的张扬,而着眼点更在于对未来人与人之间和人与社会之间和谐的期盼。

(原载甘肃民族出版社2009年版刘延寿著《犯罪的人性解读》)

第十八章　终身学习是一种善
——解读“人为什么不犯罪”之（五）

第一节　终身学习的概念

一、人生有涯学无涯

有限的生命与无限的学习构成了一对矛盾关系。这种关系的不可逆转性决定了人必须终身学习的必然性。广义言之，不学之人能生存于世者，实为罕见。生命对每个人都只有一次而已，断无例外。因此，只有一次的生命对人来说是有止境的。但人对知识的学习却是无止境的。活到老，人迟早是要离开人世的，但学习永远年轻，没有老的问题，它不会跟随着人到另一个世界去；新的生命来了，学习又真诚拥抱生命，周而复始，循环运转；一批批鲜活的面孔消失了，学习依旧存在。新一轮循环开始了，结局永远一样。正像国家图书馆老馆长任继愈教授说的，“生也有涯，学无止境”①。生命物质有停止运动之日，学习这种物质运动形式永远是一个过程，没有终结之时。这是一层意思。

第二层意思是，知识领域犹如汪洋大海，无边无际，人们往往用

---

①这是任继愈教授为吴志菲、余玮所著《中国高端访问（贰）——中国当代文坛具有影响力的21人》一书的题词，上海：中国出版集团东方出版中心，2007。

“知识海洋”来形容知识领域的广阔无限，概出此理。一个人好比沧海之一粟，即使是学到生命的尽头，也不可能穷尽知识海洋。这是提醒人们永远不要满足于已获得的知识。时下，有些人习惯用“泰斗”“大师”的头衔来赞誉德高望重的饱学之士和学养深厚者，说什么“书界泰斗”“国学大师”“学术泰斗”之类，对此，真正堪当此任者却往往不屑一顾，他们不欢迎这类俗套。君不见，长寿学者季羡林教授就是其中的一位。他非常反感 “学术泰斗”“一代宗师”“学贯中西”“国学大师”等这类对他的赞美之词。[①]据说：

> 在作家协会酝酿新领导人人选时，曾有人想提名季羡林作为作协主席的候选人。季羡林听了连忙谢绝，说：“我是个教书匠，叫我教授，我理直气壮接受，脸不红；若叫我作家，我会脸红，因为作家是个神圣的称号，假若一定要把我拉进去，我也只是个滥竽充数的‘作家票友’。”[②]

像季羡林教授这样德高望重、深受学界敬仰的饱学之士，有学者说，仅就散文这个领域的成就，他就是“一位当之无愧的作家”[③]，但都被季老谢绝了。而这几年，一些地方的电视台大搞什么“超女”“快男”之类，一个知识平平、尚未涉世的中学生，就凭参赛唱了几首流行歌曲，一夜之间就被炒得沸沸扬扬，红遍全国，有的还走向世界。在偌大的文化中国，那些所谓“超女”“快男”究竟有多少文化让他们“超乎”常人、“快乎”众生？似乎文化中国的文化就如此不值钱？这种浮躁之风习其所以盛行，自然有主办者的商业利益在驱动，但“超女”“快男”

---

①吴志菲、余玮：《中国高端访问（贰）——中国当代文坛具有影响力的21人》，中国出版集团/东方出版中心，2007年，147页。

②③吴志菲、余玮：《中国高端访问（贰）——中国当代文坛具有影响力的21人》，中国出版集团/东方出版中心，2007年，147页。

们究竟学到了什么真知？他们的一夜成“名”产生了什么社会效应？广大青少年到底向之学习什么——为何而生乎？何以为生乎？明眼人心知肚明，会自有答案的。

第三层意思是，学习之所以无止境，是因为天外有天，人外有人。这是告诫那些只见树木不见森林的人们，不要在学习方面做“井底之蛙”。“有人看见萤火虫发出的一点光芒，还当是伟大的太阳”。这是笔者上初中时在课堂上亲历过的数学老师对容易满足者和骄傲者的批评，几十年来我一直牢记在心，告诫自己不做“萤火虫”的欣赏者。

第四层意思是，知识海洋不是死水一潭，它在不断更新。有人曾对当今世界知识的更新速度做过大概的评估，认为世界知识总量大约每五年翻一番。我想，这大概主要是指科学技术方面的知识总量更新的速度。人文方面不会有这样快的更新，比如语言文学和历史知识是比较稳定的。但有的学科知识是有发展和创新的，比如法理学关于法的本质的理论，在知识经济社会条件下，传统意义上的阶级已不复存在，还讲法的阶级性，讲法是统治阶级意志的体现，就说不通了。正如有学者分析指出的：

> 在知识经济条件下，知识、技术成为主要的生产要素和社会财富的源泉，谁占有知识，谁就拥有财富、拥有权利。……知识不仅是“力量”，而且是“权利”；不仅是一种经济权利，也是一种政治权利。知识社会中的法律所体现的主观意志性，首先不是什么“阶级意志性”，而是“科学意志”。因此，知识经济的到来对“目前法理学根据传统社会主义理论提出的‘法律阶级性问题’提出了严峻的挑战。”[①]

---

①温晓莉：《知识经济社会与法理学的更新》，载《法学》，1999(11)，62页；转引自罗玉中主编：《知识经济与法律》，北京大学出版社，2001年，78~79页。

现在,人类已面临着知识经济时代各种要素的挑战。知识经济,顾名思义,是以知识为基础的经济。知识经济时代,理所当然地是以知识为中心的时代,因此知识更新就成为知识经济时代人类面临的最主要、最严峻的挑战要素。人类要不落伍时代,唯一的办法是更新自己原有的知识,获得更广博的新知识,而这就必须不断学习、终身学习,不断完善自己。在有限的人生与无限的学习这一矛盾运动过程中,这一层意思既现实又深远。相对比较稳定的人文科学知识都有如此变化,何况日新月异的自然科学技术知识呢。在知识经济时代,不断学习,终身学习,将不再是古今思想家、教育家们劝学的话语,而确确实实是人们生存与发展的必然。为此,《十七大报告》正式提出了"建设全民学习、终身学习的学习型社会"①的宏大目标,是富有时代气息的社会理想。

二、终身学习,不断求知

(一)中国古代哲学精华中相当一部分是关于知识的学问

人之终身学习,在学什么?这是很重要的问题。以笔者立言,人之终身学习在求知识。然而所求之知识又是什么,这不是一个简单的问题。为从理论上讨论清楚知识究竟是什么的问题,中国现代杰出的哲学家、逻辑学家、原中国科学院哲学社会科学部学部委员(即现在的社科院院士)、国际著名学者金岳霖(1895—1984)教授,于抗战期间写成了几十万字的专著《知识论》,原稿不幸在战乱中遗失。后于1948年又重新完成了近70万字的巨著《知识论》,由商务印书馆于1983年正式出版。金先生在该书的"导言"中说:"知识论既以知识为

①见《十七大报告》第八部分,载《人民日报》2007年10月25日要闻版。

对象,最重要的问题当然是知识究竟是什么。……知识论对于知识作理论的陈述,它不是指导我们怎样求知识的学问。……它的主旨是理解知识。……知识论即是理解知识的学问。”①

中国古代哲学精华中,除论知识是什么的问题外,还有求得知识的方法论,因不是本题的主旨,故在摘引时也略而不述,只提到知识来源的方面。总之,我们从中国古代先哲们关于知识是什么的论见中领悟出这样一些认识:第一,知识是人的主观思维对客观存在的一种认识过程;第二,能够称之为“知识”的,是人的主观(即主体)对客观(即客体)的被动认识,而不是简单机械的反映,即主观思维既反映了客观存在,而又反过来影响和作用于客观存在而后所得的认识,简言之,就是对感性材料的初步认识上升到理性的认识;第三,知识怎么来的,已辩证地讨论了它的来源问题。以上是中国古代哲学的知识论所能达到的学术境界,再往下的任务,比如说已经获得的知识是否是真理,拿什么去鉴别,中国古代哲学的知识论未能给出答案,西方古希腊哲学和印度哲学也未给出答案,这一任务就留给马克思主义哲学去完成了。但是,就知识论方面已经达到的学术境界来说,与雄居世界三大哲学传统之一席的中国哲学之地位不但完全相称,而且是领先于其他哲学传统的。中国哲学在2500多年前就关注和讨论知识是什么的问题,这对人类哲学文化宝库的贡献来说,断无出其右者。

(二)知识的存在是一个认识的过程本身就说明人必须终身学习

按照马克思主义哲学的观点,世界上的知识总起来就是两门:自然知识和社会知识。哲学则是这两门知识的概括和总结。推而论之,哲学是最有知识内涵的学问,不学哲学,无以得知识;不学哲学,就不

①金岳霖学术基金会学术委员会编:《金岳霖文集》第3卷,甘肃人民出版社,1995年,3页。

懂得知识。所以我们关注的知识,是哲学上讨论的知识。哲学上的知识是属于认识范畴的。其实,人们在社会实践中积累经验(即获得知识)的过程,就是主观思维认识客观存在的过程。有的哲学辞典对"知识"的解释就直接说知识是"人们在社会实践中积累起来的经验"①。这个解释只说对了一半,人与自然界发生的关系从总量上看远超于和社会发生的关系,人类的生存须臾不离自然,而讨论哲学问题的时候却似乎总是跳不出"以人为中心"的圈子。事实上,人们的生产与生活实践发生最多最频繁的还是自然的实践活动,社会实践活动是其中的一部分,但也没有脱离与自然的接触。说人们在社会实践中积累起来的经验是知识,这没有错,但不能忽略人们在参与自然实践活动中积累的经验也是知识这一部分。比如现在院校开讲的"环境与自然资源保护法学"就主张以地球生命为本位的"生态主义"理念,而摈弃以人为中心的"人本主义"理念。所以,现在讲知识,就应当是人们在自然和社会实践中积累起来的经验。

以地球生命为本位的认识过程自然是包含着人们的自然实践和社会实践两部分的内容,但是人们获得知识的认识秩序没有变,即思维与存在的关系没有变,按中国古代哲学的概念讲,就是"心"与"物"的关系没有变。总之,不管是自然知识还是社会知识,都表现为主体对客体的认识上的一种升华。因此从本质上讲,任何知识都是一种认识过程的表示;人的认识没有止境,过程自然没有终点。所以说,人对知识的学习——求知过程——是永无止境的。这就断定了人必须终身学习,不管你承认不承认。

(三)主动学习与被动学习区别的重大意义

有人说,我既没上学,也没读书,更没学哲学,总之是没有学习,

①刘延勃、张弓长等主编:《哲学辞典》,吉林人民出版社,1983年,412页。

我还照样生活。这样的人还能照常生活，说他没有学习，显然是没有弄清楚学习有两种表现形式，一种是主动学习，一种是被动学习。被动学习的人是不自觉的，自己在生活中的每一步骤和细节，实际都是靠被动学来的知识（经验）管理着。只是没有觉悟到自己实际上是在运用着知识，而又看不见是知识在作用于自己的生活，即所谓"熟视无睹"。这种人所拥有的知识是极其有限的，一般仅能维持生命的简单再生产。

主动学习就不同了，它与被动学习之间存在着巨大的反差。主动学习的人把学习当作是一种价值目标去努力追求。他不但主动上学、读书，还懂得求知的路是永远走不完的，于是主动学习的人知道怎样去获取更广博的知识，以延长自己有限的生命。主动学习的人一般来说不是把学习知识当作谋生手段，当作维持生存和飞黄腾达的路径，而是看成为何而生、实现人生价值的一种目标追求。有了这种学习自觉精神的人，是真正懂得终身学习的意义的人。

就犯罪而言，不敢说主动学习者中没有犯罪现象，世上哪有这么纯的事。比如兰州大学医学院第二附属医院原院长孙正义，是武松打过虎的地方——山东省阳谷县长大的汉子。他因受贿罪于2007年2月被判处无期徒刑，剥夺政治权利终身，并处没收个人全部财产。在沦为受贿犯罪行为人之前，孙正义拥有医学博士学位、医院院长职务，以及许多耀眼的学术头衔光环等。这样的人若无主动学习努力拼搏的奋斗经历，不到"知天命"之年的他，怎么能在医学界崭露头角呢？但是，这也只能说明个别，不能代表一般，而且可以说，孙正义是主动学习者的类型，但不是终身学习者的类型。他之所以犯罪，固然是人性发生了重大偏差，经受不住利益的挑战，但不能否认的一个重要因素是他没有坚持终身学习，尤其没有学懂做人的道理。因此可以断言，真正懂得终身学习的意义而又坚持终身学习者中，没有违法犯罪现象是正常的，有违法犯罪现象是十分罕见的例外。当然实证犯罪学调查表明,犯罪现象主要发生在低文化程度特别是文化水平较低的个体劳动者、农民以及社会闲散人员中。例如,天津市社科院犯罪学研究中心与天津市综治委办公室、天津市监狱局联合进行的大型犯罪调查表明:

> 在1996年、1999年、2002年等3个年度天津市刑事罪犯(入狱罪犯)的调查结果中,务农农民与非务农农民之和都在57%左右,说明农民犯罪在犯罪整体中仍很突出,总量的年度间波动不大,务农农民的比例明显高于其他职业,而在非务农农民中80%左右为务工农民。①……在1990年和1993年调查中,个体劳动者的文化水平较低,80%以上在初中及初中以下,高中以上者不足15%;无业群体稍好于农民,位于倒数第二;农民的文化水平最低,小学及其以下的占了六成以上。②

以上调查数据表明,刑事犯罪从职业和文化构成的层面上看,一半以上发生在务农农民、非务农农民以及务工农民和个体劳动者中,他们又属于低文化的被动学习者群体,这是不争的事实。目前我国犯罪的低龄化现象固然有诸多方面的成因,但低龄本身说明犯罪行为人是早期辍学者,或者根本就是失学者,把他们归在被动学习者群体之中,是不为过的。这是犯罪低龄化不可忽视的一个原因。最近,安徽发生了一起少年"黑帮"残害妇女40余人的特大犯罪团伙案,可见一斑,兹摘引如下:

---

①参见周路主编:《当代实证犯罪学新编——犯罪规律研究》,人民法院出版社,2004年,125页。

②周路主编:《当代实证犯罪学新编——犯罪规律研究》,人民法院出版社,2004年,127页。

[**案例 81**]据《新安晚报》报道，安徽有一特大犯罪团伙被判刑，年龄最小的仅 13 岁。安徽省涡阳县一犯罪团伙强奸、轮奸妇女40 余人，并强迫部分受害人卖淫，其中多为中学生和未成年少女。亳州市中级人民法院 7 月 15 日判处这一罪行累累的犯罪团伙首犯死刑，4 名成员死缓，5 人无期徒刑，其余 33 名成员也被判刑。2006 年 4月，涡阳县城关镇一居民向公安机关报案，反映其年仅 13 岁的女儿被一名男青年骗到外地强迫卖淫，去向不明。最终，警方将该女子解救，并将该犯罪团伙成员一一抓获。

记者从亳州市了解到，这一特大犯罪团伙的成员有 41 人是青少年，犯罪时年龄最大的 20 岁，最小的 13 岁，有的是在校学生。法院审理查明，2004 年夏至 2006 年，郭洪振、孙靖康等人纠集社会闲散人员、“两劳”回归人员，在涡阳县的洗浴中心、歌舞厅、网吧等娱乐场所作案 56 起。他们以请客吃饭、谈恋爱等手段为诱饵，在饮料、啤酒里下麻醉药使被害妇女昏迷或灌醉被害人，或直接使用暴力、胁迫等手段，对多名女青年实施强奸、轮奸，40 余名妇女受害。此外，该团伙还采取胁迫等手段，强迫部分受害人在当地和浙江等地卖淫。[①]

从法院审理查明的情况看，少年“黑帮”犯罪团伙成员犯罪时年龄最大的 20 岁，最小的才 13 岁，且其中还有“两劳”回归人员，可想而知，他们初犯时是多大的孩子？其余成员多为社会闲散人员，究竟上了几年学？是怎么读的书？不是一目了然吗？这伙人毫无疑问是被动学习的一类。

---

①资料来源：据《兰州晨报》2007 年 7 月 17 日 A18 版。

三、终身学习与可持续发展

(一)未来哲学研究什么?

中国古代哲学研究的最高目标是“闻道”。大思想家、儒家哲学的带头人孔子曾有过著名的一叹:“朝闻道,夕死可矣。”[①]“道”是中国古代哲学的最高范畴,它是一个涵盖面广阔、蕴藏深远的范畴[②],可理解为:

> 道是天地万物的本原或本体,是最后的根源、依据;道亦是整个世界的本质,是人类社会的本质,还是处世治国的方法及伦理道德的规范……历代章句注疏对“道”的训诂诠释,几乎不可穷尽,但其范围不出天道、人道、治道这三大方面,体现着中国古代哲学的本体论、认识论与道德论、政治论相统一的特点。[③]

其实,治道说到底还是不出人道的范畴。孟子说:“徒善不足以为政,徒法不能以自行。”[④]治道还是离不开人道。所以,中国古代哲学研究的范围最终都集中到天道和人道的联系上,而研究最多的课题是人,这从儒家经典论人的篇章分量之重就足以证明。传统哲学以研究人为中心,就它所处的时代和社会生活条件来讲,是相适应的、合理的。不研究人的哲学只存在于欧洲中世纪以神学为中心的时期和中国“文革”以阶级斗争为纲的时期。但是,过去的哲学都忽略了地球上除了人之外,还有其他上百万种的生命,还有人类和地球其他生命赖以生存的自然环境与资源这一重要方面。中国古代先哲已关注到人

---

①《论语·里仁》。

②刘培育主编:《中国古代哲学精华》,甘肃人民出版社,1992年,3页。

③刘培育主编:《中国古代哲学精华》,甘肃人民出版社,1992年,3页。

④《孟子·离娄上》。

与人、人与社会、人与自然的关系要和谐相处,天地万物都要和谐相处,并有思想理论提出。比如《礼记·中庸》篇就有主张:

> 喜怒哀乐之未发,谓之中;发而皆中节,谓之和。中也者,天下之大本也;和也者,天下之达道也。致中和,天地位焉,万物育焉。[①]

“中和之道”是儒家伦理、社会思想的精华,也是中国古代哲学的精华。喜怒哀乐是人之常情。这种感情缘事而生未发之时,深藏于内心,处于淡然虚静、心无所虑[②]的理性境界,称之为“中”;如表现出来不偏不倚,符合常理,恰到好处,就称之为“和”。“中”,是天下最大的根本所在;“和”,是天下普遍通行的准则。达到了“中和”境界,天下就可各安其位,各得其所,宇宙万物便能生长发育了。企盼天地万物、宇宙整体达到和谐统一,是中国先民们追求的理想图景,也是人类共有的理想追求。其意义远不只是伦理的、社会的,希冀实现地球生命的和谐统一(万物育焉),具有更深刻的意义。中国古代的圣哲们虽然没用现代人的语言描述其理想蓝图,但其思想深处的意蕴已表露得十分明白。它对于人类如何与自然相处,如何与自己的同类相处,交代得很清楚:恪守“中和之道”。[③]

然而,整个人类并未觉醒到落实“中和之道”哲学的巨大社会价值,更未意识到它对自身的生存与发展的时代意义。因而直到现代哲学还在鼓励人们“改造客观世界”。实际上还在以人为中心,掠夺性地

---

①《十三经注疏·礼记正义·中庸》,中华书局,1980年,1625页。

②李学勤主编:《十三经注疏·礼记正义·中庸》,“孔颖达疏”, 北京大学出版社,1999年,1424页。

③参见拙文:《地球生命呼唤中和之道》,载《检察日报》1999年8月11日“21世纪中国法治展望征文”。

索取自然资源,破坏环境,破坏地球生命的平衡循环。在今天,人类遇到了如何在21世纪以及更长远的世纪共同生存下去的大课题。这就是如何处理好人类与环境、人类与自然资源的关系,如何维系地球生命的平衡循环。这必然要对以人为中心的传统人本主义理念提出挑战。未来哲学应是以地球生命为中心的哲学,同时还要关注环境与自然资源的保护问题。所以,未来哲学研究的范围,一是包括人在内的整个地球生命平衡循环之道;二是环境与自然资源保护之道。这两方面直接关系着20世纪及以后世纪人类的现实生存与可持续发展大计。

未来哲学研究人类的未来,既有确定的已知因素,又有不确定的未知因素。已知的如地球生命的平衡循环,环境与自然资源的保护,这是人类在地球上没有消失以前,未来哲学研究的主要范畴。

(二)人类的可持续发展决定了人必须终身学习

如果人类在地球上消失以后,世界将会是怎样的一种状况?尽管做出这种假设的学者著书描述了若干假设的物质存在现象,但仍有诸多不确定的未知因素难以预料。英国《每日电讯报》2007年7月14日载文,摘要描述了美国亚利桑那大学学者韦斯曼出版的新书——《没有我们的世界》。韦斯曼说:

> 人类突然消失后的一周是“毁灭”的一周。全世界核电站紧急用燃料一周内将用完,柴油发电机无法工作。随后,核反应器温度过热、熔化甚至爆炸,土地、空气、河流和海洋中将充满辐射物质。这种辐射究竟会对动植物产生何种影响,仍存在很多未知数。生物学家罗夫洛克认为,大部分野生生物其实并不惧怕辐射,仍会自我生长。这是整个假设的关键点。
>
> 接下来,地球将迎来万物复苏时刻。老鼠等与人类相关的动物、牛羊等圈养动物、艾滋病等将统统消失。在非洲,广

袤大地将受到狮子和老虎的统治，非洲大象等物种摆脱了人类长矛和枪炮后，百年之内将“香火旺盛”。

沿海城市将最先“覆灭”。因为水泵不再运转，地铁、地下公路等将成为水世界。数周后，公路上将铺满茵茵绿草。水和野草从根基腐蚀掉整个城市，建筑物将成为废墟。一两个世纪后，所有汽车腐烂消失。千年后，钢铁支撑起的现代文明彻底崩溃，世界只剩下半腐蚀的青铜制品，地球重返“青铜时代”……

10万年后呢？金属物品或许会留下些许遗迹，金字塔或许仍会坚守地球。再以后？无人可预料，但大自然总会填补“真空”。韦斯曼认为，狒狒或许会成长为一种新的智能动物，接替人类成为地球主宰。公元10亿年，不断升温的太阳将“烤焦”整个地球，也许只有一些昆虫和植物能继续生存，海洋则开始蒸发。再过数亿年，地球或许将变成毫无生命迹象的沙漠，被围困在炎热的大气层中。月球上，由于没有空气和水的腐蚀，月球车、金属制品和脚印可遗留到太阳系覆灭的一天……①

韦斯曼的描述是一种假设，我们不必花费时间去讨论它和基督教《圣经》所描述的“世界末日”究竟有什么异同之处，这与我们思考的终身学习问题关系不大。但是，之所以摘引了韦斯曼的假设，说明它对我们的思考还是有启迪作用的。它至少给我们提示了这样一些思考线索：

第一，人类的存在是一个漫长的历史过程，往往以若干万年计算

---

①资料来源：据《兰州晨报》2007年7月18日B07版。

还不觉其长,因为还有比人类存在历史更悠久的地球其他生命,这是人之所以终身学习的第一个理由。第二,我们尽管对人的世界有了些初步的认识,而对人之外的地球其他生命却知之甚少,而它们恰又是人类生存的环境可持续发展的必要条件。没有对人类生存环境和必要条件的足够了解和认识,人类的可持续发展始终是个悬念,这是人之所以终身学习的第二个理由。第三,我们已有的和正在获得的知识,是关于人的世界的昨天和今天的认识,而对人的世界的明天则一无所知,这是人之所以终身学习的第三个理由。

"事不过三",有上述三个理由就足够了。它们都说明着人类可持续发展的理由,同时又说明着人之所以终身学习的必要性。终身学习在我们所处的这个时代不是可有可无的轻松话题,乃是生活在这个时代的人做人的标准,而且,越来越多的人视终身学习为一种人生的价值追求。这在当代中国已是很正常的社会现象,是一种人格的完美。

第二节　终身学习——一种自我完善的道德性步骤和手段

如果说自我完善是个人全面发展所采取的道德性步骤和手段,那么终身学习就可以说是一种自我完善的道德性步骤和手段。终身学习有如此功能,它就不仅是一种过程,更是一种价值的存在,这在古今中外的仁人志士和勤奋治学者身上都有真实的体现。

一、终身学习、勤奋治学的中国古代先贤

(一)祖国医学大家的治学精神和高尚医德

中国古代医学家十分强调医生应终身学习、刻苦钻研医术的治学精神。祖国许多医书典籍,对医学家热爱医业,精勤学习、医德高尚的事例都有记载:

唐代医学大家孙思邈(581—682)毕生嗜医成癖,竭力攻读医学典籍,直至“白首之年,未尝释卷。”①

晋代针灸学家皇甫谧(215—282),家贫好学,常常“带经而农”,一边劳动,一边读书,文、史、哲、医各方面的书籍都读,直到中年得了风痹症,处于偏瘫状态,仍然“耽玩典籍,忘寝与食,时人谓之书淫”。州郡的藏书,他几乎读遍了,竟至直接写信向晋武帝借书,晋武帝便赠送了他一车书。其嗜书成癖,亦可见一斑了。②

晋代道教理论家、医学家葛洪(284—364),家贫,常“饥寒困瘁,躬执耕穑”,自恨“农隙之暇无所读”,便背着书箱到处借书,很难在一家人家借到所需之书,于是起早贪黑,上山砍柴变卖,换来纸笔抄书。劳动时,还经常用树枝在田头地边练字。由于缺乏纸张,常常在纸的两面都写满了字,以致别人很少能看清。他就是在这样艰苦的条件下博涉群籍,勤学苦练,以致后来在医药学上取得了很高造诣。③

华佗(约145—208),东汉末年名医。他学识渊博,医技精湛,品德高尚,精通内、外、妇、儿、五官、针灸各科,尤以外科著称。他曾发明全身麻醉剂——麻沸散,并成功地运用于腹部手术。这一创举不仅在中国医学史上是空前的,而且在世界外科手术史上也是最早使用麻醉剂的医学家。他热忱于解除劳动人民的疾苦,而不谋求功名富贵,朝廷多次征召他做官,都坚辞不受,乐于在民间行医。他摇着金箍铃走村

---

①②参见孟继贤:《医学伦理学简论》,甘肃人民出版社,1984年,32页。笔者摘引时,对原文作了适当的文字加工。

③参见孟继贤:《医学伦理学简论》,甘肃人民出版社,1984年,32页。

串户为人民大众治病，但却不愿做曹操的“御医”，因此而惨遭杀害。[①]

明代大医学家李时珍(1518—1593)，早年家乡蕲州遭受水灾，疾病流行，他随父行医，为解除劳动人民的疾病不辞劳苦。在他40岁时，被人推荐到太医院做了御医。但他不愿迎合封建统治者追求长生不老的奢望，而在一年后，毅然决然地离开太医院，走向民间治病采药。他看到历代本草谬误很多，感到忧心如焚，认为事关人命，不可等闲视之。为此，他跋山涉水，历尽辛苦，搜罗百氏，采访四方，历经30年的时间，书考800余家，倾毕生心血和精力，完成了长达190万字的驰名中外的医学巨著《本草纲目》，为人类的医学事业做出了不朽的贡献。[②]

中国古代医学没有像现代医学这样精细的分科。医学家大都是诸科集于一身的“全科医生”。特别是像扁鹊、华佗、李时珍等这样的名医大家，不仅医德医风高尚，而且在内、外、妇、儿、针灸诸科医术上都无不精通练达；他们博涉群籍，学识渊博，在医学理论和临床医术方面又有自己的独创；他们不唯行医治病，还倾毕生心血于医药学的科研和著述。凡此种种，非终身学习而不得。

(二)终身学习的留学生典范玄奘大师

电视剧《西游记》里的唐僧，是家喻户晓，妇孺皆知的，但作为爱国主义的大学者、游学印度17年的大唐留学生的玄奘(法名)，知道的人就有了范围，除了佛学和逻辑史学界比较熟悉外，一般公众不是

---

①参见孟继贤:《医学伦理学简论》，甘肃人民出版社，1984年，37~38页。

②参见孟继贤:《医学伦理学简论》，甘肃人民出版社，1984年，32页。

很了解的。玄奘(600—664)[①]生当唐太宗及高宗年间,姓陈名祎,河南缑氏(今河南偃师缑氏镇)人,是世界知名的佛学家、因明学(佛家逻辑)大师、翻译家、旅行家,也是中国唐朝去印度留学时间最长、学习成果最突出的留学生。

玄奘自幼皈依佛门,勤奋好学、志向远大。他针对魏晋以来中国佛教内部"南北两道,纷纭争论",自行削弱的局面,便立下西游求法,"以问所惑",完成统一佛教大业的壮志。他于唐贞观二年(公元628年)[②],从长安出发,经兰州、凉州、瓜州,过玉门关外五烽,渡莫贺延碛,到了伊吾、高昌,经中亚、西亚,渡过锡兰河、阿母河两条大河,越过帕米尔高原西部,通过铁门,再翻过大雪山[③],经过四载的艰难跋涉,经历了西域十六国,到达北印度的摩揭陀国,在印度最高学府那烂陀寺从戒贤法师受学,并从胜军学习因明。[④]

由于玄奘潜心研习,在因明学上的造诣已经超过了他的老师。他博学多才,能言善辩,统一北印度的戒日王礼请玄奘盛赴首都曲女城主持无遮大会(民主辩论会),与来自五天竺的沙门和婆罗门、耆那教等诸"外道"数万人[⑤]进行辩论。大会开了18天,据说当时竟无一人敢出来问难,玄奘从此名声大振,受到大小乘各派的一致推崇。

唐太宗贞观十九年(公元645年),玄奘谢绝了戒日王的一再挽

---

①一说玄奘(602—664),卒年说法一致,生年有异。

②一说玄奘于贞观三年(公元629年)成行,还有贞观元年(公元627年)西行求法一说,众说不一。——笔者

③虞愚:《玄奘对因明的贡献》,载《因明论文集》,甘肃人民出版社,1982年,274页。

④沈剑英:《因明学简论》,载《因明论文集》,甘肃人民出版社,1982年,64页。

⑤一说3000人,数据未必准确,无以考据,但不影响文意。——笔者

留，满载盛誉，携带657部梵文版经卷，其中包括36部因明论回到了长安。玄奘学成回国，备受朝廷礼遇。他深得唐太宗、高宗父子的支持，组织了完备的译场，连续进行了19年有计划的译经事业，先后译出经论包括因明共75部，1335卷。[①]玄奘从留学印度到回国后从事译经，把全部精力都投入到终身学习和工作之中了。

玄奘的终身学习，不仅仅限于研习佛学和因明以及译经等，他还是最伟大的旅行家、思想家，同时又是出色的地理学家。[②]中国现代著名佛学家、因明家、诗人和书法家虞愚教授援引鲁迅先生的话说：

> 我们从古以来，就有埋头苦干的人，有拼命硬干的人，有为民请命的人，有舍身求法的人……虽是等于为帝王将相作家谱的所谓“正史”，也往往掩不住他们的光耀，这就是中国的脊梁。[③]

用鲁迅这番为中国人争气的话语来评价玄奘终身学习的一生，是恰当的。

二、终身学习，品学兼优的外国学人

(一)古代“西方医学之父”希波克拉底和阿拉伯名医迈蒙尼提斯的医学伦理学主张

古希腊医学家希波克拉底（Hippocrates，约公元前460年—前

---

①虞愚：《玄奘对因明的贡献》，载《因明论文集》，甘肃人民出版社，1982年，274页。

②虞愚：《玄奘对因明的贡献》，载《因明论文集》，甘肃人民出版社，1982年，275页。

③鲁迅：《中国人失掉自信力了吗？》，载《鲁迅全集》第6卷，人民文学出版社，1973年，92页；转引自虞愚：《玄奘对因明的贡献》，载《因明论文集》，甘肃人民出版社，1982年，275页。

377年),在病理学、流行病学、营养学、临床医学,特别是医学伦理学等方面做出了巨大贡献,被誉为"西方医学之父"。他提出"医师所应医治的不仅是病,而且是病人"的观点,从而改变了当时医学中以巫术和宗教为根据的观念。他的医学观点对以后西方医学的发展有巨大影响[①]。希波克拉底很重视医学伦理建设,他提出了著名的《希波克拉底誓言》:

> 仰赖医神阿波罗·埃斯克雷彼斯及天地诸神为证,鄙人敬谨宣誓愿以自身能力及判断力所及,遵守此约。凡授我艺者敬之如父母,作为终身同业伴侣,彼有急需,我接济之。视彼儿女,犹我弟兄,如欲授业,当免费并无条件传授之。
>
> 我愿尽余之能力与判断力所及,遵守为病家谋利益之信条,并检束一切堕落及害人行为,我不得将危害药品给予他人,并不做该项之指导,虽有人请求亦必不与之。
>
> 无论至于何处,遇男或女,贵人及奴婢,我之唯一目的,为病家谋幸福,并检点吾身,不做各种害人及恶劣行为,尤不做诱奸之事。[②]

古代西班牙名医、犹太族哲学家迈蒙尼提斯(Maimonides,又称"迈蒙尼德"——Mosheh ben-Maimon,1135—1204),在医学和哲学方面都有独到建树,特别是医学伦理方面,他提出了可与《希波克拉底誓言》媲美的《迈蒙尼提斯祷文》。该祷文说:

> ……毋令贪欲、吝念、虚荣、名利侵扰予怀,盖此种种胥属真理与慈善之敌,足以使予受其诱惑而忘却为人类谋幸福之高尚目标。

---

①参见《辞海》,上海辞书出版社,1979年,749页。

②参见孟继贤:《医学伦理学简论》,甘肃人民出版社,1984年,41~42页。

愿吾视病人如受难之同胞。

愿天赐予以精力、时间与机会，俾得学业日进，见闻日广，盖知也无涯，涓涓日积，方成江河，且世间医术日新，觉今是而昨非，至明日又悟今日之非矣。

……予今为予之职业祷告上帝：

事功艰且巨，愿神全我功。

若无神佑助，人力每有穷。

启我爱医术，复爱世间人。

存心好名利，真理日沉沦。

愿绝名利心，服务一念诚。

神清求体健，尽力医病人。

无分爱与憎，不问富与贫。

凡诸疾病者，一视如同仁。[①]

德国名医胡弗兰德(Hufe Land,1762—1836)，被誉为德国临床医学的元老，他写的《医箴》，为各国医学界奉为不朽的医德经典。《胡弗兰德医箴》载：

(1)医生活着不是为了自己，而是为了别人，这是职业的性质所决定的。不要追求名誉和个人利益，而要用忘我的工作来救活别人，救死扶伤，治病救人，不应怀有别的个人目的。

(2)在病人面前，该考虑的仅仅是他的病情，而不是病人的地位和钱财。应该掂量一下有钱人的一撮金钱和穷人感激的泪水，你要的是哪一个？

……

①参见孟继贤:《医学伦理学简论》，甘肃人民出版社，1984年，42~43页。

(8)应尽可能地减少病人的医疗费用。当你挽救了他的生命而又拿走了他维持生活的费用,那有什么意义呢?

(9)……你必须了解人和人们的心理状态,一个对生命感兴趣的你,就应该听取那朴质的真理,就应当承认丢面子的过失,这需要高贵的品质和善良的性格。

(10)尊重和爱护你的同行。如不可能,最低限度也应该忍让,不要谈论别人,宣扬别人的不足是聪明人的耻辱。[①]

上述几件经典文献，不只是对后世西方医学界的为人为学影响甚大,也对世界医学职业道德乃至其他各行职业道德有着深远影响。它是人类文明进步的表现和财富。它没有国界的阻隔,也没有信仰的局限,它属于人类先进文化传统的一部分。在伟大的国际共产主义战士——诺尔曼·白求恩大夫身上,你既能看到一名真正的共产党员的人品、学品,又能得到《希波克拉底誓言》《迈蒙尼提斯祷文》和《胡弗兰德箴言》精神的活的诠释。下面,让我们简约地领略和怀念这位国际共产主义战士为人类的解放事业而献身的终身学习者的生平。

(二)为人类解放事业而献身的终身学习者、伟大的国际共产主义战士——诺尔曼·白求恩

伟大的国际共产主义战士——诺尔曼·白求恩(1890—1939),加拿大共产党党员,著名外科医生。他于 1890 年 3 月 3 日生于加拿大安大略省北部格雷文赫斯特城的一个牧师家庭。1914 年,白求恩大学毕业的前一年,第一次世界大战爆发,他应征入伍。战争结束后,他决心用医学上的进取把荒废的时间补回来。1922 年 1 月,他参加了英国爱丁堡皇家外科学会会员考试，同年 2 月 3 日即被选为该会会员。1926 年,白求恩被聘为底特律医学院药物学讲师。正当他事业一帆风

①孟继贤:《医学伦理学简论》,甘肃人民出版社,1984 年,43~45 页。

顺的时候,他患上了肺结核病,这在当时来说,和今天的癌症差不多。他以顽强的毅力同肺结核病做斗争,并获得成功。当他战胜病魔出院后,金钱、名誉,还有许多大医院和医学院校都热烈欢迎他。但白求恩说:“我已经37岁了。我要为人类做些更重要的事,而且在我死亡之前要完成这一事业。”①

白求恩在胸外科方面成名了,并成为加拿大医务界薪金最高的几个人中的一个。他曾对一位记者说:“如果头衔不能造福人民,它还有什么用呢?对名利不能痴情,它像妓女一样,先是一步步迷住你,然后再把你甩掉!”②他关心的是失业工人,有病得不到医治的劳苦大众。他建立了一个专为穷人看病的凡尔登诊所。这是加拿大历史上第一次出现的免费医疗单位。

第二次世界大战爆发后,白求恩参加到援助西班牙医疗队的行列,并以极大热情在马德里筹建了一个流动输血站。宋庆龄副委员长曾在一篇文章里评价白求恩的工作:“白求恩大夫是第一个把血库送到战场上去的医生,他的输血工作曾为西班牙共和国挽救了数以百计的战士的生命。”③1938年1月,年近50岁的白求恩率领加拿大和美国共产党联合派遣的援华医疗队向中国进发。他冒着生命危险,闯过了多少敌人的枪林弹雨和封锁,才辗转到了延安,见到了毛泽东、朱德、周恩来等中国共产党的领导人。白求恩一到延安就要求上前线救治伤员。他不仅医术精湛,而且全身心忘我地工作,为中国抗日战士输自己的血,顾不上休息,又继续为伤员做手术。他于1939年冬牺牲在中国的抗日战场上。他生前曾说过:

①参见孟继贤:《医学伦理学简论》,甘肃人民出版社,1984年,181~182页。

②③孟继贤:《医学伦理学简论》,甘肃人民出版社,1984年,182页。

> 一个医生,一个护士,一个卫生员的责任是什么?只有一个责任。那责任是什么?那责任就是使你的病人快乐,帮助他们恢复健康,恢复力量。你必须把每一个病人看作是你的兄弟,你的父亲。因为,实在说,他们比兄弟、父亲还要亲些——他们是你的同志。[①]

白求恩在生命的最后时刻还想着前方流血的战士,他躺在担架上,遥望炮火轰鸣的战场,恋恋不舍地说:“我十二万分惦念的是前方流血的战士,假使我还有一点支撑的力量,我一定留在前方!”[②]临终前,他用最坚定的声音说完了最后一句话:“努力吧!向着伟大的路,开辟前面的事业!”[③]白求恩实际只活了49岁就以身殉职了。他确实为人类的解放和自由做了更重要的事,也确实在英年早逝以前实现了他终身学习,医术上精益求精,孜孜不倦地为人类更重要的事业——救死扶伤,使病人恢复健康,恢复力量而无私奉献的夙愿。这几句话当成口号来说,太一般了,但对一个医生来说,真能做到,就很不简单了,进而将之作为一生的职业追求,无私无我地去做,就更显其伟大了。它是一种专门利人的职业精神。这一点,就连伟大的政治家、军事家、中国人民的革命领袖毛泽东都认可了。白求恩逝世后,他为此而专门写了《纪念白求恩》的悼文,对白求恩“毫不利己,专门利人”的职业精神给予了极高的评价:

> 白求恩同志是个医生,他以医疗为职业,对技术精益求精;在整个八路军医务系统中,他的医术是很高明的……

---

①见孟继贤:《医学伦理学简论》,甘肃人民出版社,1984年,185~186页。

②见孟继贤:《医学伦理学简论》,1甘肃人民出版社,1984年,89页。

③见孟继贤:《医学伦理学简论》,甘肃人民出版社,1984年,189页。

现在大家纪念他，可见他的精神感人之深。我们大家要学习他毫无自私自利之心的精神。从这点出发，就可以变为大有利于人民的人。一个人能力有大小，但只要有这点精神，就是一个高尚的人，一个纯粹的人，一个有道德的人，一个脱离了低级趣味的人，一个有益于人民的人。①

毛泽东在世时，对一位普通人做出如此高的评价，并有专文面世，成为经典入选《毛泽东选集》的大概就两三人。一位是白求恩，一位是张思德，还有一位就是雷锋。题了"向雷锋同志学习"的词，但未著文。他肯定了一种精神——毫无自私自利之心，专门利人；也肯定了一种人生价值理念——人活着不是为了自己，而是为了别人能幸福地活着而活着，就像《胡弗兰德医箴》里说的："医生活着不是为了自己，而是为了别人，这是职业的性质所决定的。"其实，终身学习在广义上讲，也是一种职业，而且是终身职业。终身学习是人生的一种手段，是贯穿人之始终的过程，而不是目标；终身学习的大目标是为了人类的福祉。说终身学习是一种善，就是在这个意义上定位的。

第三节　终身学习是人生的一种价值追求

一、终身学习定位于"善"的概念

善与恶在中国传统文化和现当代文化中都是社会进行道德评价的最概括的标准。它不仅是伦理学的重要范畴之一，而且已被刑法学

---

①毛泽东：《纪念白求恩》，载《毛泽东选集》第2卷，人民出版社，1991年，660页。

和犯罪学引入法律评价体系，成为用以评价某种行为是遵纪守法还是违法犯罪的概括性话语，可谓是一种说法。例如，刑法学的犯罪构成理论在分析犯罪人的主观方面心理状态时，就用“主观恶性”的大小或者深浅来予以评价。还有将黑社会犯罪组织或者带有黑社会性质的犯罪组织称之为“黑恶势力”，以及“打黑除恶专项斗争”这类提法等等，虽不是刑法法条明文规定的术语，但作为公检法司等法律实务部门和刑法学、犯罪学等学术理论界用来评价犯罪人的主观心态和犯罪组织的一种惯用语加以使用，已约定俗成。尽管目前尚未将之作为一种法律语言来运用，但至少能与它的对立面——善区别开来。

将终身学习定位于善，不属于人性论上讨论的性善、性恶范畴，它关注的是人的社会实践活动如何，是对人的社会实践活动，即人的外在行为表现的一种价值评价。而且这种价值评价是动态意义上的，它不只是停留在对过程本身的考察上，对过程做出评价；它更注重于过程的发展，即过程要达到的最终目标是什么。比如终身学习，大家都在做，也能做，就过程的层面上说，这当然是好事，它可以把人的思维活动和精力吸引到学习和获取知识的方向上来，这在相当程度上使终身学习者远离了违法犯罪的渊薮，对社会治安有积极意义，我们用善来评价这种行为当然可以。但是，不能保证所有的终身学习者都能远离违法犯罪，因为在所有的终身学习者中，很难说没有人把终身学习仅作为谋生手段，其目标是为己而不是为人、为社会、为国家。只有把终身学习作为完善人格，不断更新知识，增长为别人、为社会、为国家乃至为人类福祉谋利益的本领和才干者，才可以说他们的终身学习是至善，正像我们在前两节列举的古今中外终身学习的典范人物，他们都有为社会、为人类福祉而学的明确目标。唐玄奘西行求法，历经艰难险阻，一十七载，学成之后毅然婉辞了印度戒日王国宾规格的优厚待遇而返回祖国，全身心投入译经事业，直到圆寂。中国之所以成为因明——佛家逻辑的第二故乡，这与玄奘法师对这门学问的终身学习和传播，以及报效国家的爱国主义精神是分不开的。玄奘法师在印度留学期间始终不忘大唐，在他心中祖国的分量占有绝对位置。他回国后游学传记与辨机合著的——《大唐西域记》，为何不命名为《玄奘游学记》？这一心为公的爱国主义意念在玄奘法师身上很自然地显露出来，是终身学习定位于善概念的一种最好的诠释。

二、弘扬科学人文精神—终身学习—至善

一般的终身学习是一般的善，以舍私为公为目标的终身学习是至善；定位于善的终身学习，如果没有科学人文精神作支撑和导引，不是盲目，就是难有什么成效。看来，科学人文精神、终身学习和善这三个要素之间有一定的逻辑关系，所以我将三者结合在一起加以讨论。

（一）弘扬科学人文精神是时代的要求

进入21世纪的这些年，中国的社会生活与国家生活中注入了以科学发展观为指导的思想活力，这种思想活力换言之就是科学人文精神的发扬光大。关于科学人文精神，在本书第十五章第三节联系到我国教育问题作了一些初步的讨论。目前，我国哲学社会科学界对中国当代人文精神的构建问题展开了讨论，并且已有若干著作出版。看来，中国的传统人文精神复归以后要适应时代的要求，必然有一个继承传统人文精神与构建当代人文精神相衔接、相协调的过程。我们倡导的终身学习自然是打上这一时代特征烙印的学习过程。中国社会的现代化转型和世界发达国家进入后现代发展的态势，以及当今人类的生存与可持续发展已面临着信息时代、知识经济、生态文明、全

球性环境能源危机等等既有机遇又有挑战的大局面，这一切对中国以至人类探索文明的新出路都提出了新课题。

研究中国社会哲学的专家们提出：

> 中国社会目前正处于四重转型的关键时期……一是在文化、政治、经济前提均已具备的条件下由传统社会迅速向现代社会转型，首先表现在这个农业大国向工业文明迈进；二是由扭曲的理想模式向客观现实的回复，突出表现为由计划经济体制向市场经济体制的转变；三是由封闭半封闭的民族文化自循环主动走向世界，加入世界经济政治文化大循环，逐步形成开放的文明体系，谋求西方文明与东方文明融会补充；四是自觉顺应世界文明发展大势，向后工业文明靠拢，探步信息时代、知识经济、生态文明，在全球性环境、生态、能源危机中探索人类文明新出路。①

专家们还指出：

> 总之，中国后发型现代化的进程，处在前现代、现代、后现代的交汇点，处在几大文化体系全面冲突交流的漩涡中心，处在人类文明由主要依赖自然资源利用而发展向主要依赖人自身智力资源开发而发展的质变期，情况十分复杂，需要全新的理论支柱和意义支撑。②

专家们对当代中国社会生存与可持续发展面临的新课题做出的

①参见杨岚、张维真：《中国当代人文精神的构建》，人民出版社，2002年，9~10页。

②参见杨岚、张维真：《中国当代人文精神的构建》，人民出版社，2002年，10页。

判断大体上是不错的。我们从亲历改革开放30年的进程中已有感性方面的深切体验。其实,就社会转型而论,中国面临的新课题不只是中国的,也是人类的。因为信息化、知识经济、生态文明、全球性环境、能源危机、开发智力资源等等,都是21世纪人类面临的共同挑战,具有全人类性,是不证自明的。

当代中国和人类遇到的共同挑战需要全新的理论去应对,这是十分艰巨和长久的任务,甚至“任务”还不足以概括其意义,应该用“历史使命”来表达。这“全新的理论”究竟是什么模式?目前还只是预设,正处在探索之中。这种形势下,终身学习需要的是科学人文精神的弘扬,而不只是人文精神这一方面。科学人文精神,顾名思义,自然是既有科学精神,又有人文精神;简而言之,就是既尊重科学技术的价值和作用,承认科学技术是第一生产力的地位,又重视人的价值,看到人类依靠自身的智慧和精神力量推动社会发展的巨大意义。

将科学精神与人文精神结合起来,不仅是逻辑关系的规定性使然,也是当今信息化和知识经济时代的要求。科学发展观的倡导,不是一句口号,它的实质内涵正是科学精神与人文精神的紧密结合。这一方针之所以在今天才如此响亮地提出并付诸实施,是中国人民为之奋斗了整整一个世纪而来的。期间经历了多少曲折和坎坷,付出了多少仁人志士的鲜血和生命的代价,中国共产党人和中国人民是记忆犹新的。

在中国历史上和现当代,都有一批既有科学精神,又有人文精神的终身学习者。如明末清初的卓越思想家、哲学家顾炎武、王夫之,现代的中国传统学术大师[1]、学术奇人陈寅恪，当代中国著名武侠小说大师、香港著名政论家、企业家、报人，年龄最大的中国在读留学生金庸等，是其中的几位代表人物。他们中有几位已被当今学界誉为“影响历史进程的文化名人”[2]，比如顾炎武、王夫之、陈寅恪等。对此评价究竟如何，笔者没有参与研讨，实无发言权。但他们的确是富有科学人文精神、活到老学到老的哲人、大学问家，这是有事实为证的。下面仅就顾炎武、陈寅恪、金庸几位学人的情况作一简介。

（二）百科全书式的卓越思想家顾炎武

顾炎武是明末清初著名的学者，清代学术史上继往开来的大学问家，也是中国古代思想史上一位卓越的思想家。梁启超先生曾称誉顾炎武为“清学开山之祖”[3]。顾炎武初名绛，字宁人，号亭林，江苏昆山人，当时学者们尊称其为亭林先生。顾炎武生于明万历四十一年（公元1613年），卒于清康熙二十一年（公元1682年）。他一生致力于

---

①“国学大师”这一冠名目前用得很滥；再者，“国学”概念的内涵与外延如何界定，到今为止学界争议甚大，难怪像季羡林教授这样的饱学之士都不愿接受“国学大师”这样的称号，看来不光是季老一贯为人谦虚之故，也还因为“国学”概念无论内涵与外延都很模糊。笔者认为，所谓“国学”，无非是指以经、史、子、集为核心内容的中国传统学术。本来，作为学术应是全人类的财富，是没有国界的，然，经、史、子、集具有中国特色，又有儒学为其思想理论基础，似乎可以看作是中国的土特产，所以长此以往“国学”成了一种约定俗成的习惯用语。但现在学术界提出质疑，自有一番道理。鉴于此种情况，“国学大师”作为一种赞誉或者是对某人学术成就的一种评价，太过模糊，很不确定。往后的类似话语，我以“中国传统学术”替代之。——笔者

②见李坤：《影响历史进程的文化名人》，《目录》，中国长安出版社，2005年。

③见李坤：《影响历史进程的文化名人》，《目录》，中国长安出版社，2005年。

学术研究,学识广博,学风严谨,晚年治经学侧重参证,开清代朴学风气,对后来考据学的吴派、皖派都有影响。在哲学上,顾炎武赞成北宋哲学家张载(1020—1077)关于“太虚无形,气之本体”和“太虚”“气”“万物”三者统一的学说,承认“气”是宇宙的实体,“盈天下之间者气也”“非器则道无所寓”①的唯物主义认识论。

顾炎武勤奋好学,终身孜孜不倦,求取知识很有特点。颇有“三人行,必有我师焉。择其善者而从之,其不善者而改之”②的治学风格。正如他在其巨著《日知录》“识语”中说的:“愚自少读书,有所得辄记之。其有不合,时复改定。或古人先我而有者,则遂削之。积三十余年,乃成一编,取子夏之言,名曰《日知录》,以正后之君子。”③顾炎武就是用这样严谨的治学精神,倾毕生心血,完成了读书札记性质的学术巨著《日知录》。这部书从明崇祯十二年(公元1639年)顾炎武离开科场之后开始撰写,直至临终方告绝笔,历时四十余载④。《日知录》内容丰富,博大精深,《四库全书总目提要》将其分为经义、政事、世风、礼制、科举、艺文、名义、古事真妄、史法、注书、杂事、兵及外国事、天象术数、地理、杂考证共15类⑤,可见其知识外延之广博,堪称中国古代的百科全书。

顾炎武的学习求知方法和务实精神以及务本思想,也很值得我辈借鉴。正如他在《日知录·识语》中说的那样:“愚自少读书,有所得

---

①转引自《辞海》,上海辞书出版社,2000年,2227页。

②《论语·述而》。

③④顾炎武:《日知录》,“作者识语”,甘肃民族出版社,1997年。

⑤顾炎武:《日知录》,“点注说明”。甘肃民族出版社1997年11月出版的点注本《日知录》竟有100万字之巨,点注很简约,充其量占不到全书字数的五分之一,可见原文约有80余万字。——笔者

辄记之。其有不合,时复改定。或古人先我而有者,则遂削之。"他博览群书,遍访风俗民情,广泛搜集资料,自然科学、人文科学都在学习和研究之列。每有所闻所得或者悟出什么道理,赶快作好读书笔记,积累资料。他博采众长,兼收并蓄,有不合乎事实真理者,即行改定;自己搜集来的资料或者读书札记,古人先他而有者,即作删削,不掠人之成果据为己有。这样恪守学术规范的治学精神和学人品格,即使在今天也很值得推崇。

顾炎武还是一位很有民族精神和骨气的爱国知识分子。他少年参加"复社"反宦官斗争。清兵入关明亡后,他又参加昆山、嘉定一带人民的抗清起义,失败后,他曾十谒明陵。南明灭亡,史可法将军牺牲后,顾炎武毅然投笔从戎,继续参加抗清活动。他的两个弟弟被清军杀害,生母严重受伤,消息传来,顾炎武的嗣母决心绝食而死,以抗议清军暴行。嗣母下葬后,顾炎武奔走四方,矢志抗清,将他的名字顾绛改为顾炎武,以示明志①。后康熙开设"博学鸿词科",兴科举,延揽汉族知识分子,有不少大臣力荐顾炎武入仕,但都遭拒绝,他说:"七十老翁何所求?正欠一死!若必相逼,则以身殉职矣。"②最后,朝廷只好让步。

(三)一代学术奇人陈寅恪

中国现代史学家、一代学术奇人陈寅恪(1890—1969),江西修水人。曾任清华大学、西南联合大学、岭南大学等校教授。新中国成立后,任中山大学教授、中央文史馆副馆长。陈寅恪父亲陈三立,为光绪进士,官至吏部主事。陈寅恪在这样的家庭环境熏陶下,自幼就能

---

①②参见李坤:《影响历史进程的文化名人》,中国长安出版社,2005年,55页。

背诵十三经，广泛阅读经、史、哲学典籍。他12岁就出国留学，在国外近20年，先后辗转于日本、德国、英国、法国、瑞士等国数十所名牌大学。

陈寅恪留学期间，勤奋学习，积蓄各方面的知识，而且具备了阅读蒙、藏、满、日、梵、英、法、德、巴利、波斯、突厥、西夏、拉丁、希腊等15种语言的能力，其中尤以梵文和巴利文最精。说陈寅恪学贯中西是恰如其分的。他的中国传统学术[①]基础深厚，国史精熟，又大量吸收西方文化，其学术见解多为国内外学人所推崇。

陈寅恪利用掌握多国语言的优势，从外文方面搜罗史料，给其史学研究提供了较大方便。他继承了清代乾嘉学者治史中重证据、重事实的科学精神，又吸收西方的"历史演进法"对一些资料穷本溯源，核定确切。他对史料的精密考证，成就超过了乾嘉时期的学者，发展了我国的历史考据学。陈寅恪对佛经翻译、校勘、解释，以及对音韵学、蒙古源流、李唐氏族渊源、兵制源流、中印文化交流等课题的研究尤为精到，均有重要发现，是国内外学术界公认的博学而有见识的史学家。

据说，1938年，日本史学权威白鸟库吉研究中亚史遇到疑难问题，向德奥知名学者求助，未能解决，柏林大学推荐陈寅恪，他向陈寅恪请教后，才得到圆满答案。他因学术上博专兼具，成就卓然，被学界赞誉为"一代学术奇人"[②]。陈寅恪被公认是留学生中最杰出的"读书

---

①鉴于目前学界对"国学"概念众说纷纭，尚难定论，故暂以"中国传统学术"替代。当否，学界同仁可以讨论。——笔者

②以上资料来源据李坤：《影响历史进程的文化名人》，中国长安出版社，2005年，96~97页。

种子”,但却没戴过一顶博士帽。[1]学成归国后,梁启超向清华研究院推荐陈寅恪,研究院负责人问道:陈先生戴过哪个国家的博士帽?梁说没有。那位负责人很为难地说:没有博士学位,那就不好办了。后来在梁启超的力荐下,研究院才勉强答应下来试试看。可当那位负责人听了陈寅恪的课后,不由大吃一惊:“真是旷世奇才!十个戴过博士帽的也未必赶得上一个没戴过博士帽的陈寅恪。”[2]连梁启超也说陈寅恪的学问胜过自己,大学者吴宓也认为他是全中国最博学的人[3]。陈寅恪任教清华研究院不久,被聘为该院导师,与同时应聘的梁启超、王国维并称为“清华三巨头”[4]。

(四)“金大侠”是个好学生

据《华西都市报》近年来报道,2004 年 9 月,81 岁高龄的著名武侠小说大师金庸,辞去浙江大学人文学院院长一职,远赴英国剑桥大学圣约翰学院读书,攻读硕士学位。如今三年多时间过去了,“不求学位,只求学问”的金庸学习生活过得怎么样?记者最近刚刚采访了回港休假的金庸,他很高兴地透露了出国留学的最新动态,他目前已顺利拿到东方学系唐史专业的硕士学位, 将继续攻读博士学位。

据现在担任剑桥大学的首任女校长艾莉森·理查德女士透露,在金庸入校前,她阅读了金庸《鹿鼎记》的英译本,亲自向剑桥教授会提名推荐,允许金庸免试入学。理查德说:

> 要成为剑桥的学子,不但要聪明,而且一定要十分有趣。剑桥的中国留学生,是整个大学里最有趣、最活跃的

---

①②③李坤:《影响历史进程的文化名人》, 中国长安出版社,2005 年,7 页。

④见李坤:《影响历史进程的文化名人》,中国长安出版社,2005 年,99 页。

一群人。而这群人里给她印象最深刻的，是80多岁高龄的中国著名武侠小说大师金庸，其实学校早已授予金庸荣誉文学博士头衔，但他还嫌不够，一个80多岁的老头，千里迢迢跑到剑桥来读书！理查德说，“去年夏天，我们举办了一个派对，金庸也参加了，要知道，他已经83岁了，那天晚上，大概有1000名来自亚洲各国的学生在现场，纷纷向他要签名，气氛十分热烈。剑桥绝对不欢迎只知道读死书、不知道享受人生的书呆子！而理想学生要像‘老头子’金庸一样疯。”①

金庸说，校园生活很愉快，每天读书4到5个钟头，并且谢绝了所有社会应酬，专心读书。……每周上两次课，从不缺课。他的唐代史导师David McMullen是一位地道的“中国通”，不仅普通话说得好，而且精通中国的历史、文学和古汉语。有一天，导师上课时，请大家完成古文句读，给古文点标点，许多外国学生对深奥的古文很难懂，点句读段落很困难。有同学去向导师求助，导师就指着金庸说：“他可以当你们的半个老师。”每到这时候，金庸便会露出孩童似的笑容为同学指点。②

据金庸透露，这次在剑桥攻读硕士学位，他是用英文写论文。金庸说：“我也想把英文学好一点。对于我来说，英文当然没有中文容易写，我写的英文属于‘老实’类型。就因为我写的是‘老实’论文，导师就很快通过了。”③据悉，金庸的硕士毕业论文的题目是《探讨从玄武门看早唐皇位继承》。记者问金庸：“您已攻读完硕士学位，为何还要攻读博士？”金庸笑着说：“活到老，学到老！上学读书比什么都快乐！我读书的目的，就是为了多做学问，我还要用两年时间攻读完博士，

---

①②③据《华西都市报》报道，载《兰州晨报》2007年4月24日B03版。

一定要拿下博士学位。”①

据陪读的夫人讲，金庸英国留学读书相当用功。“他每天真正像一个学生一样，肩上斜背着一个书包，书包中装满了当天上课要用的书和资料。在上学路上，遇到有‘金迷’上前求签名、合影，他每次都婉言谢绝。先生说，我是学生，在散步或者喝咖啡时，我才可以给你们签名，再与你们照相。”②

金庸，原名查良镛，1924 年生于浙江海宁。查家为当地望族，康熙年间，查慎行叔侄 7 人均为翰林。金庸 1944 年考入重庆国立政治大学外文系，后转入苏州东南大学国际法系。抗战胜利后，任《东南日报》记者，1948 年数千人考试中脱颖而出，进入《大公报》做编辑，该报香港版复刊后，他南下香港。1957 年进入长城电影公司，作专职编剧。1959 年，35 岁的金庸创办了自己的报纸《明报》，为该报第一任社长、董事局主席。1985 年任香港基本法起草委员会“政治体制”小组负责人。1994 年辞去《明报》香港董事局主席职务，任浙江大学人文学院院长，2004 年辞去任职 10 年的人文学院院长职务，以 81 岁高龄进入英国剑桥大学攻读唐史硕博研究生。金庸的终身学习经历了中学生一大学生一报社记者、编辑一电影编剧一报社老总一武侠小说多产作家一立法专家一大学教授一高龄剑桥留学生这样一个人生历程。这样的人生经历，据分析人士评论，可能是受佛学影响的关系，很显出中庸平和的风格。这样的人生既传奇又平和，完全是靠着自己学来的知识和学问构建起来的，虽然金庸是望族之家出来的学人，但他并未凭靠这样的“后勤保障”发展自己，上面介绍的履历一目了然。金庸人还健在，身体很好，但他的一生已明白告诉我们：始于学，亦将终于学。

①据《华西都市报》报道，载《兰州晨报》2007 年 4 月 24 日 B03 版。

②据《华西都市报》报道，载《兰州晨报》2007 年 4 月 24 日 B03 版。

三、终身学习在于充分实现人的价值

现任剑桥大学的首任女校长艾莉森·理查德教授在为金庸入校在读举行的欢迎会(举办了一个武侠派对)后向记者说:“剑桥绝对不欢迎只知道读死书、不知道享受人生的书呆子！而理想的学生要像‘老头子’金庸一样疯。”用不着我们去解读,“金庸现象”本身就是女校长这番话最好的诠释。81岁高龄的剑桥新生金庸,是迄今年龄最大的中国留学生。他不是带着满足虚荣心去的,是认认真真求知识、做学问去的。从金庸对校园生活的感受和他攻读2年后拿到硕士学位时的欢愉心情:“上学读书比什么都快乐！我读书的目的,就是为了多做学问”,“活到老,学到老！”就完全可以领悟到什么叫“享受人生”,什么叫实现人的价值。如智者言,“人是最高价值的存在”。金庸晚年留学深造,可实现的就是这最高价值的存在。

在西方学术史上,有两位重要人物不能不提到。一位是和中国先秦时期的思想家、儒家学派的代表人物孟子（约公元前390年—前305年)同时代的古希腊哲学家、科学家亚里士多德(公元前384年—前322年),另一位是近代的德国哲学家、德国古典唯心主义的奠基者伊曼努尔·康德(Immanuel Kant,1724—1804)。对亚里士多德，他在西方乃至世界学术史上的地位是无可争辩的;对康德,英国现代哲学家、数学家、逻辑学家罗素(Bertrand Russell,1872—1970)有个说法,“伊曼努尔·康德,一般认为是近代哲学家当中最伟大的。我个人不能同意这种评价,但是若不承认他非常重要,也可说是愚蠢无知。”[①]两位哲学家所处时代相距2100多年,

---

①[英]罗素:《西方哲学史》,下卷,何兆武、李约瑟译,商务印书馆,1963年,247页。

但他们对人和人的价值的研究和关注，具有共同的深刻性和启迪意义。

亚里士多德直率地指出："人类由于志趣善良而有所成就，成为最优良的动物，如果不讲礼法，违背正义，他就堕落为最恶劣的动物。"①2100多年后，康德提出：

> 在宇宙万物中，人类的价值是高于一切的，有两个重要的事实支持这种关于人类至高尊严的信念。第一，人有各种欲望和目标，其他东西皆因为与人的意向相关才有其价值。非人的东西，包括非人动物，在其成为人类特定目的的手段时才有其价值，正是人类的目的，才赋予他们以价值。第二，人类内在的价值、尊严是人类理性的最高境界。因为人类是理性的主体，人类是能够凭理性自己做出决定。②

两位哲学家都关注到人和人的价值，甚或说，人是最高价值的存在，这是共同之点，应予肯定。但相比之下，亚里士多德的观点不但率直、深刻，而且唯物、深远。人类本来就起源于动物界，永远不可能摆脱兽性，差别只是摆脱得多些或少些，在于兽性或人性程度上差别的问题。就是说，作为人类本身，兽性摆脱得多些、彻底些，人性就占了优势，就如亚里士多德说的，"人类由于志趣善良而有所成就"，这样的人不可能违法犯罪，他就成为"最优良的动物"，人的价值就彰显出来；反之，不遵守礼法，违背正义，违法犯罪，那就是兽性没有摆脱多少，反而占了上风，自然成为最恶劣的动物，还有什么人的价值可言？如果有，那只能是负价值。康德重视人的价值和尊严，甚至可以说他

---

①[古希腊]亚里士多德：《政治学》，吴寿彭译，商务印书馆，1965年，9页。

②转引自负明婵编著：《人的全面发展思想的历史演进》，甘肃人民出版社，2005年，156页。

的全部哲学都在关注人和人的价值问题。但他只看到地球上乃至宇宙万物只有人的存在和价值是唯一的、高于一切的,而根本忽略了地球上还有其他无数生命的存在,否定了宇宙万物除人的价值之外其他生命价值存在的意义,是典型的“人本主义”。亚里士多德虽然不可能像当代哲学家那样提出“生态主义”和“地球生命为本”的理念,但他至少坚持了人类不可能割断与动物界的渊源关系以及人性兽性都在一个人身上存在的唯物主义观点。

我们前面介绍了顾炎武、陈寅恪和金庸三位代表人物,他们分别作为古代、现代和当代终身学习的典范,是当之无愧的。他们所处时代和社会环境不同,因顾炎武处在明亡清兴的社会大动荡时期,他目睹国破家亡的惨状,和其他爱国思想家一样,一面积极投身于爱国救亡运动,一面沉痛地总结明亡的历史教训,提出了“保天下者,匹夫之贱与有责焉”的重大论断,后人将之提炼成“天下兴亡,匹夫有责”的传世名言。[①]这句口号的文化价值很不一般,号召力也很强,影响颇为深远,直到现代还在调动着爱国者的积极性。它唤醒了每一位有民族自尊心的国民的爱国意识[②],凝聚了抗击强敌的爱国力量,终于使中华民族洗刷了百年耻辱,站立起来,昂首阔步,迈向民族复兴的大道。

顾炎武的人生很不平静,可以说是命运多舛,荆棘丛生。他生长于社会变迁之际,科举不顺,赴南明小朝廷任职未果,接着参加抗清武装斗争,失败后返乡,嗣母亡故以后,顾炎武开始了长达数十年的流亡生活。期间,还被人诬告入狱,两年后出狱返乡,自此以后,开始撰写《日知录》。又过两年,因文字狱又入监牢,幸被好友救出。这以后,全身心扑在最后的精神寄托——《日知录》的撰写上。顾炎武的终

①参见李坤:《影响历史进程的文化名人》,中国长安出版社,2005年,54页。
②参见李坤:《影响历史进程的文化名人》,中国长安出版社,200年,55页。

身学习不是读死书，他很务实。他把做学问和救亡图存紧紧联系起来,因此方能悟出“天下兴亡,匹夫有责”这样意义深远的道理来。如果说顾炎武也会享受人生的话,那就是两条:一是他的终身学习不是书斋或经院式的苦读和清谈玄理,而是经过血与火的历练,从中悟出了惊世骇俗的大道理。他的思维一刻也没有停止思考民族和国家兴亡的重大问题。另一就是倾尽毕生心血写成了百科全书式的巨著《日知录》。这部书在今天看来,也是集科学与人文于一体的科学巨著。顾炎武还有几部科学著作,如《肇城志》和《天下郡国利病书》等。这是他以务实精神和务本思想研究历史的编辑成果。如果说顾炎武也是一位编辑的话,那他是标准的学者型编辑,是可以称为中国古代的杰出编辑家之一了。一位古代的终身学习者能有这样几大成果,应该说人的价值得以充分实现了,可谓是“顾炎武现象”下的人的价值的充分实现。

陈寅恪的终身学习履历大体是这样一幅图景：自幼饱读中国文史典籍—能背诵十三经—12 岁出国留学—20 年留学生涯—掌握 15 种语言文字—顾不上戴博士帽的学术奇人—双目失明后回国任教于清华、中大—拒绝日方授课邀请—中大任教授期间遭遇“文革”劫难,备受摧残折磨而含冤去世。“陈寅恪现象”为我们展现了一幅现代中国知识分子终身学习,享受人生,实现人的价值的图景。陈寅恪在留学生中被公认为是最杰出的“读书种子”。他的读书从幼年开始,直到 20 多年留学生涯还是读书,以至掌握了 15 种语言还在坚持读书,因为这又增加了他读更多书的便利条件,所以一直读到双目失明。但博士帽总是与他擦肩而过。看来,陈寅恪根本不在乎博士帽,而在乎的是抓住机会读更多更多的书,掌握更多更多的知识学问。他就是凭这样广博厚实的学问折服了名牌大学的负责人，没有博士学位也应聘任清华、中大教授,即使双目失明也不影响教学和著书立说,一干就是40年。

读书,教书,著作,这就是“陈寅恪现象”下的享受人生和充分实现人的价值的一种类型,但不同寻常。只不过因为遭遇了“文革”灾难,使这位终身学习者过早离开人世而中断了人生的享受和价值的充分实现,这是历史的过错,陈寅恪无责。

以上所介绍的终身学习者,虽各有其特点和风格,但他们的共同之点,都是比较充分甚至出色地实现了人的价值。有学者言:人性所能达到的最高境界是自我实现。充分实现人的价值,代表了人性的最高境界,是人之所以为人的根本所在。追求人的价值得以充分实现的人,总是为追求人性的完美境界而不懈努力。他们远离一切邪恶,与违法犯罪毫不相干;他们也关注利益问题,但绝不是利己主义者;他们关注现实的社会问题,思考人类未来的命运和前途,总是把自己从事的事业和人类的利益联系在一起,以人之忧而忧,以人之乐而乐。所有这些只不过是人的价值目标的一部分。人的价值目标难以穷尽,但只要有这一部分,他就是一个真正以终身学习为己任而目标明确的人,就是一个达到至善境界的人。

(原载甘肃民族出版社2009年版刘延寿著《犯罪的人性解读》)

四、中国哲学、伦理学

中国古代智慧的百科全书
——兼评《中国古代哲学精华》(节录)

自从学林有了“哲学”这个学科体系,人类就把关于自然界和社会的总认识及其理论系统归入哲学范畴。尤其是古代中国,本无“哲学”之名,即使在先秦诸子创立天人之学、名辩之学、知识之学、伦理学、美学及宗教之学的时候,也未曾想到这些学问和知识系列应归到何类学科之中。但是,后学者们却根据古人论道、论学的主旨和基本观点,把上列学问和知识系统划归到哲学范畴里面去,构成了中国古代哲学的理论体系,即:天道论、知识论、名辩学、伦理学、美学、宗教学等。

哲学向来称为“智慧之学”。由中国社会科学院哲学所研究员、博士生导师刘培育先生主编,同仁王成儒、陈瑛、韩林德、傅云龙、雷镇阊诸先生合作撰稿,甘肃人民出版社新近出版的《中国古代哲学精华》(以下简称《精华》)一书,集萃了中国古代哲学的珍贵遗产天道论、知识论、名辩学、伦理学、美学及宗教学等 6 个篇章。这都是由当代国内相关学科的一流专家和学者们精心研究,从卷帙浩繁、文如烟海的古籍资料中梳理精选出来,整理加工,自成体例的科研成果。全书只有 50 多万字, 堪称中国优秀哲学传统的精粹思想, 中国古代智慧的结晶。这样的一部书,称它为中国古代智慧的百科全书,是一点不过分的。为使读者省时省力概览全书的精要,我用简约的文字逐篇加以述评,把《精华》的精华所在介绍给读者,想必是一件有益的事情。

中国古代哲学的本质特征是“天人之学”

《精华》指出:“中国古代哲学的觉醒,是从天与人的既联系又区别的思考中开始的。”这方面,中国古代的哲人们在认识上有一个历史的发展过程。最初,是讲天道和人道,以及二者的关系。天道指自然界的运行规律,是论自然哲学的;人道指人生根本问题的学说,其内容主要是关于道德的起源、道德标准、人生价值和人生理想等问题,也就是所谓人生哲学。这是后学者们概括的,古人当然不是这么说的。在中国最古的时代,思想家们总是力图把道德原则(即人道)与宇宙的最高原则(天道)联系起来,认为宇宙的最高本体即是道德的最高准则,因此,“往往以天道为人道之本,以人道为天道的归宿。天道与人道总是处于一个整体中进行考察,两者不相分离,只不过有所侧重而已。”[①]《精华》的这一部分撰稿人王成儒先生指出:天是天道论的逻辑起点,是中国古代哲学中最古老而又最重要的概念之一。“天者,神之主也”,是最远古的观点。认为天上神的世界理所当然地主宰着(统治着)地上人的世界。在殷商时代,奴隶逃亡,奴隶主就搞占卜,搞什么“天讨”“天罚”之类。法学家称之为“神权法”思想,哲学家则称之为“天道论”“天人之学”。后来,自然与社会都向前发展了,哲学家们的认识也随之发展了。天人关系,实则是人与自然的关系,在中国古代哲学家们的思维中争论了相当长的时期。由“天者,神之主也”,到“制天命而用之”的命题,刘禹锡的天论提出了“天人交相胜”“还相用”的命题,在天人关系上达到了中国古代唯物主义哲学的高度。

中国古代天概念的含义是复杂的。比起殷商时期,春秋战国时期

①参见刘培育主编:《中国古代哲学精华》,兰州:甘肃人民出版社 1992 年版,第 3 页。

的哲人们看到了天人关系中人的作用;荀况和刘禹锡相隔千年,但在天人关系上,其学说和观点都达到了唯物论的最高境界。他们都对天与人的相互关系和作用给出了唯物的解释。荀况指出:“天行有常,不为尧存,不为桀亡。应之以治则吉,应之以乱则凶。”这是指天还原给了自然界,而揭开了殷人披在天上的神秘外衣。他还说:“天有其时,地有其财,人有其治。”在天人关系上弄得十分清楚:天人各自都有其职能,互不干预,天人相分,各有其自身的发展规律。荀况明确区分了“天职”与“人为”的界限,提出“明于天人之分”的命题。到了两汉时期,哲学在大儒董仲舒那里倒退了一大步,他提出“天人感应”的神学目的论,如说:“天者,百神之大君也,事天不备,虽百神尤无益也。”天在诸神之中是最高主宰者。还说:“天者,万物之祖,万物非天不生。”“为人者天也。人之为人,本于天,天亦人之曾祖父也。”天成了主宰宇宙万物之灵,连人也是苍天所生。“道”是中国古代哲学的最高范畴。“闻道”,又是中国古代哲人追求的最高目标,至圣先师孔子曾为之叹道:“朝闻道,夕死可矣。”董仲舒的天道论认为:“道之大原出于天,天不变,道亦不变。”道受天主宰。这和老子的“人法地,地法天,天法道,道法自然”的宇宙运行规律之哲学观相比,董仲舒的天道论哲学的确是倒退了不小的一步。董仲舒的意旨在于论证封建秩序的合理稳定与永恒性。他用天道论维护了统治中国封建社会秩序几千年的“三纲五常”制度。到了唐代,刘禹锡提出“天人交相胜”“还相用”的进步命题,他还说:“天之所能者,生万物也。人之所能者,治万物也。”这实际是指自然界与人的关系和作用。天人各有所能,有所不能。天与人交相胜,又相用,唯物地表达了天职与人职的互相区别和互相联系。

宋元明清时期,中国古代哲学家关于天的核心命题是“天者,理也。”理学大师朱熹讲:“天即理也”,“言天使者,天理当然。”“天之所以为天者,理而已。天非有此道理,不能为天。”理成了天存在的内在依据。王夫之反其意而道之,认为"理,天也。"他批判程朱讲的"理在气先"说,指出:"气者,理之依也。气盛则理达。"表明了王夫之的天论是建立在气唯物论基础上的。

《精华》作者用了很大篇幅阐释了中国古代哲学中的气概念。"气"在中国古代哲人们的思想中,一般是指客观存在着的质料、实体和道德境界等。中国古代哲学中的物质观,其内涵就有气概念的部分。在不同的哲学角度上,气概念的含义不尽相同。大体讲来,有三种含义:(1)客观存在的质料或元素。如元气、精气、阴气、阳气等,这类是无形状、不可见的混沌状态之气。有形可见的,如云气、烟气、蒸汽、嘘气等。总之,都是一种物质现象。(2)具有动态功能的客观实体。如讲运动是气的根本属性。聚散、氤氲、升降、屈伸、磨荡等。(3)寿夭、善恶、智愚、贫富、贵贱、祸福等。表明气有不同属性。朱熹讲:"人之气禀,有多少般样,或清或浊,或昏或明,或贤或鄙,或寿或夭。"如说某个朝代"气数已尽",大凡就到了垮台崩溃之时。

《精华》详解了中国古代哲人的争论,的确是气概念哲学的精华。诸如《管子》讲"精气生物",《孟子》讲"浩然之气",庄子讲"通天下一气",《淮南鸿烈》讲元气"生物",王充讲元气"自然",魏晋南北朝的玄学家们讲"元气本体"论,唐朝柳宗元提出元气"自动"说,北宋哲学家张载提出"太虚即气"说,还有明代的大学者王夫之提出"虚空皆气"的主张,王廷相提出"元气实体"说等等。

当代"广义本体"论哲学的创立者李正天教授[①]把人的命运的"运"称之为"气数"。说"'命'是一个人无法改变的而又对这个人产生制约的一切内部与外部条件。'运'则是这个人在不同人生发展阶段

①现为广州美术学院教授。

的生命节律以及在不同的际遇中所做的选择努力。又谓之‘气数’。这,是广义本理论的命运观——以运制命。命运就是运命。”[①]另外,他将人的气质也纳入广义本体论哲学。说“人们通常讲的气质,多为广义的气质,即将一个人的素质、性格、特长、修养都寓于其中的个性特征的总和。”[②]这就是说,当代广义本体论哲学认定“气数”或人的命运之“运”,以及人的“气质”都是本体的存在。物概念是《精华》介绍的又一重点。物的原初含义是指杂物,对天地万物之有形事物的通称与共名。但在中国古代哲学意义上的物概念,却有下列三种含义:(1)物资,或物体。是万物的抽象与概括。(2)事,或事物。多指人们对社会伦常原则、规划的遵守与行为。这一含义表明:“物即事”。(3)理,或物理,所谓“物犹理也”“格物穷理”云云,是将物作为一种道理、原理、规律说的。是讲理在物中。

“心”作为哲学概念,是中国古代哲学独有的。在中国三千年历史的古典哲学里,心一直被当作是思维器官,并由此引发出具有中国特色的古典哲学,“陆王心学”就是典型的一例。《精华》以精彩的笔触疏解了中国古代哲学中心概念的丰富含义。诸如孟子“心之官则思”命题的提出,开创了心是思维器官的历史。庄子提出“虚者,心斋也”的命题,玄学家王弼主张以“无”为心,隋唐时期佛教哲学讲“三千在一念心”,研究象数的邵雍提出“心在天地前”的观点,宋代理学大师程颢提出“心是理,理是心”的命题,明代陆九渊提出“吾心即是宇宙”等等的主张,都是心概念哲学的内涵。

“有”、“无”概念,也是中国古代哲学特有的范畴。《精华》是在“天

---

①见李正天:《广义本体论》人本篇第十四章“气质相位”,《当代哲人李正天——广义本体论初探》,中国焦点出版社内部交流资料版,第265页。

②同上书,第365页。

道本根论”的大标题下介绍这部分精粹思想的。作为哲学意义上的“有”“无”概念,最先使用的是老子。庄子进一步深化,到王夫之,较辩证地阐释了“有、无”的关系。著名的论点,有庄子的“有生于无”说,“天下之物生于有,有生于无。”与老庄相反,《墨经》则主张“以无为本”、“有无不二”的哲学。宋明时期理学家提出有无“通一”、有无“统一”的命题,还有把有无概念运用到“宇宙生成”论上的老子则提出著名的“有之以为利”“无之以为用”的思想,等等。

《精华》在“天道篇”里还详解了宋明理学的主要范畴——理与气;先秦到宋明的体与用概念等。在“天道属性论”的标题下,介绍了中国古代哲学精华的重要概念——阴阳。阴阳在中国古代哲学中是指反面与正面,是一对矛盾的概念。中国古代哲人们十分重视阴阳的“失序”和“和谐”。中国古代典籍《易传》就是以阴阳学说为理论基础的。有所谓“一阴一阳谓之道”一说。此外,阴阳“气化”成物、阴阳的“相交”与“相感”、阴阳的“中和”与“主导”、阴阳实体与自动等论说,都得以精要的阐释。“动”“静”之说,“二一”的变化论等哲学命题也都给予简约的介绍。

天道论哲学,在《精华》一书中不惟篇幅有分量(占全书1/5的篇幅),且居诸篇章之首,是有其道理的。中国哲学其所以不同于西方哲学和印度哲学,就是由“中国古代天道论以本民族固有的概念及独特的思维方式显示了与西方哲学、印度哲学相区别的明显特征”①决定的。

“名”与“实”、“心”与“物”、“格物致知”、“见闻之知”以及“知”

---

①参见刘培育主编:中国古代哲学精华》,甘肃人民出版社1992年版,第122页。

"行"关系,是中国古代知识论的基本内涵。

"名"与"实"作为中国古代知识论的重要范畴,是指思维与存在的关系问题,也就是哲学意义上的何者为第一性,何者为第二性的问题。春秋战国时期诸子关于名实之争,则更多涉及社会政治秩序的治与乱问题。孔子是关心和讨论名实关系问题的发端者。他特别强调"正名"。他在与弟子们的谈话中指出:"必也正名乎。……名不正,则言不顺;言不顺,则事不成;事不成,则礼乐不兴;礼乐不兴,则刑罚不中;刑罚不中,则民无所措手足。"[①]尽管孔子的"正名"主张旨在正封建秩序"君君,臣臣,父父,子子"的名分,调整他们之间的相互关系,但毕竟是第一个提出了"名"与"实"的关系问题,为后来讨论"知识论"上的名实关系问题"开了先河。"[②]孔子的主张是以实就名,名称为第一性,实成了第二性,这当然是唯物论认识论的颠倒。墨子则与孔子相反,强调以名就实,认为实是名的根据。他说:"瞽不知黑白者,非以其名也,以其取也。……天下之君不知仁者,非以其名也,亦以其取也。"看一个人的认识是否正确,不在徒知黑白之名,而在于是否知黑白之实。后期墨家强调"以名举实",也正确地强调了实是第一性的,名是第二性的。荀子认为"名足以指实"。他们代表了先秦大多数唯物主义哲学家在知识论上的唯物主义观点,坚持了思维与存在有统一性的立场。

《精华》的这一部分撰稿人傅云龙、李明友、毛卫平、张云勋诸先生指出"心"与"物"是中国古代知识论的一对重要范畴,也是中国古

---

①《论语·子路》,《诸子集成·论语正义》,中华书局 1954 年版,第 280~283 页。

②参见刘培育主编:《中国古代哲学精华》,甘肃人民出版社 1992 年版,第 140 页。

代哲学的一对重要范畴。“心”“物”概念早在殷周时期就出现了。但作为中国古代知识论上的“心”，是指思维器官；“物”是万物，在哲学上指客观存在着的事物。先秦典籍《管子》已论及到了心、物在认识主体与认识对象(即认识客体)这样哲学意义上的关系。它把“心”和“物”的关系看作是“此”与“彼”的关系，在《心术上》说：“人皆欲知而莫索之，其所以知彼也，其所以知此也。不修之此，焉能知彼？”[①]这里讲的“知”，就是认识，即获得的知识；所谓“彼”，就是指客观事物，认识对象。孟子十分重视“心”的认识主体作用，提出“心之官则思”的命题。他说“耳目之官不思而蔽于物，物交物，则引之而已矣。心之官则思，思则得之，不思则不得也。”[②]孟子对“心”所具有的思维能力和作用给予了前所未有的高度评价。北宋时期的唯物主义哲学家张载在“气一元论”的基础上，唯物地解决了“心”与“物”的关系问题。他认为“心”统一于“物”，并指出“心”起源于太虚之气。张载从知识论角度提出“人本无心，因物为心”的思想，指出“心”具有直觉的性质，而直觉的对象则是客观的物。所以他说：“感亦须待有物，有物则有感，无物则何所感？”承认外物是可以认识的，世界是可知的[③]。朱熹提出：“心官至灵”和“心是一身之主宰”两个重要命题，都是从认识论角度说的。他还赞同张载的“心统性情”说。他讲，“性是体，情是用，性情皆出于

①见《诸子集成·管子校正·心术上》，北京：中华书局1954年版，第220页。《诸子集成·管子校正·心术上》(中华书局1954年版)的原文正如上引，而《中国古代哲学精华》(刘培育主编)第150页的上引文却是：“人皆欲知，而莫索其所以知。其所知，彼也；其所以知，此也。不修之此，焉能知彼？”笔者以为此引文意思比中华书局版原文合理，但不知此引文出自何版本？——笔者

②见《诸子集成·孟子正义·告子上》，北京：中华书局1954年版，第467页。

③参见刘培育主编：《中国古代哲学精华》，兰州：甘肃人民出版社1992年版，第158页。

心,故心能统之。统如统兵之统,言有以主也,且如仁义礼智是性也,孟子曰:‘仁义礼智根于心。恻隐羞恶辞逊是非,本是情也。’孟子曰:恻隐之心,羞恶之心,辞逊之心,是非之心,以此言之,则见得心可以统性情。”[①]朱熹还把“心”看作是“性”“情”“意”“志”的统一体,且又强调了“心”的主宰作用。他说:“夫心者,人之所以主乎身者也,一而不二者也,为主不为客者也,命物而不命于物者也。”这是“对古代知识论的一种深化。”[②]关于“物”,明代唯物主义哲学家王夫之提出了“物自有之,待我之先”的唯物主义认识客体论,是很了不起的。

“格物致知”,是宋明理学家关于中国古代知识论的最精彩的命题。对此,《精华》有相当篇幅的阐释。“格物致知”原出自《礼记》中的《大学》篇,讲:“致知在格物,物格而后知至。”朱熹继承和发展了二程(程颢、程颐)对“格物致知”的阐发,并撰写了《补大学格物致知传》的专著,指出:“所谓致知在格物者,言欲致吾之知,在即物而穷其理也。盖人心之灵,莫不有知,而天下之物,莫不有理。惟于理有未穷,故其知有不尽也。是以《大学》始教,必使学者即凡天下之物,莫不因其已知之理而益穷之,以求至乎其极。至于用力之久,而一旦豁然贯通焉,则众物之表里精粗无不到,而吾心之全体大用无不明矣。”[③]朱熹强调“格物”必须“即物穷理”;程颐对“格”与“物”作了疏解:“格,至也;物,事也。事皆有理,至其理,乃格物也。”就知识论角度言,程朱的解释是科学的。他们二人研究“格物”“穷理”的主旨还在于穷究封建人伦之

---

①参见刘培育主编:《中国古代哲学精华》,甘肃人民出版社 1992 年版,第 160 页。

②同上书,第 164~165 页。

③参见刘培育主编:《中国古代哲学精华》,甘肃人民出版社 1992 年版,第 164 页~165 页。

理，要求人们提高道德境界。如朱熹说："君臣、父子、兄弟、夫妇、朋友，皆人所不能无者。但学者须要格穷得尽。事父母，则当尽其孝；处兄弟，则当尽其友。如此之类，须是要见得尽。若有一毫不尽，便是穷格不至也。"[①]朱熹是注解和研讨"格物致知"内涵最尽心尽力的大学者，在知识论上有不可磨灭的贡献，但作为封建伦理纲常秩序的卫道者，他也算是首屈一指的专家。

关于求知的方法，也就是"格物致知"之法，程朱有精辟的见解。他们提倡"穷理多端""读书为要""积习既多，脱然自有贯通处""格物穷理，可以类推"。程颐说："格物穷理，非是要穷尽天下之物，但于一事上穷尽，其他可以类推。"他们把一般与个别、演绎与归纳都结合起来了。但到清初思想家颜元那里，将"格物致知"又提到了强调亲身实践的高度，即"格物而后知至"。讲什么事都要亲手做一做，把"格物"解释为亲自去接触事物，去实践一番。颜元干脆喊出了"手格其物而后知至"，以行为知的唯物主义反映论的口号。

关于知识的来源和认识发展的过程问题，诸如"见闻之知""心之征知""学而不思则罔，思而不学则殆"命题的提出，强调了学而知之，多闻、多见，深入实际，收集感性材料。孔子讲："多闻，择其善者而从之，多见而识之，知之次也。"[②]又说："敏于事而慎于言，就有道而正焉，可谓好学也已。"[③]他把学与思结合起来，强调学、思不可偏废。这在中国古代知识论的认识史上写下了光辉的一页。《精华》指出，后期墨家在吸收前人知识论的认识成果的基础上，建立了与逻辑学紧密

---

①参见刘培育主编：《中国古代哲学精华》，甘肃人民出版社1992年版，第166页。

②见《论语·述而》。

③见《论语·学而》。

结合的知识论。《墨经·经上》说:“循所闻而得其意,心之察也。”“执所言而意得见,心之辨也。”[①]此意是讲,“感性为理性提供所见所闻的感性材料,理性即心则通过对所闻所见而察辨,去伪存真,从而获得对事物的本质认识。”[②]韩非继承和发展了墨、荀思想,形成了“循名实而定是非,因参验而审言辞”的知识论。王充则反对“生而知之”的观点,主张学而知之。他说:“故智能之士,不学不成,不问不知”,“人才有高下,知物由学,学之乃知,不问不识。”还说:“信闻于外,不诠订于内,是用耳目论,不以心意议也。夫以耳目论,则以虚象为言;虚象效,则以事实为非,是故是非者,不徒耳目,必开心意。”[③]只凭感觉经验,就会受到事物假象的迷惑而不能真正认识事物,而应当“开心意”,进行理性思考,才能明辨是非。王充的这一知识论的认识思想,批判了先验论,“肯定了理性思维在认识过程中的重要地位。”[④]

“知”和“行”的关系,是中国古代知识论的一个重要理论问题。从春秋末期的道家学派的代表老子, 到宋明理学大师程朱和唯物主义思想家王夫之等人,经历了“不行而知”—“行重于知”—“知先行后”—“知行合一”—“行先知后”—“知行相资”这样一个认识过程。这其中的规律表明:唯物主义的代表人物都主张行先知后,并且主张知行统一。即便是像王守仁这样的“心外无理”、“心外无学”的心学家也主张知行统一。在知与行的辩证关系上,中国古代哲学家的知识论是有共识的。这和西方哲学相比,具有独特的优势。

---

①见《诸子集成·墨子闻话·经上》,中华书局 1954 年版,第 194 页。

②参见刘培育主编:《中国古代哲学精华》,甘肃人民出版社 1992 年版,第 179 页。

③同注上书,第 182 页。

④同注上书,第 182 页。

名辩之学乃中国本土的逻辑学

眼睛盯着西方文明的论者，随声附和地说“中国没有逻辑”，尤其是中国古代。这是过去的事了，不必再去理论。很简单的道理：世界三大哲学传统，就有中国哲学传统的一个席位。这已是世界公认的事。有哲学没有逻辑，是天大的学术滑稽。更何况逻辑学在古代很长的历史时期是归入哲学体系的范畴之中的，只是到近现代才随着科学分类的精细趋向，逻辑学始作为一门独立的学科从哲学母体中分离出来。伴随着世界三大哲学传统的生成与发展的世界三大逻辑传统，即西方的亚里士多德三段论形式逻辑；古印度的因明；中国古代的名辩逻辑，它们以其各自独特的形式和规律，与西方哲学、印度哲学、中国哲学各自独特的思维方式彼此有着对应的血缘关系。在古代，三大逻辑系统完全被包容在三大哲学传统之中。所以中国哲学家们在阐释中国古代哲学的精华思想时，不能不讲中国逻辑传统的精华——名辩之学。《精华》明辨篇的撰稿人刘培育先生，是国内研究中国本土逻辑学的专家，尤以明辩逻辑和因明见长。他用了占《精华》全书五分之一的篇幅阐释了中国古代名辩学的精华内容。有的权威学者把中国古代逻辑叫作“中国名学”（已故著名佛学家、诗人、书法家和因明学前辈虞愚先生早年曾出版过专著《中国名学》），也有的权威学者把中国古代逻辑称之为“辩学”（或“辨学”）。刘培育先生则主张用“名辩”一词来称谓中国古代逻辑学。其理由是：（1）中国古代逻辑学以名、辞、说、辩为研究对象。《墨经》说：“以名举实，以辞抒意，以说出故，以类取、以类予。”[①]这是中国古人用纯逻辑的术语表达中国名辩之学内涵的首创。（2）中国古代有关“名”的学说内容比较宽泛，如“名言”“名

---

①见《诸子集成·墨子闲诂·小取》，北京：中华书局1954年版，第250~251页。

理""名法""名分""名守""名辩"等等。其中,有不少的内容属伦理学,有些内容属自然科学,也有属政治、哲学范畴的,它们与逻辑学无关或者关系甚少,只有同作为思维形式的辞、说、辩相联系的名,才属逻辑学。因此,用"名学"来称谓中国古代逻辑学,从一个方面看,失之过窄(没有把辞、说、辩等内容包括进去);从另一个方面看,又失之过宽(把不属于逻辑的有关名的内容也包括进去了)。(3)中国古代关于"辩"的学说,其内容也往往包括辩的各个方面,如荀子讲辩,就涉及辩的方法、言词、态度、风度、道德、政治、心理等诸方面,这并非都是逻辑的内容,而只有同名、辞、说相联系的辩的内容,才属逻辑学范畴。所以,用"辩学"来称谓中国古代逻辑学,同样是从一个方面说,失之过窄;从另一个方面说,又失之过宽。鉴于上述理由,把中国古代研究名、辞、说、辩的思维规律的学问称之为名辩学,比直接称谓逻辑学更为恰当。刘培育先生强调说:这样称谓,"可以更准确地反映中国古代逻辑学的内容和特点。"①

刘培育先生在《精华》的《名辩篇》"引言"里运用了大量历史资料阐明中国古代不但有逻辑,而且一批有识之士以开放态度和眼光研习和引进了古印度的因明逻辑和西方亚里士多德的形式逻辑,并进行了认真的比较研究。从名家的创始人邓析开始,到墨家创始人墨翟,以及后期名家代表惠施、公孙龙,逐渐把名辩之学的研究引上了纯逻辑的轨道。《墨经》可以说是中国古代成体系的逻辑专著。它在阐述名、辞、说、辩的过程中,特别论述了思维的不矛盾原则和充足理由律原则。甚至当代研究《墨经》的专家学者们有管《墨经》叫《墨经逻辑学》的。魏晋时期,玄学论辩之风极盛,辩者们多用逻辑技巧取胜对

---

①参见刘培育主编:《中国古代哲学精华》,甘肃人民出版社 1992 年版,第 214 页。

手。其中也有认真做学问的人,如西晋的鲁胜先生,他一生用很多精力致力于先秦名辩学的研究。他是第一个为《墨经》作注的人,还撰写了研究成果《墨辩注叙》。高僧玄奘法师西行北印游学十七载,将印度逻辑系统——新因明系统地介绍到中国内地。印度因明又经印藏佛教大师共同努力传到中国西藏。当时的印度由于发生了教派斗争之乱,因明原典佚散殆尽,中国却保存了大量印度因明论著的梵文原本和汉藏译本。玄奘、萨班·贡噶坚赞、宗喀巴诸大师及其高足门徒,讲习和著述因明,逐渐形成了汉传因明和藏传量论因明两大系统。中国因此成为因明的第二故乡。唐代以至宋元明清,中国古典逻辑除名辩之外,还有因明的一席之地。尽管宋以后因明几成"绝学",但到清末民初,又起死回生,复苏于中国大地。公元1580年以后,由于西方一大批天主教传教士陆续来到中国传教、讲学,西方科学也包括亚里士多德的形式逻辑一道被传了进来。在当时的大气候下,中国学者徐光启、李之藻、严复等人,与西方传教士合作,翻译了西方的科学著作和逻辑著作,如徐光启译的《几何原本》(1607)、李之藻译的《名理探》(原名为《亚里士多德辩证法概论》),以及严复译的《穆勒名学》(实为西方逻辑)等等。他们把西方的演绎思维方法介绍给了中国的知识界,在当时的中国产生了很大影响。与西方逻辑传入中国的同时,学人杨文会(仁山)从日本找回唐朝玄奘、窥基这两位大师译解撰著的《因明论疏》,经大学者章太炎先生积极倡导,使宋明以后数百年几成绝学的因明又得以复苏和弘扬。从这时起,直到当代中国,学界逐渐兴起了名辩、因明、西方逻辑三者的比较研究,其论自成一家之言。名辩学在这种氛围中非但没有被冷落,反而得到研究者的深化,水平之高,是前所未有的。近些年来,国内还成立了墨经逻辑学研究的学术团体。可见,名辩之学这个土生土长的中国逻辑学,在世界三大逻辑传统的宝库中有一把稳稳当当的铁交椅,是毫无疑问的。

《名辩篇》从纯逻辑的角度阐释了“名”“指”“称”的含义,澄清了公孙龙的“白马非马”论,疏解了《吕氏春秋·审分览》中讲的“审分”,分析了先秦诸子关于“正名”之说、名实关系问题的思想,准确表达了后期墨家对“辞、言、意、说”和“推类”“辩、论、说”,以及韩非“矛盾之说”的逻辑内涵,乃至给名辩史论以科学的总结。毫不夸张地说,《精华》的《名辩篇》不只梳理出了中国古代逻辑学的精华,也梳理出了中国古代哲学味很浓的思维精华。

中国古典伦理学乃为人之学、修道哲学以及名与耻的伦理思想文化积淀

伦理学不只是人类最古老的学科之一,也是中国最古老的学问之一,而且还是对形成中华民族传统文化心理影响最为深远的学问。《精华》的《伦理学》篇,以雄辩的历史文献,丰富的思想资料论证了中国古代有同古希腊、罗马相媲美的古典伦理学。只不过两千多年前写出《伦理学》专著的第一人是西方的哲人亚里士多德而已。伦理学作为人类文明的一门科学,并非西方的专利。中国早在夏商氏族封建制社会①的时期,已经开始了伦理道德问题的研究和重视,一直持续至今不衰。论其内涵之丰富,社会作用之分量,在国家生活和社会生活中之地位等,远在西方世界之上。早在尧舜时期,司徒契就明确提出,“教以人伦:父子有亲,君臣有义,夫妇有别,长幼有序,朋友有信。”这就是后人总结的“五伦”或者“五常”。“理”是指条理、秩序而言,“伦”

①“氏族封建制社会”这一提法是历史学者晁福林先生在其论文《夏商社会性质论纲》中提出的。他证明中国古代社会没有典型的奴隶制社会这一形态,是由原始社会直接过渡到氏族封建制社会的。详见 1998 年 5 月 22 日《光明日报》理论版晁福林著《夏商社会性质论纲》一文。——笔者

指“人伦”，表明人与人之间的正常关系和相处规则。“伦理”合而言之，就是指人与人之间正常关系应恪守的一种秩序。这一伦理思想的形成比古希腊、罗马早了大约一千多年。

值得重视的是，中国古代思想家往往是用自己创造的概念、术语和范畴、命题来研究道德问题，表述其理论观点的。而且往往是同一概念、范畴、命题，仁者见仁、智者见智，哲学家、逻辑学家、伦理学家、心理学家，甚至还有社会学家都可以从中悟出其道。这就是中国古代哲学为什么能包容许多相关学科，并使用着共同的概念、范畴和命题，而伦理学也参与其中并具有“综合性和融贯性”的特点所在[①]。

伦理学以人为中心，讲如何为人的道理和行为规范，以及名与耻的文化积淀，这是中国古代伦理学讨论最多的内容。在道德原则和行为规范的问题上，各伦理学派别之间主张各异。道家提倡“自然无为”，墨家主张“兼相爱，交相利”，儒家则提倡“仁、义、礼、智”和“礼、义、廉、耻”，正名分，修廉耻，维护面子和声誉等等。其中，尤以儒家伦理思想对中国社会影响最为深远。特别是先秦以后到汉董仲舒“独尊儒术”的时代，形成了一整套封建伦理规范体系“三钢”“五常”，几乎统治和维系了三千年[②]封建社会的秩序。《精华》指出，强调道德教育和道德修养，是中国古代伦理思想中最丰富也最具特色的部分之一。中国古籍不论讲什么学问知识，其中总少不了道德教化、修身养性，正心、诚意、齐家、治国、平天下的内容。中国古代的人才培养，很大程度上是以伦理道德教育为中心的。作为古代中国学生必读的教科书

---

①参见刘培育主编：《中国古代哲学精华》，兰州：甘肃人民出版社 1992 年版，第 362 页。

②中国的封建社会历史，据权威历史学家范文澜（1893—1969）先生“西周封建论”观点，从西周算起，即公元前 1046 年至 1949 年，当是 1995 年。——笔者

《四书五经》,其中有相当一部分内容就是讲如何正心、诚意、修身、齐家、治国、平天下的道理的。具备了“仁”“义”“礼”“智”“信”这些基本素质的人,堪称为国家栋梁之才;不具备或不完全具备,就是不成才的小人。在“修身——齐家——治国——平天下”的链条中,关键环节是修身。如说:“自天子以至于庶人,一是皆以修身为本。”

先秦诸子,儒、墨、道、法、名、阴阳家、杂家,他们学说思想和立论点的一个共同特点,就是以人性论为其理论基础的。而人性与道德的内在联系是不言而喻的,所以《精华》之《伦理篇》的作者陈瑛先生用较多笔墨阐释了中国古代人性论与伦理学的关系。从人性的方面寻求道德的本源,从齐相管仲开始,到韩非乃至其他诸子论争人性善恶问题,以及董仲舒的“性三品”说,直到当代哲人们的“阶级说”和“自然说”等等,人性都和伦理道德结下了不解之缘。殷周时期道德的本源没有摆脱“天命之谓性”的影响。战国以后,诸子学说派别林立,“天命”说崩溃,各派都从人性着眼寻找道德的本源。这是一大进步。《精华》指出,孔子是第一个明确提出人性概念的人。他提出“性相近也,习相远也”的命题。被当今联合国教科文组织确认的中国唯一的启蒙读物《三字经》,第一句韵文就是:“人之初,性本善。性相近,习相远。”孔子主张教育治国,认为人性可变,但又是可教化的。因此他提倡要狠抓教育,否则就将出现“苟不教,性乃迁”的局面。

人之性有善恶之分,是中国古代人性论的主流,也是诸子争鸣不休的重要论题之一。《精华》特别提到孟子,认为他是中国古代第一个提出系统的人性论的学者。孟子严格区分了人性与兽性的不同。最主要的标志是,人懂得人伦道德,而且人性是善的。主要表现在有“四端”之性,即四种道德观念,就是通常所说的“仁、义、礼、智”。《精华》援引了孟子关于人性之“四端”的论述:

人皆有不忍人之心。……今人乍见孺子将入於井,皆有怵惕恻隐之心;非所以内交於孺子之父母也,非所以要誉于乡党朋友也,非恶其声而然也。由是观之,无恻隐之心,非人也;无羞恶之心,非人也;无辞让之心,非人也;无是非之心,非人也。恻隐之心,仁之端也;羞恶之心,义之端也;辞让之心,礼之端也;是非之心,智之端也。人之有是四端也,犹其有四体也。[①]

这一段精彩的论述,向被古今伦理学家奉为至理名言,它的社会伦理价值至今闪闪发光,真可谓中国古代伦理学之精华。它对丰富今天我国社会的精神文明建设和对社会治安进行综合治理方面仍有现实的意义和积极的作用。

与孟子相反,荀子提出了人性恶的观点,他指出:“今人之性,生而有好利焉,顺是,故争夺生而辞让亡焉;生而有疾(嫉)恶焉,顺是,故残贼生而忠信亡焉;生而有耳目之欲,有好声色焉,顺是,故淫乱生而礼义文理亡焉。”[②]荀子的性恶论是有大背景的。即春秋战国时期,各路诸侯互相争权夺利,混战连年,哪有什么仁义理智可言?这本是人性之扭曲的表现,反映在荀况的头脑里,就生出了人性恶的评价。其实,科学地讲,人之初无所谓性善性恶。人的自然属性,是兼具人性和兽性的,是天然地摆脱不了这两重性,只是人性或兽性在程度上的不同而已。恩格斯对此有深刻的论述:

人来源于动物界这一事实已经决定人永远不能完全摆脱兽性,所以问题永远只能在于摆脱得多些或少些,在于兽性或人性的程度上的差异。把人类分成截然不同的两类,分

①《孟子·公孙丑上》见《诸子集成·孟子正义》,第138页,中华书局,1954。
②《荀子·性恶》,见《诸子集成·荀子集解》,第289页,中华书局,1954。

成人性的人和兽性的人,分成善人和恶人,绵羊和山羊,这样的分类,除现实哲学外,只有在基督教里才可以找到①。

人之饮食男女、喜怒哀乐之行为表现,是与生俱来的,不好说是善还是恶;至于社会属性,则是后天实践得来的。人性扭曲,兽性张扬,就表现为恶德;不扭曲人性,兽性得以控制,恪守行为规范,就表现为善德。这是社会环境和教育状况决定的。

秦汉以后,以善恶论人性并加以发展的董仲舒,他提出“性三品”说。他把人性分为三种情况:(1)天生就有、不教而善的“圣人之性”;(2)经过教育而善的“中民之性”;(3)经过教育还不具善的“斗筲之性”。这和恩格斯批判过的杜林先生把人类分成善人和恶人的人性论是同一类型的谬说。道家的人性论,则是自然论。老子说:“人法地,地法天,天法道,道法自然。”②道是世界万物的本原,也是人性的本原。所谓“道法自然”,就是人性自然论。老子认为真正的人性应是:“无知、无欲、无争、无为,抱朴守素,谦下柔弱,‘复归于婴儿’。”③

《精华》还介绍了北宋以后张载、程颐的“人性二元论”,即“天地之性”(或义理之性)和“气质之性”,前者为纯善,后者则有善有恶。关于中国古代的道德规范体系,《精华》主要介绍了道义论范畴的“五典”“五伦”“仁”与“义”“三纲”“五常”等等。所谓“五典”,唐人孔颖达注解为“父义、母慈、兄友、弟恭、子孝”;这是五种道德规范的具体内容和要求。关于“五伦”,孟子解释得很详细,他说:“人之有道也,饱食

①恩格斯:《反杜林论》,见《马克思恩格斯全集》第20卷,第110页,人民出版社,1971。

②《老子·道德经上篇》第二十五章,见《诸子集成·老子注》,第14页,中华书局,1954.

③参见刘培育主编:《中国古代哲学精华》,甘肃人民出版社1992年版,第389页。

暖衣,逸居而无教,则近于禽兽。圣人有忧之,使契为司徒,教以人伦:父子有亲,君臣有义,夫妇有别,长幼有序,朋友有信。"[①]表明了五种人际关系。把"五伦"中的"三伦"(君臣、父子、夫妇)单独提出来加以严格规定和绝对化,就成了"三纲":"君为臣纲,父为子纲,夫为妻纲",成为统治(或者控制)与被统治(或者被控制)的关系。中国封建社会三千年的秩序就主要靠这一套精神枷锁来维系的。

《精华》对孔、孟提出的"仁义"道德规范作了精到的研究和评析。孔子学说的核心是"仁学"。他视"仁"为最高道德原则。《伦理篇》作者陈瑛先生对《论语》提到"仁"的地方作了统计,"仁"字在《论语》中共出现 109 次,其中作为道德原则使用的就达 105 次之多。孔子讲"仁",其内涵包括孝悌、忠恕、智勇,以及"刚、毅、木、讷"和"恭、宽、信、敏、惠"等一切美德。"仁"既是孔子道德理想的最高目标,也是政治、社会理想的核心。他回答弟子们关于"仁"的质疑时,总是说:"仁者爱人"、"夫仁者,己欲立而立人,己欲达而达人。""克己复礼为仁,一日克己复礼,天下归仁焉。"孟子则把"仁"、"义"经常连用起来,成为道德的总称谓。但二者在概念含义上还是有区别的。如说:"恻隐之心,仁也;羞恶之心,义也。""人皆有所不忍,达之以其所忍,仁也;人皆有所不为,达之以其所为,义也。""吾身不能居仁由义,谓之自弃也。仁,人之安宅也;义,人之正路也。""仁,人心也,义,人路也。"在不同场合针对不同对象,仁、义的含义有具体内容。这其中具有一定的辩证因素[②]。

---

①孟子·滕文公》,见《诸子集成·孟子正义》,第 227 页,中华书局,1954。

②参见刘培育主编:《中国古代哲学精华》,甘肃人民出版社 1992 年版,第 402 页。

老子的“无为”哲学，在道德论上也有其特定的含义。他的核心思想是“无为而无不为”，主张“为无为，事无事”，提倡“慈”“俭”“谦下”的道德准则。他说：“慈故能勇，俭故能广，不敢为天下先，故能成器长。”“柔弱胜刚强”，以无为达到无不为。既是道德原则，也是政治主张。墨家的道德原则和规范，是“兼相爱，交相利”，提倡“爱无差等”，提出“官无常贵，而民无终贱”，反映了一种平等的道德愿望。

《精华》还介绍了中国古代关于道德教育和道德修养的“修道论”的一整套系列内容。诸如“修身为本”的内容和途径，即《礼记·大学》中说的：“物格而后知至，知至而后意诚，意诚而后心正，心正而后身修，身修而后家齐，家齐而后国治，国治而后天下平”这几个条目，中心环节是修身；“极高明而道中庸” 的修道路线；重视修道的 “环境论”；倡导个人主观努力修道的“道问学”，即《礼记·中庸》里讲的“尊德性而道问学”，以及明清之际的启蒙思想家颜习斋和李恕谷(即颜李学派的代表人物)倡导的“习行说”(这一派主张，人们要想得到真心的道德知识，提高道德水平，不能只靠读书和坐而论道，而主要靠躬身实践。如说：“心中醒，口中说，纸上作，不从身上习过，皆无用也。”又说：“人之为学，心中思想，口中谈论，尽有百千义理，不如身上行一理之为实也。人之共学，印证诗书，规劝功过，尽有无穷道德，不如大家共行一道为之真也。”)等等，这些论说都是中国古代伦理精华的宝贵财富。

绝世无双的中国古典美学

与西方古典美学或中世纪欧洲文艺复兴时期的美学高潮相比，可以毫不夸张地说，中国古典美学是绝世无双的。无论其历史的悠久，还是内涵的丰富，乃至学派阵容和学术成果等诸方面，都是独树一帜，特色鲜明的。《精华》之《美学篇》的撰稿者韩林德先生用了占全书四分之一的巨幅文字,以精彩的笔触和言简意赅的表达技巧,把中国古典美学的精华部分忠实地介绍给了读者。当你读完了《美学篇》这一部分精华内容,你就觉得在我们中国古代的思想文化宝库中,的确珍藏着中国古代哲学的精华。

中国古典美学的发展历史,其跨度相当的大。韩林德先生指出,“中国古典美学萌芽于商周时期,奠基于春秋战国而延续至戊戌变法前后,大体可划分为四个既相联系又相区别的历史阶段,即:先秦至两汉时期;魏晋至唐中叶时期;唐中叶至明中叶时期;明中叶至戊戌变法时期。”[①]先秦至两汉时期的美学,最重要的是以孔子为代表的儒家美学,以庄子为代表的道家美学,以及“亦儒亦道而又非儒非道的《易传》美学。”这一时期的美学,其特点是,儒家美学是以“仁义道德”的哲学为其理论基础的。强调“只有在与个体与社会和谐关系中,才能获得自由和找到美。”美与善的统一,追求内在的人格完善,即符合于伦理原则和道德标准的要求。这就是儒家美学的基本特征。道家美学则以“自然之道”的哲学为其理论基础。它强调“只有顺应自然之道,只有在必然与自由的统一和人与自然的统一中,人才能获得自由,找到美。”[②]《易传》美学,是建立在“两个基本思想——以‘一阴一阳之谓道’为基础的‘天人合一’论和以‘《易》者象也’为中心的《易》象论的理论基础上的。坚持将人与自然和谐统一的审美境界视为人生最高境界[③],是这一时期中国古典美学的基本特点。

魏晋至唐中叶时期的美学,着眼于自然之美,而且也注意到“艺

---

①参见刘培育主编《中国古代哲学精华》,甘肃人民出版社1992年版,第461页。

②同上书,第462页。

③同上书,第462页。

术创造和欣赏活动中主体审美心理的能动作用……刘勰的《文心雕龙》还认识到艺术创造活动中审美主客体的辩证关系，提出了'情以物兴'，'物以情观'，心'随物以宛转'而物'亦与心而徘徊'的思想，深刻地揭示了艺术创造活动的一般规律。"[①]隋唐美学崇尚"文质彬彬"和"尽善尽美"的原则。在绘画上注重"形神兼备"的风尚；在书法、音乐和舞蹈等多类艺术中出现崇尚"壮气""风骨"之类的倾向；文学领域中推崇"以势壮为美"的风气。《精华》指出，唐中叶至明中叶时期美学的特点是：尚"传神"，主"写意"，注意到人物内心世界的艺术表现；重"道"轻"文"的反美学逆流有所抬头；"以禅喻诗"，借鉴禅宗佛学的有关内容以探讨审美和艺术心理特征的风气逐渐增强[②]。杜牧提出"文以意为主"的审美主张，开了中国古典美学重"意"不重"道"的先声。宋元两代的文人学士，在美学上追求意境"平淡"的审美情趣。苏轼则是这一主张的代表。他赞赏"外枯而中膏，似淡而实美"的艺术美。这一时期，禅宗佛学作为宗教哲学，对审美和艺术活动也产生过间接的影响。主要内容是，强调"人只有内向'顿悟'真如佛性，从个体本体与宇宙本体的统一中，从个体精神的解脱中，才能获得自由，体悟到美之所在。"[③] "顿悟成佛"论和"解脱"论，是一种由感知、理解、情感和联想等多种心理因素积极参与活动的直觉感受。禅宗佛教特别是南禅慧能这一派，视"顿悟"和"解脱"为修行的极高境界，达到这一境界的人，自然可以体味到美的味道，别人也可对他做出极美的评价。这种美学感的思想影响，在宗教领域至今还有余波。明中叶至戊

①参见刘培育主编：《中国古代哲学精华》，甘肃人民出版社 1992 年版，第 464 页。

②同上书，第 466 页。

③同上书，第 467 页。

戊变法时期的美学,以反封建纲纪束缚、追求个性解放、推崇“阳刚之美”的美学思想为主流。这个时期的美学思想代表人物有进步思想家李贽、袁宏道、黄宗羲、曹雪芹、袁枚等人。他们在哲学上也是唯物主义者。《精华》指出,在山水画艺术方面,“石涛是清初出类拔萃的中国画大师,也是中国画美学史上独具慧眼的美学家。他的《苦瓜和尚画语录》,不仅对中国画(主要是山水画)的美学特征作了精到的说明,而且事实上也对中国一切‘线’的艺术(绘画、书法、音乐、舞蹈)的美学特征做出了深刻的阐发[①]。

《精华》之《美学篇》特别注意到中国古典美学形成和发展的两千多年历史中,一代思想家和文艺理论批评家们在探索审美和艺术活动一般规律的过程中,创造性地运用了一系列范畴和命题的集纳。这些范畴、命题主要有:“道”“气”“象”“神”“妙”“意”“和”“味”“自然”“比兴”“逸”“意象”“意境”“境界”“神思”“妙语”“一画”“法度”,“美”与“善”、“礼”与“乐”、“文”与“质”、“有”与“无”、“虚”与“实”、“形”与“神”、“情”与“景”、“阳刚之美”与“阴柔之美”,“主象尽意”“得意忘象”“涤除玄鉴”“澄怀味象”“传神写照”“迁想妙得”“气韵生动”“可以意会不可以言传”,等等。将这些范畴和命题综合起来看,它们之间既相互区别,又相互联系,还相互转化,彼此形成了一种关系结构,“共同构建起中国古典美学的宏大理论体系。”[②]单就上述美学范畴和命题而言,无论其概念术语的表述形式,还是其内涵的丰富性和深刻性乃至独创性,都是西方美学所无可比拟的。这就充分表明了中国古典美学精华的鲜明特色实在太突出了。

---

①同上书,第 470 页。

②参见刘培育主编:《中国古代哲学精华》,甘肃人民出版社 1992 年版,第 470 页。

《精华》之《美学篇》就中国古典美学关于“美和艺术”“审美和创作”的思想理论体系的具体内容,作了详尽阐释。在“美和艺术”的方面,举出了“礼乐说”(即“礼中有乐与乐中有礼”,以及强调“美善统一、情理交融”的美学观点);“中和之美说”(即儒家美学的理想美之追求,意思是指结构和谐、内部诸因素发展适度的一种美);“文质说”(这是一种强调美在形式与内容二者完满统一中才存在的美学观点);“文气说”(意指诗、文等文艺作品蕴含的生机活力或精神力量);“文道说”(即中国古代大多数文学艺术家倡导的“文以明道”或“文以载道”的观点。以清代文史学家章学诚对文道关系所做的解释和历史性总结为准确。他说:“诸子之为书,其持之有故而言之成理者,必有得于道体之一端。”包含有从实际出发写文章并在现实生活中发挥作用的意思);“自然说”(关于美的形态与美的标准的概念);“形神论”(将审美对象分为“形”与“神”两部分。“形”即形体,形质;“神”指精神世界,内在生命和事物运动变化的内因);“虚实论”(认为天地万物以及一切艺术和审美活动都是虚与实的统一);“意象说”(“意” 指客体化了的主体情思,“象”指主体化了的客体物象,“意象”即是“意”与“象”彼此生发的两个方面的相融与契合);“意境论”(指诗词、画、戏曲以及园林等艺术中,凭借匠心独运的艺术手法熔铸所成情景交融、虚实统一,能深刻表现宇宙生机或人生真谛,从而使审美主体之身心超越感性具体, 物我贯通, 当下进入无比广阔空间的那种艺术化境)[①]; “境界说”(指美的自然景致,即自然美与高层次精神世界,即社会美的统一);“尽美尽善说”(由孔子首创,意指艺术品中美与善二者完满的统一);“善”“信”“美”“大”“圣”“神”人格美六层次说(指孟

①同上书,第510页。

子就个体人格自我完善过程中，依次达到的境界所做的六个等级划分)；“气韵生动论”(指审美对象的内在生命力显现出来的具有韵律美的形态)；“芙蓉出水与错彩镂金说”(这是魏晋南北朝时期文人士大夫审美理想和审美情趣的美学思想)；“阳刚阴柔说”(“阳刚”与“阴柔”，源自中国古代哲学典籍《尚书》《左传》《国语》以及《老子》和《庄子》等书。用在中国古典美学上，是表明阳刚之美与阴柔之美关系的两个基本概念)；“风格论”(指“艺术家自身条件这一主观因素与艺术家所处社会环境这一客观因素相互影响交融同一所形成的独特的艺术风貌”)等的具体内容。在审美和创作的理论体系上，列举了“言志与缘情说”(意即“诗言志”与“诗缘情”两个涉及诗歌艺术本质的既区别又联系的著名命题)；“比德说”(春秋战国时期出现的一种自然美观点。其基本意思是说，自然物象之所以美，在于它作为审美客体可以与审美主体“比德”，亦即从中可以感受或意味到某种人格美)；“比兴说”(主要指诗画创作中那种自觉协调心物关系以孕育艺术家的构思方法或艺术思维方式)；“言(象)意论”(涉及艺术创作中内在的思想感受与外在艺术语言【艺术形象】的关系问题，同时也涉及审美鉴赏中超越艺术语言以把握艺术品内在意蕴的问题)；“神思说”(指艺术创作活动中神奇绝伦、神妙莫测的艺术想象)；“情理论”(阐述艺术创作中“情”的地位与作用，以及情与理的关系的论说)；“滋味说”(指在文艺作品的审美鉴赏中，审美主体所体验到的与味觉快感想通或相似的那种可以意会而不可言传的审美感受)；“妙语说”(指感性直觉的审美观照方式)；“一画论”(是指有关中国山水画“一画”本质的美学观点，由清代绘画大师石涛在《苦瓜和尚画语录》中提出并予以系统发挥的美学主张)；“不似之似说”(是中国古典绘画美学的一个重要的命题)；“法度论”(意思是说，美和艺术的创造是一种合乎规律的自由活动，是规律与自由的统一)；“外师造化、中得心源说”(以为唐代著名画家张璪之语);“逸、神、妙、能四品说”(唐宋以后的品画标准)。

《精华》之《美学篇》对中国古典美学的基本特征作了科学总结,提出了五条特征:(1)强调美与善的统一。这是儒家美学的主要内容,也是中国古典美学的基本特征。(2)强调情与理的统一。这实际是以礼乐为中心、“礼中有乐,乐中有礼”“礼乐相济”的美学思想。(3)强调人与自然的统一。实际受“天人之学”哲学的影响,“在于强调审美和艺术既本源于自然又超越于自然;既超越于自然又不脱离自然”的一种美学观点[①]。(4)强调无限与有限的统一,但偏重于无限。这是中国古典美学坚持的四项原则:“虚实相生,以虚为主;形神兼备,贵在得神;情景交融,重在情之抒发;言意统一,贵在得‘言外之意’;象与‘象外’统一,务求‘超以象外,得其环中’。换言之,艺术美之创造,妙在无限与有限一体,而无限居于矛盾主导地位。”[②](5)肯定认知与直觉的统一,但偏重于直觉。这是儒家美学和道家美学乃至禅宗佛教“顿悟成佛”美学的“比类直觉”和“意会直觉”以及“顿悟直觉”诸法的合一。由上观之,中国古典美学的概貌和特色已清晰地展示给了广大读者。

论天命、鬼神,讲因果报应,以劝善为中心,
顿悟成佛为目标,是中国古代宗教哲学的基本特征

《精华》之最末一篇是《宗教篇》。虽篇幅分量不大,但基本上把中国古代宗教哲学的思想精华集纳和阐释明白了。这一篇的撰著者,是

---

①参见刘培育主编:《中国古代哲学精华》,甘肃人民出版社 1992 年版,第 614 页。

②参见刘培育主编:《中国古代哲学精华》,甘肃人民出版社 1992 年版,第 618 页。

原中国社会科学院宗教所的专家雷镇阊先生。他以简约的文字，通俗的表达方法，介绍了中国古代思想家们的宗教观，以及重点介绍了具有中国特色的佛教哲学和道教哲学的思想理论体系。

中国古代思想家们的天命论，主要内容有"天命可知"论；"制天命而用之"说；"天与地同"论。天命可知论的代表是孔子。他讲"五十而知天命"，就是说人到了这个年龄段，就懂得了事物发展的规律。荀子的天命观比孔子进了一大步，看到了人的主观能动作用，批判了孔子的宿命论的天命观，提出"制天命而用之"的命题。汉代杰出的唯物主义思想家王充提出"夫天也，体也，与地同"的观点。他至少是把天作为一种物质来看待，彻底剥去了蒙在天身上的神秘外衣。关于鬼神问题，孔子是持不屑一顾的态度，如说"敬鬼神而远之"，"未能事人，焉能事鬼？"在中国古代哲人当中，在理论上第一次明确提出无鬼神的是战国时代的公孟子。在《墨子·公孟》篇里，就有"公孟子曰：无鬼神"[①]的记载。无神论思想大师王充，是否定鬼神最彻底的哲学家之一。范缜一生都在坚决反佛教及其有神论，并且是从批判因果报应论开其端的。他当时和笃信佛教的竟陵王萧子良有过一番辩论。萧责难范缜："君不信因果，何得富贵贫贱？"范缜巧妙而风趣地回答说：

> 人生如树花同发，随风而堕，自有拂帘堕于茵席之上，自有关篱墙落于粪溷之中。坠茵席者，殿下是也；落粪溷者，下官是也。贵贱虽复殊途，因果竟在何处？[②]

范缜的"神灭论"思想火花像灯塔一样，照亮了中国古代唯物主

---

①《墨子·公孟》，见《诸子集成·墨子·闲诂》，第 267 页，北京：中华书局，1954。

②参见刘培育主编：《中国古代哲学精华》，甘肃人民出版社 1992 年版，第642页。

义哲学家前进的道路。

中国的佛教哲学，是佛教教义的核心部分。它自西汉之际由印度传入中国内地，达数千年之久。佛教主要的经典是传入《般若经》，还有后来唐代中国本土佛教禅宗大师慧能撰著的《六祖坛经》。佛教初传有三论，即：般若学的“空论”；“因果报应论”和“神不灭论”（这后二论是佛教教义的核心内容）。到了南北朝时期，中国佛教得到了长足的发展。这一时期，佛教主要学说就是“涅槃佛性说”和“顿悟成佛说”。在当时，讲“佛性”是最时髦的。所谓“佛性”，就是指成佛的可能性，或者佛的本性。“顿悟成佛说”的意思是说，人一旦彻悟，自然就能成佛。到了隋唐时代，佛教发展到全盛的顶峰时期。这时的汉传佛教其盛况甚至超过佛教的第一故乡印度，当时的佛教典籍也十分客观，据不完全统计，仅在隋代，佛经就有 1950 部之多[①]。天台宗则是中国佛教宗派的第一家。该宗派紧紧为中国隋代特别是后来的唐代政治服务，因此它的理论和教义并不拘泥于印度佛教。而有着浓厚的中国味。因此在中国古典哲学中才有一席之地。天台宗的代表人物智顗大师提出“一念三千”说，“三谛圆融”说，以及“止观”论。后期代表人物湛然提出了“无情有理”说。

汉传佛教的大宗派中影响较大的还有华严宗和禅宗。华严宗的哲学思想是，“一真法界观”。其意是说，世界的本原就是“一真法界”。所谓“法界”，就是指本体界，或者同时包括现象与本体。用现代哲学语言说，就是物质的存在。华严宗认为，“世界上的万事万物都是由

①参见刘培育主编：《中国古代哲学精华》，甘肃人民出版社 1992 年版，第 653 页。

'一真法界'派生出来的。"[①]此外,还有所谓"六相圆融"说。这是讲"世界事物间的一些普遍存在而又对立统一的范畴。"[②]禅宗的哲学思想,完全具有中国土生土长的特色。这一宗派最有名的代表人物就是南禅大师六祖慧能。他直截了当地说"心是万物的本体",主张"心外无理,理外无心",提倡"思维修"的内修方法。所谓"禅定",就是本派修行的一种主要做法。慧能当着师傅弘忍的面作了一首"得法偈":"菩提本无树,明镜亦非台。本来无一物,何处惹尘埃。"宋明理学家们讲"宇宙即是吾心,吾心便是宇宙"(陆象山语),"心外无事、无物、无理"(王阳明语)等。所谓"陆王心学",简直就是直接接过了禅宗的命题而用之。"见性成佛"说,是禅宗的又一代表思想。慧能主张"顿悟成佛",就是说一旦认识到(彻悟)"佛性"之真谛,便马上获得解脱,就能成佛。如说:"佛向性中作,莫向身外求。"后人讲"放下屠刀,立地成佛",就形象地作了"见性成佛"说的注脚。

道教是中国宗教的土特产。道教哲学更具有中国古代哲学思想的特色。道教的根本信仰就是"道"。第一个讲"道"的人是老子。《老子》的首篇就是"道可道,非常道。"道是一种莫名其妙的东西,是讲不出来的,"解说出来的道,就不是正常的道。"如《老子》又说:"道之为物,惟恍惟惚。惚兮恍兮,其中有象;恍兮惚兮,其中有物。"[③]道在老子那里成了只可意会不可言传的神秘之物。从"道生一、一生二、二生三、三生万物"的论述来看,道是万物之源。这个万物之源就是"无",有生于无。宗教化了的道,就成了"太上老君",它可以主宰宇宙,"无

---

①参见刘培育主编:《中国古代哲学精华》,甘肃人民出版社 1992 年版,第 660 页。

②同上书,第 662 页。

③《老子道德经·第二十一章》(汉英对照),北京大学出版社 1995 年 11 月第 1 版,第 116 页。

边无际,无所不在,无所不能,一言难尽。"[①]

"宇宙生成论",是各宗教及其派别都有的理论。中心是讲宇宙是谁创造的?宇宙万物是怎样生成的?等等。道教讲:"大道无形,生育天地;大道无情,运行日月;大道无名,长养万物。"(道教《常清静经》)这就是所谓"混元"诸说。还有一个"创世纪"说。和基督教的创世记说不同,道教的创世记说是分步进行的:第一大世纪是"洪元",第二大世纪是"太初",这时才开始区分天地,"清气上升为天,浊气下沉为地",而且有了东南西北,也有了日月。有了日月之后,"太上老君"又创造了人。第三大世纪是"太始",即"万物之始也。"道教的这些创世纪说完全中国化了。对于宇宙构成,道教的理论是"三十六天"说。二十八天在三界内,八天在三界外。"所谓三界二十八天,是说:欲界六天,色界十八天,无色界四天。……实际是指人们生存生活的世俗世界。在这个世俗世界里,存在着色欲,有阴阳交接,有人民胎生。在三界二十八天里,每一天都有'一帝王治其中'"。"三界外的八天是四梵天和圣境四天。""到了四梵天,人没有了生死,也无病灾之害了。"[②]

道教还有众所周知的"长生不老说"和"善恶承负论"。道教和佛教的不同,就在于不承认"天命论"。认为天命不决定人命,如说:"我命在我不在天,还丹成今亿万年。"人只要修道养生,是完全可以做到长生不老。道教颇注意养生之道,最重要的方法是保住体内的"元气"。认为:

"夫修无为八真道者,先须保道气于体中,息元气于藏内,然后辅

---

①参见刘培育主编:《中国古代哲学精华》,甘肃人民出版社 1992 年版,第 671 页。道教尊奉太上老君,本源就出在"道"上。

②参见刘培育主编:《中国古代哲学精华》,甘肃人民出版社 1992 年版,第 676 页。

之以药物，助之以百行，则能内愈万病，外安万神，内气归元，外邪自却。却灾害于外，神道德于内，内外相济，保守身命，岂不善乎！"①

老君炼丹，虽系神话，但也从一个侧面反映了道教养生术的风习。

善恶报应和天人感应，是宗教神学的两个主要的思想武器。道教也主张善恶报应说，但和佛教稍有差别的是，它讲"善恶承负论"。所谓"承负"，意思是说，"人的善恶行为，会传给后世子孙，前人行恶，其子孙遭殃；前人行善，后人得福。"这就叫善恶承负②。还有一层意思是，"力行善反得恶者，是承负先人之过，流灾前后，积来害此人也。其行恶反得善者，是先人深有积蓄大功，来流及此人也。"《宗教篇》作者雷镇阊先生释道："个人的善恶行为与个人现世的报应可能无关；而个人今世的祸福，却深受前人善恶行为的影响。"这和世俗常言的"善有善报，恶有恶报；不是不报，时候不到"有了矛盾。于是道教又提出"行善，道随之；行恶，害随之也。"这一弥补，最终意旨还是鼓吹现世因果报应。道教的哲学理论基础虽然是唯心主义的，但其典籍之中也透露出不少辩证法思想的火花，例如以"阴阳之说"为典型，指出："阴之与阳，乃更相反。阳兴则阴衰，阴兴则阳衰。"道教经典《太平经钞》里有一段很精彩的论述：

> 自天有地，自日有月，自阴有阳，自春有秋，自夏有冬，自昼有夜，自左有右，自表有里，自白有黑，自明有冥，自刚有柔，自男有女，自前有后，自上有下，自君有臣，自甲有乙，自子有丑，自五有六，自木有草，自牝有牡，自雄有雌，自山

①参见刘培育主编：《中国古代哲学精华》，甘肃人民出版社 1992 年版，第 677 页。

②同上书，第 679 页。

有阜。此道之根柄也,阴阳之枢机,神灵之至意也。①

由上观之,道教哲学也是有精华可言的。

著名哲学家张岱年教授指出:西方哲学旨在“爱智”,中国古代哲学志在“闻道”(如孔子讲:“朝闻道,夕死可矣”),不论闻道与爱智,都是追求真理。他又指出:“中国长于整体思维,西方长于分析思维,而印度则以否定思维为特点。”(张岱年教授为《精华》写的“序”中之言)虞愚教授曾说过:“科学求真,是理智边事;艺术求美,是情感边事。执其两端,性质迥异;合其两端,树立一个圆满之人生,犹如鸟之双翼,车之两轮,缺一不可,分割不得。”老一辈哲学家们的这些精辟见解,用来概括中国古代哲学精华之所在和当代中国哲人们的追求,是再恰当不过了。我用两万余言的篇幅撰述此文,用意只有一个:力图将《中国古代哲学精华》之精华所在介绍给广大读者。在撰述过程中,从《精华》一书六大篇的丰富内容里,我们体味到了张岱年教授关于中国古代哲学“长于整体思维”和虞愚教授关于“科学求真,艺术求美”的精到总结。也只有从这些精到的智慧之说去认识,去把握,才能真正悟到中国古代哲学精粹思想之所在,而不为某些茅草之辞和瑕疵之类所迷惑。同时,我们也领悟到了杰出人民科学家钱学森教授若干年前写给中国社会科学院郁文副院长的一封信中说的那番话的意义:

张岱年教授同意我的一个建议:把中国古代思想中的精华提炼出来以丰富马克思主义哲学。马克思、恩格斯总结了西方思想中精华,创立了马克思主义,但他们没有能了解中国古代思想,是个遗憾。干这件有意义的事可以动员中国

①参见刘培育主编:《中国古代哲学精华》,甘肃人民出版社1992年版,第682页。

社会科学院一大批专家。

钱先生、张先生语重心长的夙愿和远见卓识，终于在今日得以实现。而参与其事、忠实的执行者，也正好是中国社会科学院的一批专家、学者。这是多么和谐的美事啊！

求真求美，不但是中国古代哲学追求的目标，也应是当代中国哲学追求的目标。一个圆满的人生，正是合真与美之两端方能得到的。这是中国哲人们追求了数千年之久的宏大目标，也是历代劳动人民翘首以盼的理想境界。

欲实现中华民族伟大复兴之梦想，务必提升中国哲学思想的主导地位

窃以为认识和了解一个国家乃至民族的社会生活与政治经济管理模式和制度，以至它们的历史文化的形成和发展，避开该国或者民族的哲学思想体系，你很难获得这方面的深刻认识和了解。改革开放三十多年来，我们中国共产党人为振兴社会主义中国，实现中华民族的伟大复兴，一直在谋求社会主义中国的前途命运究竟怎样安排才是正确的出路。从“82 宪法”及其四次、31 条修正案，到 2012 年 11 月召开的中共十八大政治报告，终于确定社会主义中国进入 21 世纪以后的前途命运安排，是“坚定不移沿着中国特色社会主义道路前进，全面建成小康社会”。“中国特色社会主义道路”的政治内涵，十八大政治报告已有明确的界定，即：

> 在中国共产党领导下，立足基本国情，以经济建设为中心，坚持四项基本原则，坚持改革开放，解放和发展社会生产力，建设社会主义市场经济、社会主义民主政治、社会主义先进文化、社会主义和谐社会、社会主义生态文明，促进人的全面发展，逐步实现全体人民共同富裕，建设富强民主

文明和谐的社会主义现代化国家。

这一界定，至少管一个世纪，或者更长一些的历史时期，也就是到下个世纪(22世纪)初叶或者中叶。恐怕到不了那个时候，我们这一代人早已告别人世到另外一个世界去了。所以对“中国特色社会主义道路”的政治内涵问题用不着讨论和担心，想必是安全的。好在决定中国现代史命运的伟大领袖人物唯孙中山、毛泽东、邓小平莫属；领导社会主义中国的执政党唯中国共产党莫属，这是历史的选择，中华民族的选择。目前需要思考和讨论的是中国特色社会主义道路的理论基础问题。这个理论基础当然是中国特色社会主义理论体系。全面讨论中国特色社会主义理论体系的建设问题，自感力不从心；再者，本节的中心内容是把尚未发表的《中国古代哲学精华》书评文章《中国古代智慧的百科全书——兼评〈中国古代哲学精华〉》全文录进回忆录，抄录中必然对中国古代哲学的精华思想有所感悟，自然联想到如何“推进马克思主义中国化时代化大众化”的哲学问题，集中一点讲，就是如何改变过去对作为世界三大哲学传统的中国哲学没有给予应有的重视和地位的不合理、不科学的状态。与马克思主义哲学相比，长期以来，作为本土哲学的中国哲学实际上根本不属于正统哲学思想体系的地位，也就是不居于世界三大哲学传统之一的学术地位。造成这种局面的原因要历史地、辩证地具体分析，实事求是地讨论问题，决不能走“左”倾教条主义者的老路——站在极端立场对待复杂的意识形态问题——非此即彼，绝对化、简单化处理。我想这样来处理这一重大的理论问题，也许是一个可供学术理论界参考的方案：

第一，关于马克思主义哲学的学术地位问题。马克思主义哲学的核心内涵——历史唯物主义和辩证唯物主义是普遍真理，它使一切传统的唯物主义（泛指马克思主义哲学产生以前的朴素唯物主义和机械唯物论)发生了革命性的巨大变化;它帮助中国共产党人领导的中国新民主主义革命取得了完全的胜利，经过28年艰苦卓绝的斗争,终于推翻了压在中国人民头上的三座大山,结束了中国封建专制社会的历史,催生了人民主权(国体)和共和(政体)的新中国。这是十分了不起的,其功绩已经载入了史册,是毋庸置疑的。

第二,马克思主义的创始人马克思恩格斯“没有能了解中国古代思想,是个遗憾”,当然也不可能了解中国古代哲学的精华思想。这不是我的主观推测，人民科学家钱学森教授生前曾写信给中国社会科学院郁文副院长的信中指出:“张岱年教授同意我的一个建议：把中国古代思想中的精华提炼出来以丰富马克思主义哲学。马克思、恩格斯总结了西方思想中精华,创立了马克思主义,但他们没有能了解中国古代思想,是个遗憾。干这件有意义的事可以动员中国社会科学院一大批专家。”①假若马克思、恩格斯了解并研究了中国古代哲学的精华思想,中国哲学在新中国的学术地位不会是“左”的年代那个样子;马克思主义的中国化、时代化、大众化会有长足发展。

第三,关于中国哲学的学术地位问题。这是个很大的理论和实践的问题。在理论的应然意义上，似乎不存在中国哲学的学术地位问题。中国现代著名哲学家张岱年教授早在20多年前就曾说过:

> 世界三大哲学传统,由于自然环境的不同,社会生活的差异,因而各有特点。这是人所共知。例如中国长于整体思维,西方长于分析思维,而印度则以否定思维为特点。但这是从总体来讲的。西方亦有重视整体的思想家,中国亦有重

---

①参见刘培育主编:《中国古代哲学精华》之“前言”,甘肃人民出版社 1992年版。

视分析的思想家。然而中西印的哲学传统各有特点，仍是应肯定的。过去一个时期，有的论者宣扬全盘西化，声称中国“百事不如人”，对于中国文化的独到之处全然漠视，实属遗憾。近年来，多数学者对于这些问题已有比较清醒的认识。西方固有特长，中国哲学亦有独到之处，对此应有明确的理解[①]。

这是中国学术界人士的态度和立场。但新中国在改革开放前的那些年代，中国哲学在实践上是不被重视的，说白了，在政治上没有地位。在中国，无论什么学术，在主流意识形态领域没有政治地位，就谈不上什么学术地位。这种格局不是今天才有的，在古代中国就存在了。儒家哲学思想体系其所以能成为自西汉武帝以来维系中国封建社会秩序两千多年而不衰的哲学传统，就是因为汉武帝接纳了大儒董仲舒“罢黜百家，独尊儒术”的主张，把儒家哲学思想体系捧到封建社会正统哲学的统治地位，一统天下两千多年，其显赫的政治地位自然使其学术地位十分稳固。然而，我们今天所面临的不是简单地处理中国哲学的学术地位问题。一方面，要处理好马克思主义“中国化、时代化和大众化”，即自然地也包含着处理好马克思主义哲学思想体系中国化、时代化和大众化问题。什么是“中国化、时代化和大众化”？就个人的理解，就是要使马克思主义及其哲学思想体系符合中国特色社会主义的实际，也就是从现实的中国国情实际出发；顺应21世纪的世界潮流，即和平发展，建设和谐中国、和谐世界；易于让人民大众通晓明白和接受。另一方面，在恢复了作为世界三大哲学传统之一的中国哲学学术地位后，也要使传统的中国哲学思想体系符合当代中

①参见刘培育主编：《中国古代哲学精华》，甘肃人民出版社1992年版“序言”。

国特色社会主义国情实际;适应时代要求,顺应 21 世纪的世界潮流,既建设中国特色社会主义和谐社会,促进世界和平发展,建设和谐世界;也要使中国广大的老百姓懂得自己国家的哲学传统和哲学思想,就是把中国哲学弄得通俗明白,把它交到老百姓手中,逐渐变为自身的文化素养。

(此文写于 1993 年 3 月,已载入甘肃人民出版社 1996 年版拙作《学步集》)

论中国人的道德意识和法律意识

——兼评《名与耻的文化——中国伦理思想透视》

在20世纪中叶，国外研究文化人类学的学者们把世界文化分为“罪恶感文化”和“耻辱感文化”两大类型。研究中国的外国学者们把中国划到“耻辱感文化”的类型之中，并说中国就是耻辱感文化的故乡（日本学者森三树三郎先生的观点）。这是由于对“恶”的回答得出了“以耻为恶”的答案的结果。以耻为恶的思想的表层，就是所谓“名”的意识问题。研究中国伦理思想的日本学者森三树三郎先生写了一本名曰《名与耻的文化——中国伦理思想透视》（以下简称《名与耻》）的书，由乔继堂先生译出，已由甘肃人民出版社出版。这是日本学者研究中国传统伦理文化和思想的一本专著。作者森三树三郎先生的深刻的笔触勾勒出中国人道德意识和法律意识的思想背景——名与耻的文化，足见他研究中国伦理思想和文化的深厚功夫。译者乔继堂先生的译文也是值得称道的。他准确而生动地表达了作者的原意，确有配合默契之功。这本书虽只有六万五千言，但它揭示了中国古老文化的重大课题——名与耻的内涵，而且是那样深刻和精辟。

道德意识和法律意识，是世界各国的人们都有的。人们关于道德观念、观点以及态度等等，构成了人们的道德意识；人们关于法律的观念、观点以及态度等等，就构成了人们的法律意识。中国人的道德意识和法律意识自然具有中华民族的特色，我们研究讨论的，正是具有中国特色的道德意识和法律意识。名与耻的文化特质，使中国化的道德意识和法律意识具有鲜明的特色。本文的目的就在于:运用《名与耻》提供的背景材料,并将这些材料运用到分析中国人的道德意识和法律意识的特点上去,通过这一分析,从中总结出于今有用的知识来。

名与耻虽为表里关系,但二者并不是等量齐观的,《名与耻》的分析重点是关于名的思想。这是因为,"名的内容比耻更为丰富,深广"。所以,《名与耻》的作者森三树三郎先生以三分之二的篇幅着力分析了名的思想,本文阐述的重点,自然也在分析"名"与中国人道德意识和法律意识的关系上。与此同时,还必须指出的,名是一个特殊记号,具有语言、文字上的意义,有所谓言词之名、姓氏之名等等。进而言之,还有逻辑学上的概念之名。中国先秦逻辑体系的概念、判断、推理,不是现代这个名称,而是叫作名(概念)、辞(判断)、说(推理)。《名与耻》对名的分析,着眼点不在言词之名,而在"尊名"上,"尊名的思想源自原始的巫术观念,至今仍然是中国思想根源中根深蒂固的潜流。儒教是一种尊名的思想,因此,有人竟至于以'名教'作其别名。"(《名与耻》)这里讲的尊名,是指"名誉"说的。《名与耻》指出,名的思想在日本是产生于封建制社会(即相当于中国的分封制社会),在中国是产生于家产制社会(即秦以后的封建专制社会),"日本封建武士的名誉感更近于欧洲中世纪骑士的名誉感,而在中国,它早在两千年前的过去就消失了,代之而起的'面子'占据了支配地位"(《名与耻》)。笔者对这一说明不敢完全苟同,中国名的思想,在先秦的诸侯国时期就产生了,中国名学和中国辩学同时产生在先秦诸子百家兴盛的时期,而不是秦以后的"家产制"时期;中国古代封建武士的名誉感虽已消失,但现代乃至当代中国人的名誉感并不次于占据支配地位的"面子"感,只是没有了封建武士式的特点。"小儿郎,没有学问无脸见爹娘"之感是普遍的羞耻感现象,丢了面子,无颜见父母兄长,以至走上绝路,今确有之;妇女视贞操比生命还重要,一旦被破坏了名誉,悔恨不已而轻生,今亦有之。有时,保住名誉和保住面子是一致的,你很难分。在讨论当代中国人的道德意识和法律意识的时候,名誉感和面子感会同时碰上的。不过,这种差异并不是本文讨论问题的要点,故不去多言。

一、人名、亡父之名和天子之名的禁忌与夏、商时代的道德、法律意识

在古代中国,人名、亡父之名、天子之名的禁忌是普遍的、严格的。《名与耻》举出中国人在名字之外还有"字"的称呼,如孔子名丘、字仲尼,蒋介石名中正,字介石;毛泽东名泽东,字润之。这种风习尤在知识分子层中为甚,至今不衰。"名与字有着清晰的功能区。只有那些比某人在上的人才可以叫他的名,同辈或在下的人叫他的名便是失礼"(《名与耻》)。到今天为止的中国社会,特别是寻常百姓,遇到长辈或者干部,大凡叫尊称或者官阶名称的为多,如老孙、老王,李处长、赵书记等等。要是干部下了乡,农民百分之百地不称某某干部的名字,而称呼他的职位。工作组下乡,工作组长的名字是以某某组长为代号的。有人只知道叫"钱组长",到工作组撤离农村的时候,还不知道"钱组长"大名叫什么。"对原始部落人来说,姓名不单是标记,也是构成身体的一部分,是自己的'身份'。把自己的姓名告诉了别人,就等于把自己的身体交给了人家。假如对方心怀恶意,便可以念你的姓名来咒你。"(《名与耻》)人名的禁忌,大概就源出于此吧。

死人之名的禁忌更为严格,特别是亡父之名,是孝男孝女绝口不言的。"称呼生者之名尚且为失礼,子女齿及亡父之名便绝对不能允许了。"(《名与耻》)这和儒教道德以家庭道德为根基是分不开的,"特别是以对父母的孝顺心为中心","作为道德的一环——忠孝——而

存在的。""父名与'死'都是'讳'。千百年来,中国人恪守避讳风习。"(《名与耻》)没有了儒教之后多少年的中国,这种避父讳的风习依然存在。笔者在为75岁寿辰的父亲祝寿时,亲手书就了一个中堂大寿字,裱成后送到父亲家中,自以为很敬了孝心。但兄长看了右上角的题款:"敬贺刘肇镜父亲大人七十五寿辰"很有意见,认为公开写上父亲的名字是为不恭。这种现象在今日中国是普遍的。不避父讳,是不礼貌行为,进而也是违反家庭道德规范的。

不避父讳,虽说无礼,但也局限在家庭内部,顶多也不过扩展到亲友关系范围,总还可以忍受得过去;而不避讳天子之名,关系就不一般了。这里也包括某些伟人的避讳。其影响范围就更加广泛,问题也更深刻。《名与耻》列举了中国天子避讳的例子:

> 现在的南京是三国时吴国的首都。当时叫建业。公元313年,晋愍帝即位,愍帝名业,建业被改为了"建康"(现在南京还有叫建康路的一条大街——笔者)。《史通》作者、唐代史学家刘知几,因"几"与唐玄宗名隆基之"基"音同,便专用了字"子玄";汉高祖之妻,女强人吕后名雉,因此雉改名为野鸡。

这种与地名、人名、物名有牵连的避讳简直成了国君的特殊权利,这在当朝来说,已超出了道德的范围,如不避讳,就有"犯上"之嫌,弄得不好,是要坐牢的。这就涉及法律制度问题了。虽见不到哪个朝代的法律条文上写上天子避讳的规定,但事实上已形成制度,就不是一般礼貌道德问题。在人们的法律意识中,违反了天子避讳的禁忌,是触犯王法的事,"天子一言为天下法",但凡涉及最高统治者利益(包括天子之名的禁忌)的行为,就要格外小心谨慎,否则是不得了的事,这种不敢触犯天子之名禁忌的法律意识,可以说最早出自夏、商氏族封建制社会①最高统治者自命为的“君权神授”说和“神权法”思想。相传,夏禹本人对鬼神就很迷信和虔诚,并且非常重视祭祀。神权法思想到商代进入高峰。《礼记·表记》讲:“殷人尊神，率民以事神。”所有国家大事,包括年成的丰歉,战争的胜负,城邑的兴建,官吏的黜陟以及奴隶是否逃亡等等，都要通过占卜向上帝和祖先祈祷或请示。发展到后来,“为了假托神意,商王几乎无事不卜,无日不卜,甚至定罪量刑也要诉诸鬼神。”(《中国法律思想史纲》上卷)殷商统治者认为他们的祖先和上帝关系非常密切，无非是为把他们掌握的国家政权披上神权的外衣寻找理论根据。到了西周,统治者用“天”取代了“上帝神”,把他们对全国的统治权说成是“受命于天”,是“天命”所为,非人事所为。所谓“皇天无亲,唯德是辅”,是说殷的先王有“德”,“以德配天”,所以“君权神授”就有了依据,这样,夏、商氏族封建制国家秩序和社会秩序完全是由“天”授予君主的全权来维持的;就连镇压奴隶反抗和惩治那些不听周天子话的诸侯,也叫作“天罚”“天讨”,一切都是“天命”所为,由于这个时期的“德治”与“法治”是合为一体的,即都是“天命”在统治国家,所以,无论是统治者的道德意识和法律意识，还是广大老百姓的道德意识和法律意识，都不能不受所谓“天命”的支配和影响。国君所以叫天子,与君权“受命于天”的理论是分不开的。天子说的话就是法律。这在统治者自己一方,是但愿如此的,这是天子的一种法律意识;在被统治的广大百姓一方,天子说的话就是法律,是被迫接受的,他们的法律意识,是不敢违天子之命,有

①“氏族封建制社会”这一提法是历史学者晁福林先生在其论文《夏商社会性质论纲》中提出的。他证明中国古代社会没有典型的奴隶制社会这一形态,是由原始社会直接过渡到氏族封建制社会的。详见 1998 年 5 月 22 日《光明日报》理论版。——笔者

敬畏感或者畏惧感,提到王法,惧怕三分。在这种思想支配下,天子之名是连大臣都不敢直言的,只能呼“大王”“国君”,至于低层的官吏以及广大百姓就更不用说了。

尊名思想的根源,如果说始自原始巫术观念,那么到夏、商氏族封建制时代的迷信鬼神,占卜问事,乃至君权神授和神权法思想,就是原始巫术观念的继续发展。

二、名分思想与西周和春秋战国时期的道德、法律意识

以孔子为代表的儒家学派,被后世称为儒教,进而由于重名,被人们称之为“名教”,即“重名之教”。孔子的重名,意在正名,《论语·子路》云:“必也,正名乎?”后面有一段广为流传的连锁式推理的话:

> 名不正,则言不顺;言不顺,则事不成;事不成,则礼乐不兴,礼乐不兴,则刑罚不中;刑罚不中,则民无所措手足。故君子之名必可言也,言之必可行也。君子与其言,无所苟而已矣。

孔子在这段话中讲正名,并不是逻辑学意义上要求明确概念的正名(尽管逻辑学家采用此例作为连锁推理的典型式,那是仁者见仁,智者见智的事,不妨碍理论家作为政治问题加以探讨),而是关系到国家统治秩序的政治问题,也就是名分要加以匡正的当务之急。孔子所处的春秋战国时期,正是中国社会处于各路诸侯封建割据的局面。各诸侯国之间争名夺利之事屡有发生。争夺激烈时,甚至发生战争。“春秋无义战”,说的就是这种战争的性质和状况,争夺的激烈,战乱的频繁,出现了君不君、臣不臣、父不父、子不子的混乱局面,引起了社会上各学派的关注。同时也因态度和主张的不同,产生了诸子百家并存,学派林立的争鸣局面。其中,尤以孔子为代表的儒家学派为甚,在春秋战国前期,影响很大。它站在维护周天子一统天

下的立场上，极力反对争夺，劝说天下和谐，祈望尽快结束君不君、臣不臣、父不父、子不子的乱局，所以提出以君君、臣臣、父父、子子为核心的正名论，或者说名分思想。孔子说的正名，就是要端正君与臣、父与子、兄与弟、夫与妻和朋友之间这五伦关系的秩序。《名与耻》指出，《论语》中，孔子有“君君、臣臣、父父、子子”的言论，这是说有君臣之名，就要有君臣之分，这就是孔子的名分思想。“名”在这里是指职位说的，“分”是指应该承担的那份儿责任或者义务，换言之，就是有职位之名，就应该有职位之实，名实对应是理所当然的。“有臣之名，就要履行那股子忠的义务，有子之名，就要尽那份儿孝心”（《名与耻》）。

名分思想进入道德范畴，就是封建宗法社会的君臣、父子、夫妇、兄弟、朋友为内容的所谓“五伦”规定的最重要的相互关系。《孟子·滕文公上》交代了这种关系：

> 使契为司徒，教以人伦，父子有亲，君臣有义，夫妇有别，长幼有叙（序），朋友有信。

宋代理学家朱熹在《白鹿洞书院为学大端》里明确地把父子有亲，君臣有义、夫妇有别、长幼有序、朋友有信，列为“五教之目”。五伦是封建社会的伦理关系，也是占统治地位的封建道德秩序，是几千年封建社会影响最为深广的道德意识的基本内容。它调节和维系中国封建社会秩序达三千年之久，是值得我们深入研究的。

西周社会的道德意识和法律意识具体表现为“礼治”意识和“法治”意识的紧密结合。以“亲亲”“宗宗”为基本原则的“明德慎罚”思想，是这个时期道德意识和法律意识的主要内容，西周社会所谓“礼治”，就是用礼之治。周礼的规范内容，是以宗法等级制为核心建立起来的。周天子是全族的诸侯，叫“大宗”，为天下诸侯之“共主”。天子以下分封的诸侯叫“小宗”，而且这些诸侯是按照血缘亲属关系分封的，每代诸侯都是嫡长子继承父位。诸侯的下属亲族封为卿大夫,为"小宗",也是世袭的。诸侯对他们来说,则是"大宗"。卿大夫的诸弟又封为士,为"小宗",卿大夫对他们来说,是"大宗"。士以下除嫡长子继承父位仍为士外,其余诸弟皆为平民。这种宝塔式的等级制,按照宗法规定:小宗必须服从和尊敬大宗,大宗应当爱护小宗。在天子、诸侯、大夫等各级贵族之间,除政治上的上下级关系外,又加上一层小宗服从大宗的宗法关系,以便利用血缘来巩固他们的统治,用族权加强政权。西周的礼制,就是建立在这种宗法等级制的基础上,其内容包罗万象,涉及政治、经济、军事、教育、行政、司法、宗教、祭祀、婚姻家庭、伦理道德等广泛的方面。具体的规范内容,就是《礼记·曲礼上》记载的那样:

> 道德仁义,非礼不成;教训正俗,非礼不备;分争辩讼,非礼不决;君臣上下,父子兄弟,非礼不定;宦学事师,非礼不亲;班朝治军、莅官行法,非礼威严不行;祈祷祭祀、供给鬼神,非礼不诚不庄。

其中,"君臣上下,父子兄弟,非礼不定",是明明白白的名分思想,不过这里的定名分,是严格按照周礼的要求进行的。也就是小宗必须服从和尊敬大宗;大宗必须爱护小宗。孔子讲正名,除要求定名分外,很重要的一个内容是极力倡导恢复周礼,在他看来,周礼是完美无缺的治世之道。他在《论语》中多次提到"克己复礼为仁"的问题。所谓克己,是指要求各诸侯国要克制自己非礼的欲望,不要再去和周天子争名夺利;所谓复礼,就是要恢复以宗法等级制为核心的周礼。孔子的所谓正名分,其政治内涵就在于此。

《名与耻》列举了诸子的名分论。择其要者,有杂家尹文子的名分思想:

> 名有三科……一曰命物之名,方园白黑是也;二曰毁誉

之名，善恶贵贱是也；三曰况谓之名，贤愚爱憎是也。

这里把名与分的关系说得很清楚：“分是人物对名的反应，比如爱白憎黑，白黑是名，爱憎是分，又如亲贤疏不肖，贤与不肖是名，亲疏是分。”“名是客体所具有的性质、状态，分是主体对客体的态度、行为。换句话说：名属客体范畴，分属主体范畴。”（《名与耻》）

有法家的名分论：

《商君书·定分篇》讨论的名分问题，是这样的：

一兔走，百人逐之，非以兔可分以为百，由名分之未定也。夫卖兔者满市，而盗不敢取，由名分已定也。故名分未定，尧、舜、禹、汤且皆如骛焉而逐之。名分已定，贪盗不取。

法家举此例所论的道理，其本意还在于政治上做文章。接着上面的例证，说了下面一段话：

人主为法于上，下民议之于下，是法令不定，以下为上也，此所谓名分之不定也。夫名分不定，尧舜将皆折而奸之，而况众人乎？此令奸恶大起，人主夺威势，亡国灭社稷之道也。

这里，上之“人主”是名，“定法令”是其分；下之“下民”是名，“遵从法令”是其分。因此，所谓正名分就是指从身份的尊卑各守职分。（《名与耻》）

儒家很强调正名，虽说没有使用过“正名分”这个词，但他们特别重视和维护封建的身份秩序。《名与耻》的作者选取了宋代司马光《资治通鉴》关于名分的议论：

臣闻天子之职莫大于礼，礼莫大于分，分莫大于名。何谓礼？纪纲是也；何谓分？君、臣是也；何谓名？公、侯、卿、大夫是也。

文王序《易》，以乾坤为道。孔子系之曰；“天尊地卑，乾坤定矣。卑高以陈,贵贱位矣。”言君臣之位犹天地之材可易也。《春秋》抑诸侯,尊王室,王人虽微,序于诸侯之上,以是见圣人于君臣之际未尝不惓惓也。非有桀、纣之暴,汤、武之仁,人归之,天命之,君臣之分当守节伏死而已矣。是故以微子而代纣,则成汤配天矣;以季礼而君吴,则太伯血食矣。然二子宁亡国而不为者,诚以礼之大节不可乱也。故曰礼莫大于分也。

夫礼,辨贵贱,序亲疏,裁群物,制庶事,非名不著,非器不行;名以命之,器以别之,然后上下灿然有伦,此礼之大经也。名器既亡,则礼安得独在哉! ……惟名与器,不可以假人,群之所司也;三政亡,则国家从之。(《名与耻》)

宋代是名分意识特别强烈的时代。《名与耻》的作者所以选取上述这段议论,原因就是认为司马光正是从重名分的立场出发写了巨著《资治通鉴》的。宋代的理学大师朱熹(1130—1200)在重名分上比司马光更甚,认为魏、蜀、吴三国中,刘蜀是正统王朝,这就是朱熹及其后继者的正统论。朱熹并且认为正统论应该建立在名分论基础上。自朱熹以后,名分论在儒家学派中逐渐占据上风。所以,儒家的名分论和宋代的正统论是分不开的,而且是以礼为核心的。

三、名誉、名声之名与人名家名的联系

名誉和名声之名总是与特定的人名联系在一起的。这种关系具有两方面的意义:一方面,人名是广为人知的,特别是出了名的人名;另一方面,这人名只有和他所代表的对象的优点、美德或者是缺陷、丑行相联系才有价值。与对象的优点、美德联系起来的人名见到、听到,就立刻做出肯定性的评价,认为该某人是有名的好人;如果是相反的联系,就立刻做出否定性的评价,认为该某人名声不好。

名声欲是人皆有之的。孔孟对名声欲是充分肯定的。他们特别尊崇名声,并认为喜好名声的人能够不惜千乘大国而谦让于他人,即所谓"君子疾没世而名不称焉"(《论语·卫灵公》)。"好名之人能让千乘之国,苟非其人,箪食豆羹见于色。"(《孟子·尽心下》)这是因为对名声的追求胜过了对利欲的追求。

孔子的弟子曾参比他的老师更尊崇名声。相传他作的《孝经》把名声看作是最高的德行,即所谓"身体发肤,受之父母,不敢毁伤,孝之始也。立身行道,扬名于后世以显父母,孝之终也。"难怪"立身扬名"成了大多数中国人的人生理想。

"立身扬名",更多的内容是扬父母之名。《孝经》之名的实质是指父母之名。这是因为立身可以扬己之名,扬己之名可以给父母增添光彩。正如《名与耻》的作者所讲的这种思想与中国的历史一样古老。到今天,比如考大学和分配工作,无论是儿女一方,还是父母一方,在他们的心理上都有一种平衡与不平衡的悬念:事情如愿以偿,名誉感得到满足,彼此脸上有了光彩,心理就平衡了;事与愿违,名誉感受打击,彼此脸上无光,心理自然就不平衡,有的还为此而走上绝路。现代中国社会,扬名声的意义不只是显父母,范围已经扩大到扬名者所在的单位、团体以至一个地区,乃至国家。中国女排五连冠,给中华人民共和国争了极大的光彩,国际影响很大,一下子改变了外国人对中国人形象的旧观念。因此,名誉、名声之名的价值不能局限在个人或是家庭这样狭小的范围去评价。作为中国伦理思想的一个重要侧面,看重名誉和名声之名,从积极的意义上斟酌,在中国伦理文化史上应有它一席之地。

四、先秦诸子的名誉、名声观

《名与耻》对先秦诸子孔孟荀及老庄的名誉名声作了实事求是的

介绍。它肯定地指出,孔孟对名声欲是给予"积极的、高度的评价,持激赏、奖掖的态度。"它援引《论语·卫灵公》中"子曰:'君子疾没世而名不称焉。'"和《孟子·尽心下》中"孟子曰:'好名之人能让千乘之国,'苟非其人,箪食豆羹见于色'"的例子来说明人们对名声的欲望远远胜于利欲,并指出,如果是名声欲不强的人,则会"被利欲左右,为一篮饭食,一杯菜汤而拉下脸来。"

老庄的无名思想,在《名与耻》中给予很高评价。作者举出的例子是老子的"道可道,非常道;名可名,非常名。……无名天地之始,有名万物之母"的主张;庄子的"尧让天下于许由……许由曰:'子治天下,天下既已治也,而我犹代子吾将为名乎?名者,实之宾也。吾将为宾乎'"的思想。

从逻辑学的意义上讲,"名者实之宾"的观点,可说是道家关于名实关系的基本思维方法。儒家的观点是循名责实,或者以名举实,是名为主、实为从的思维方法。庄子则与此完全相反,是主张以实为主、名为从的。依此而论,庄子轻视名誉、名声是很自然的事。《名与耻》举例加以印证:"小人则以身殉利;士则以身殉名;……伯夷死名于首阳之下,盗跖死利于东陵之上。二人者,所死不同,其于残生伤性均也。奚必伯夷之是而盗跖之非乎?"(《庄子·骈拇》)庄子还说,"兵革之士乐战;枯槁之士宿名。"在老庄眼里,为名捐躯和为利舍命都一样。争名与夺利,在争者和夺者自己来说,同样重要。但庄子又认为"小人殉财,君子殉名,其所以变其情、易其性则异矣;乃至于弃其所为而殉其所不为则一也。"(《庄子·盗跖》)他也剖析了争名与夺利的关系,认为夺利自争名始,争名犹如杀人凶器。列子主张不取死后这冤名,东晋的张翰认为"身后名不如即时一杯酒"。

荀子认为"盗名不如盗货"。欺世盗名是比盗窃财物更为恶劣的品质。他说:"人之所恶者,吾亦恶之。夫富贵者,则类傲之;夫贫贱者,

则求柔之;是非仁人之情也,是奸人将以盗名于晻世者也。险莫大焉。故曰:盗名不如盗货。”(《荀子·不苟》)

孔子看重的是实名,不求虚名。“子曰:‘君子病无能也,不病人之不己知也。’”(《论语·卫灵公》)唐太宗李世民谢绝了西域撒马尔罕康国归顺的表示,主要也是讨厌取虚名者。《名与耻》援引《资治通鉴·唐纪贞观五年》文说;“前代帝王,好招来绝域,以求服远之名,无益于用而糜弊百姓。今康国内附,倘有急难,于义不得不救。师行万里,岂不疲劳!劳百姓以取虚名,朕不为也。”

关于名教问题的讨论,《名与耻》的作者列举了历代学者、政治家对“名教”的态度和评价之后,肯定了名声欲、名誉心在中国伦理思想史上应有的位置,下了一个结论说:“尽管有老庄和佛教的无名思想,但中国知识分子的心还是朝向全盘肯定名声欲和名誉心的。”

五、中国人的名誉感、对名誉和面子的评价

中国人的名誉感在名与耻的文化这个圈里头占有举足轻重的分量。名誉和面子又是构成这种名誉感的基本内涵。因此,认识中国人的名誉感,不能不讨论名誉和面子问题。《名与耻》正是从评价名誉和面子这种特殊社会现象入手的。一个人有名或无名,总是和社会对他的评价分不开的。有好名声、好名誉,或者有坏名声、坏名誉等的社会评价,就说这人有名;好坏名声都没有社会评价,就说这人无名。所以《名与耻》做出“无论如何,名都是以人类社会为舞台而存在的”。结论是正确的。

“面子”这个概念,单独拿出来是无法翻译和下定义的,但一经和名誉联系起来就能把握它的内涵。所以面子和名誉是不能割裂的。《名与耻》讲,当人们的目光投向某人的时候,集中在这个人身体的最多的部分,要算是脸部。“世人投以赞许的目光,这人便‘有脸’,并因

之而笑逐颜开；相反，当世人投以厌恶的目光，这人便‘丢脸’，顿觉‘无脸见人’。”有好名声的名士，处处有脸；坏名声出了名的人，处处丢脸。“在中国，脸的历史十分古老。战国时代就有‘何面目到X’的习惯用法。到今天世人还有‘何面目见江东父老’的俗用。对脸面的这些评价，都是和名誉联系起来做出的，也只有和名誉联系起来才有意义。”

《名与耻》的作者森三树三郎先生作为日本学者，自然很熟悉本国的伦理思想，但同时也对中国伦理思想有深透的研究。将中日两国伦理思想加以比较，从中找出有联系的方面，对他来说是很容易的。在说到面子问题时，他指出，“在日本，所谓颜，也多用面子这个汉语词汇代替了。这或许与尽人皆知的中国人强烈的面子意识有关。”为了进一步集中说明问题，他援引中国学者林语堂《我之国土，我之国民》一文中论及面子的部分：

> “面子”是无法翻译和定义的。它用于名誉，不是金钱所能够得，但却给男男女女以物质的夸示。男人追逐它，许多女人也不惜为此献身。它目不能见，却可以示人，是清楚明白地存在着的。
>
> 它无可理论，却是必须遵从的社会习惯。它可以导致诉讼的延期、破产，杀人和自杀。比之世俗的财产，它不知要贵重多少。它比宪法还要厉害，往往决定战争的胜败，能够推翻内阁。
>
> 把“面子”与西方的“名誉”混同，实在是天大的误解。中国的姑娘被男人看见了身体，会常常为了面子而自杀，就像过去一部分西方妇女因私生子而投海一样。西方男子躲避决斗要丧失“名誉”，却不丢面子。不给人面子就是失礼……。

森三树三郎先生把秦始皇统一中国以前的分封制社会的封建名誉感与日本封建割据时代武士的名誉感作比较，找出了一个共同的特征;名誉与忠诚结合。名誉与忠诚之间,普遍的做法是二者择一的关系。但封建割据时代的日本武士道之名誉感是以淹没自我、无限忠君来表达的，这和两千年前的中国封建武士以忠君为德的名誉感是共通的。中国人在分封制时代尊重武士的名誉心,是以高度称扬“勇”之德来体现的。特别是在战争时代，往往把勇气和高尚品德挂起钩来。难怪在那个时代,封建名誉常和勇气结合,“以勇武而扬名”。儒家经典《中庸》“把智仁勇当作人类最高的品德,并做出‘知耻近乎勇’的评价。”(《名与耻》)

名誉和名声之间是存在着差别的。在家产制中国,“名、面目、面子意识,主要都属于‘名声’一类。与此相对,在封建制的日本产生的名、面目,主要属于‘名誉’一类。不过,现代的日本早已不复封建社会了,因而,名誉和名声混合杂糅,互相渗透。”(《名与耻》)名誉和名声的差别就在于:名誉是内在的,它“凝神于心中的自我”;名声则“专注于世间的评价”,是来自社会的。

六、中国是“耻辱感文化”的老字号

1. 名表、耻里。《名与耻》讲,“有耻之里,必然有名之表! 不名誉本身就是耻辱,丧失名誉也是耻辱。”这话自然很对。它符合中国人的传统伦理意识。耻辱感向来是中国人的一种伦理上的内心世界活动。一个人一旦在名誉或者声誉上受到损害,他在心理上顿觉羞耻,这叫作有耻。有耻,是每个精神健康的人都有的心理素质。如果情况是相反的,譬如名声受辱而当事者却毫无反应,那就是缺乏耻辱感,说重了就是无耻,这是一种消极的不作为态度;从积极的表现形式看,譬如造谣、中伤、诽谤、乘人之危等等,也是一种无耻的行为,不过是当事者采取了积极的作为态度。孟子说,“人不可以无耻。无耻之耻,无耻矣。”好在我国刑法中列有“诽谤罪”的罪名,因诽谤别人造成社会危害后果且构成犯罪的,得追究刑事责任。

2. “从罪到耻的转移”。《名与耻》指出:在极其遥远的古代中国,罪的意识很强。作者森三树三郎先生以古代中国典籍《书经》为例作了详细统计,其中“罪”一词在全书出现50多次,“羞”9次,“耻”2次,“愧”只有1次。《书经》中所指的罪都是“天讨”“天罚”的对象。例如“天讨有罪”(《大禹谟》),“有夏多罪,天命殛之”(《汤誓》)。自孔子以后,耻的意识增强了。《论语》中,“罪”一词先后只出现过3次。越往后,到了“德主刑辅”“礼”“法”结合的时代,耻的意识几乎代替了罪的意识。春秋战国诸子各家的治国主张综合起来讲,总是离不开“德主刑辅”“宽猛相济”这个主题。尽管儒法两大派各有所侧重,但总的说还是奉行“皇天无亲,唯德是辅”(《左传〉)。“道(导)之以德,齐之以礼,有耻且格。”(《论语·为政》)“善哉,政宽则民慢,慢则纠之以猛。猛则民残,残则施之以宽。宽以济猛,猛以济宽,政是以和。”(《左传·昭公二十年》)秦统一六国后,统治者的治国主张是“以刑去刑,以杀去杀”,单行严刑峻法。在这种法律意识支配下,竟弄到官逼民反乃至短命速亡的结局。汉世兴业,又恢复了先秦的“礼治”和“德主刑辅”之治。即“道德仁义,非礼不成;教训正俗,非礼不备:分争辩讼,非礼不决;君臣上下,父子兄弟,非礼不定。……礼者,所以固国家,定社稷,使君无失其民者也。”(《新书》卷六)到了隋唐盛世,则是“刑”“礼”“道”迭相为用,“礼”“法”相结合,即所谓“圣王之致理也,以刑纠人恶,故人知劝惧;以礼导人情,故人知耻格;以道率人情,故人反淳和;三者之用,不可废也。”(《新唐书·刑、礼、道》)。

延续了几千年封建统治的中国社会,向来是注重“礼治”“德治”的,历代开明君主总是强调道德教化,当然也不放弃“刑辅”这一手。

民众之所以能够被教化，是因为有根深蒂固的耻辱感文化心理的思想基础。不知羞耻的人毕竟为数寥寥。完成了从罪到耻的转移之后，罪就丧失了道德意识的资格，变成了刑罚的对象。从此，在中国人的法律意识中罪与非罪的概念占据了统治地位，并成为中国传统道德意识的主要内容。

3.“礼义廉耻，国之四维。”明代思想家顾炎武特别推崇《管子·牧民》中讲的“国有四维：一曰礼，二曰义，三曰廉，四曰耻。”以及“四维不张，国乃灭亡”这些道德范畴和它对于治国的重要性。顾炎武还援引了《五代史·冯道传》对“礼义廉耻”的专论：“礼义廉耻，国之四维，四维不张，国乃灭亡。善乎管生之能言也。礼义治人之大法，廉耻立人之大节。盖不廉则无所不取，不耻则无所不为，则天下其有不乱，国家其有不亡者乎！”顾又指出，“四者之中，耻尤为要。……孟子曰：‘人不可以无耻，无耻之耻，无耻矣。故士大夫之无耻，是为国耻。吾观三代以下，世衰道微，弃礼义，捐廉耻，非一朝一夕之故。’”（《日知录·廉耻》）

顾炎武的阐述把名与耻的文化——中国传统伦理思想提到了治国方略的高度。这不但使我们了解到中国古代伦理思想家们的认识深度，而且使我们能够深入研究和弘扬中国传统伦理思想和文化的优秀遗产，为建设有中国特色的社会主义文化添砖加瓦。

（原文载《兰州学刊》1991 年第 6 期）

五、中国逻辑史·名辩学、因明学

我国近20年的名辩、因明研究

——从甘肃人民出版社出版的有关著作看

“文革”后的20年,祖国内地学者在名辩和因明的研究方面呈现出一派繁荣景象,可谓创获甚丰,硕果累累。有关中国逻辑史及因明研究专著和论文集的出版,据不完全统计,有 50多种,约1700万字。其中,甘肃人民出版社出版的汉、藏文中国逻辑史及因明研究著作就有19种28本;800余万字。这批著作大都获得省、部级以上多项优秀图书奖,有些获特别奖。

近20年来,由于我在甘肃人民出版社工作,较多地接触了逻辑史学界的专家,责编出版了他们一些研究成果。出于职业习惯和责任感的驱使,现就亲身经历之情况作一梗概评介。

《中国逻辑史》和《中国逻辑史资料选》

1980年底,中国逻辑史研究会于广州成立,并顺利地举行了全国第一次中国逻辑史学术讨论会。这次会议动员了几乎所有的会内专家、学者,承担了国家“六五”重点科研规划项目之一——《中国逻辑史》(5卷本)的撰写和出版任务。1981年9月,中国逻辑史研究会在山东泰安召开年会,决定整理出版多卷本的《中国逻辑史资料选》,这是中国逻辑史研究的一项系统工程。这项工程的进展,又推动了《中国逻辑史》的编著和出版进程。1984年10月下旬,中国逻辑史研究会在庐山召开了以讨论《中国逻辑史》编写大纲为中心内容的学术讨论会。我社于1985年先行出版了《中国逻辑史资料选》的先秦和汉至明两卷,竟印行了5000册,这是当时出版界和发行界都料想不到的事。

1989年11月,奋战多年的《中国逻辑史》(5卷本)终于一次推出,印1000套,香港地区一次购去60套,不到一年时间销售一空。日本国东京大学加地伸行教授拿到我赠送的一套《中国逻辑史》后不久即回信给我,动情地评价说:"真佩服贵社辛苦编辑中国逻辑史之通史的伟业矣。本人一定学习这世界上头一次出来的通史。非常感激!"这是一部具有通史特点的中国逻辑思想发展史专著。作为国家重点科研项目,就逻辑学科来说,仅此一项。它对100年来中国逻辑史研究作了全面系统的总结,有些部分还有所创新。

1991年11月,《中国逻辑史资料选》的因明、近代和现代(上下)三卷一次出齐;为了配套,同时决定重印了先秦、汉至明两卷。至此,五卷六册的《中国逻辑史资料选》全部出齐。这套书依靠集体力量和智慧对中国几千年的名辩、因明、逻辑史资料做了全面系统的梳理,为以后的研究提供了珍贵翔实的资料。有这两套书做基础,比较顺利地完成了《中国逻辑思想史教程》的编著和出版任务,使中国逻辑史教学有了专门教材。

《中国逻辑史》和《中国逻辑史资料选》的编著出版,有力地证明了中国古代有逻辑,它是形成世界三大逻辑传统不可或缺的名辩逻辑之一;它的出版,不仅培养了一支生气勃勃的中国逻辑史研究队伍,而且也填补了中国出版中国逻辑史系统工程的空白,迄今尚无第二套这样的书出来。这两套书在1994年全国逻辑学会桂林评奖会上获得特别奖,此外,还获有多项省级以上优秀图书奖。

《中国古代哲学精华·名辩篇》和《墨经校注·今译·研究——墨经逻辑学》

中国名辩学的研究经历了名学和辩学“分而治之”的历程。如胡适先生的博士论文《先秦名学史》、虞愚教授的专著《中国名学》和郭湛波先生的专著《先秦辩学史》等,都是“分而治之”的研究成果。近年来,祖国内地研究名辩的学者已走上统一用“名辩”来称谓中国古代逻辑学的研究道路。我社出版的刘培育先生的《中国古代哲学精华·名辩篇》(1992)和周云之先生的《墨经校注·今译·研究——墨经逻辑学》(1993),都是以“名辩”为研究对象和出发点;其知识体系、篇章结构以及逻辑系统,都以名辩为宗旨来统帅之。在《精华·名辩篇》里,刘培育先生旗帜鲜明地主张用“名辩”一词来称谓中国古代逻辑学,可以避免概念上的过窄、过宽的弊病;同时还认为,把中国古代研究名、辞、说、辩的规律的学问称之为“名辩学”,比直称逻辑学更恰当。他为此而讲的三点理由都是很充足的。《精华·名辩篇》的出版,为今后名辩研究中规范和统一学科术语及概念系统,做出了值得称道的贡献。为此,本书获 1994 年全国逻辑学会优秀科研成果一等奖,1996 年获甘肃省第三届优秀图书奖。

《墨经》是我国古代文化的瑰宝,中国逻辑史最精彩的一页,也是比较难读、难懂的古书之一。自清中叶以来,有众多学者对构成《墨经》逻辑科学体系的名、辞、说、辩作了大量的校勘注释工作,使其成为一本基本可以读通、读懂的古籍著作。《墨经校注·今译·研究——墨经逻辑学》在分析比较已有校勘著作的基础上,经过合理选择,博采众长,将原文和校文作了明确区分,把对原文的校注和对校文的诠解区分开来,并列出原文与校文的对照表,使读者一目了然,便于查对。这不仅是研究方法上的一种创新,也是著作体例上的一种创造。

为使后学者们读通、读懂《墨经》并获得比较理想的研究版本，作者在诠解和今译上着实下了一番功夫。这是作者刻意追求使《墨经》达到读通、读懂的理想水平的一番努力，也是本书的优点。对此，温公颐教授在为本书所做的序中作了全面的评价和充分肯定。

《因明论文集》和《因明新探》

中国是因明的第二故乡。自隋、唐以来，因明便成为中国逻辑史的一个重要组成部分。20世纪80年代初，中国逻辑史学界的有识之士深刻认识到抢救和研讨逻辑史上的珍贵遗产，是弘扬和发展逻辑学的一个重要方面。这其中就包括抢救和研讨因明这份遗产。1980年，刘培育、周云之、董志铁先生搜集1949—1979年发表的因明论文，选编成《因明论文集》一书。我社得此信息后，欣然将其列入选题计划，于1982年2月出版。这本论文集的出版，在海内外学术界产生了不小的反响。在1983年秋美国旧金山国际博览会上，《因明论文集》作为我国参展图书之一，备受海外学者的关注和好评。一位法籍华人——巴黎故乡书店经理林先生专程到我社询购此书，一次就购去30本精装本。《因明论文集》的出版，对抢救因明遗产和推动因明的深入研究和发展，以及中青年因明研究人才的成长都产生了深远影响。著名历史学家、全国人大常委会副委员长周谷城教授高兴地说："甘肃人民出版社竟能出版《因明论文集》一类专门之书，亦殊可贵。据说还有逻辑史及逻辑丛书之类，将由该社续出，甚盛事也。于精神文明的推动亦将有大帮助。"

1982年初，中国逻辑史研究会在北京召开了抢救因明座谈会。到会专家发出了"抢救因明遗产，推动因明发展是当前学术界和出版界的一项重要任务"的呼吁，得到了中央领导的重视和支持。1983年8月，全国首届因明学讨论会在甘肃敦煌、酒泉顺利召开。国务院古籍整理出版规划领导小组组长李一氓、中国社会科学院顾问于光远等发来贺信、贺电。《因明新探》是以全国首届因明学术讨论会收到的论文为基础选编而成的。本书主要探讨了下述问题：(1)汉传因明和藏传量学因明的历史总结和评价；(2)因明、名辩和逻辑三大体系的比较；(3)因三相的性质和意义；(4)因明和佛教的关系，等等。收入本书的论文在研究的广度和深度上较以前有新的进展。本书附录《国内部分图书馆(室)所藏因明书目索引》，这份资料弥足珍贵，是本书的一大贡献。

《因明论文集》和《因明新探》的相继问世，是祖国内地“文革”后因明研究复苏的一个重要标志，是对近年来祖国内地学者因明研究成果的一次总检阅。它对祖国内地因明研究队伍的迅速壮大和1989年藏汉传因明学术交流会的成功召开起了较大的影响和推动作用。这两本书在国内多次获得省、部级以上优秀图书奖。

1994年春，在“玄奘国际学术讨论会”上，我在交流论文中披露了敦煌遗书总目中发现的两个未曾研究过的因明卷子——净眼法师撰《因明入正理论略抄》和《因明入正理论后疏》。这一资料信息，是由敦煌研究院遗书所的袁德领先生提供的。与会学者对这两个因明卷子十分关注，认为有必要进行研究。为此，我曾建议有志者对这两个卷子同时进行书法翻译和因明研究并出版，这将是很有意义的。

《虞愚文集》和《述学·昌诗·翰墨香》

中国现代著名的佛学家、因明家、诗人和书法家虞愚先生(1909—1989年)是一位早慧的哲人。他学贯中西，善于把世界三大逻辑传统联系起来作比较研究，且多有创获，著述甚丰。先生晚年最大的心愿就是对因明绝学的抢救和发展工作，以及对因明后学的扶植和培养。

为了纪念虞愚先生，丰富我国优秀传统文化的宝库，《虞愚文集》

编委会近几年来进行大量的资料搜集和整理工作，先后搜集到先生公开发表过的著作和整理出未刊文稿共200多万字，从中选出100余万字，编成《虞愚文集》三卷，即“因明·名学·逻辑卷”（由刘培育编）、“佛学·哲学·文化卷”（由邵波编）、“文论·诗论，诗词卷”（由刘迺元、虞琴编）。同时编成怀念先生的纪念集——《述学·昌诗·翰墨香》（由刘延寿编），作为《虞愚文集》的配套卷一并奉献于世。两书由我社于1996年出齐，其中，《文集》荣获甘肃省特别优秀图书奖。收入《文集》的《因明学》专著，在新中国建立前就定为“中华大学用书”，1949年以后，台湾曾 4次印刷；1989年中华书局又出了新1版。这部书至今仍是学术界和因明研究者不可或缺的参考资料；《虞愚文集》的出版，也从一个侧面反映出我国近年名辩和因明研究的繁荣和进步。

（原载《哲学研究》1998年增刊）

《中国古代哲学精华·名辩篇》述评

引　言

对一个民族或一个国家的了解，甚或对一个民族的文化传统的了解，大凡都是从该民族的哲学开始的。逻辑作为工具性科学虽具有全人类性，但其民族和地域文化的固有特点和传统也是很鲜明的，因此世界上有西方哲学、印度哲学和中国哲学三大哲学传统，与之对应的就有古希腊亚里士多德三段论为特点的西方逻辑，古印度因明为特点的佛教逻辑，古代中国名辩学为特点的中国名辩逻辑三大逻辑传统。中国古代哲学精华中自然凝聚了中国古代思想的精华。由中国社会科学院哲学所刘培育教授主编并著作、甘肃人民出版社 1992 年 10 月出版的《中国古代哲学精华·名辩篇》，在 1994 年桂林召开的中国逻辑学会中国逻辑史专业委员会科研成果评奖会上荣获优秀科研成果一等奖。名辩篇获此殊荣，当之无愧。因为它出色地“冶炼”成功了中国古代名辩学体系的精华，并建构了一个比较系统完整的中国土生土长的逻辑——名辩学体系框架。

名辩学作为中国古代哲学的精华之一，是中华民族文化宝库中的瑰宝。了解和认识中国古代哲学，不能不了解和认识中国古代名辩学。这方面的了解和认知工作，中国内地学者和专家们已在 20 世纪八九十年代就取得了不凡成绩，特别是中国社会科学院哲学所的专家们在搜集、整理和研究中国古代名辩逻辑思想和概念系统，以及基本理论观点方面倾注了极大的学术热情和心血。老实说，笔者作为地方出版社一介布衣编辑，本无资格和水平评价学界的专家学者及其科研成果，但他们之中有不少佼佼者与笔者有作者与编辑的交往和友谊关系，其中有几位挚友过从已有三十多年的历史，其主要活动都围绕着名辩和因明学术的科研与出版这个活动中心。作者与编辑的互动过程往往遇到的是相同的学术背景和意识形态环境，彼此的命运和缘分也几乎是共同的。

有必要特别提一下《中国古代哲学精华·名辩篇》(以下简称《名辩篇》)作者刘培育先生为他主编的《中国古代哲学精华》写的“前言”中提到的一个重要信息：

> 钱学森在1990年4月11日写给中国社会科学院郁文副院长的信中说：“张岱年教授同意我的一个建议：把中国古代思想中的精华提炼出来以丰富马克思主义哲学。马克思、恩格斯总结了西方思想中精华，创立了马克思主义，但他们没有能了解中国古代思想，是个遗憾。干这件有意义的事可以动员中国社会科学院一大批专家。”张岱年先生和钱学森先生的意思是中肯的，重要的。

“人民科学家”钱学森的意见和期望在20世纪90年代初得以圆满实现。的确有一批专家动员了起来，他们殚精竭虑地挖掘、整理和研究中国古代先哲们留下的宝贵思想文化遗产。由中国社会科学院哲学所刘培育研究员主编、原甘肃人民出版社1992年10月出版的《中国古代哲学精华》，就是当年培育先生组织和动员中国社会科学院哲学所逻辑、伦理、美学、宗教等学科研究室和《哲学研究》编辑部的王成儒、刘培育、陈瑛、韩林德、傅云龙、雷镇阊、李明友、毛卫平、张云勋、蒙登进、徐远和、李牺、韩廷杰、王葆玹等十几位专家、学者共同参与，对中国古代哲学及其分支学科的一些基本理论分专题进行梳理，提炼出精华而成的。其中的《名辩篇》正是古代中国本土的逻辑思想和概念系统之理论精华。它是作者积多年研究中国古代名辩学心得和吸收近年来国内外学术界对中国逻辑史的最新研究成果著作而成的。

名辩学——中国古代本土逻辑学名称的科学界定

古代中国究竟有无逻辑这门学问的争论早已尘埃落定，其答案人人明白，不在话下。但是中国本土逻辑的学科名称界定在过去一个相当长的时期并不统一，有人把中国古代的逻辑学叫“名学”，如严复译 Logic 为“名学”；胡适著《先秦名学史》，虞愚著《中国名学》（1937年正中书局出版）等。也有人把中国古代逻辑学叫“辩学”（或“辨学”），如郭湛波著《先秦辩学史》；王国维曾把西方逻辑译为“辩学”等等[①]。刘培育先生对前辈学者关于中国古代逻辑学所作“名学”或“辩学”的名称界定提出了质疑，但他不是简单地处理学术问题，而是对之作全面的、实事求是的分析，然后提出比较科学的界定。他说：

> 我们更乐于用“名辩”一词来称谓中国古代逻辑学，其理由有三：第一，中国古代逻辑学以名、辞、说、辩为研究对象。……名，大体相当于概念，也包含有名词的意思；辞，大体相当于命题或语句；说、辩，大体相当于推论或论辩等等。但是在名、辞、说、辩中，尤以名和辩更为重要，其内容也最为丰富。第二，中国古代有关名的学说内容比较宽泛，如名言、名理、名法、名守、名分、名辩等等。其中有些内容属伦理

---

①参见刘培育著：《中国古代哲学精华·名辩篇》“引言”，甘肃人民出版社1992年10月第1版。

学，有些内容属自然科学，有的属政治学，有的属哲学，它们或者跟逻辑无关，或者关系甚少，只有同作为思维形式的辞、说、辩相联系的名，才属逻辑学。因此，用名学来称谓古代逻辑学，从一个方面看，失之过窄（没有把辞、说、辩等内容包括进去）；从另一个方面看，失之过宽（把不属于逻辑的有关名的内容也包括进去了）。第三，中国古代关于辩的学说，其内容也往往包括辩的各个方面，谨以荀子关于辩的思想为例，就涉及辩的方法、言辞、态度、风度、道德、政治、心理等种种问题，它们并非都是逻辑的内容，而只有同名、辞、说等相联系的辩的内容，才属于逻辑学。因此，用辩学来称谓古代逻辑学，同样是从一个方面说，失之过窄；从另一个方面说，又失之过宽。同时，我们还认为，把中国古代研究名、辞、说、辩的规律的学问称为名辩学，比直接称为逻辑学更为恰当，可以更准确地反映中国古代逻辑学的内容和特点①。

严格来说，中国古代名辩学不全是纯逻辑的内容，即使被专家们称为"墨经逻辑学"的《墨经》，也讲"以名举实，以辞抒意，以说出故。"荀子说："实不喻然后命（名），命不喻然后期（辞），期不喻然后说，说不喻然后辩。"又说："名也者，所以期累实也；辞也者，兼异实之名以论一意也；辩说也者，不异实名以喻动静之道业。"②很明显，中国古代的名辩学还包含有知识论和论辩方法等内容。其实，古代中国名辩学和古印度因明都具有方法论意义。这一共同点表明，不能将古代中国名辩学和古代印度因明学与古希腊形式逻辑画等号。所以《名辩篇》

①同上书"引言"。

②同上书"引言"。

作者刘培育先生主张用“名辩学”称谓中国古代逻辑学，是严谨的、科学的。

《名辩篇》理清了中国古代名辩学发展的历史轮廓，为《中国古代名辩学术史略》的著成奠定了扎实的基础

《名辩篇》作者对中国古代名辩学发展的历史轮廓作了认真的梳理，提出中国古代名辩学大体经历了两个发展时期：

第一个时期——中国先秦名辩学萌发、创立和繁荣时期。这一时期的学术创立者有名家创始人邓析、儒家创始人孔子、墨家创始人墨翟，还有名家代表人物惠施、公孙龙等。邓析是中国古代一位著名的律师和辩论家，他在与郑国统治者进行合法斗争时，思考了法律条文的准确性，以及思维、语言和事物之间的关系。孔子自觉地把人的思维作为探索对象，提出了思维在知和行中的重要作用。他提出著名的“正名”学说，表达了名、言、行三者一致的观点。这些成果标志着中国古代名辩学的萌发。墨翟把谈辩列为一门专门的学问和职业，他明确提出名、故、类、法、辩等名辩学的基本概念，为名辩学的建立奠定了坚实的基础。此后，惠施和公孙龙改变了人们长期以来总是结合社会政治伦理问题讨论名辩理论的状况，把名辩的研究引上了比较纯逻辑的轨道[①]。

第二个时期——秦汉至19世纪末，是古代名辩学曲折发展的时期。培育先生将这个时期又分为三个阶段，即秦汉魏晋阶段；隋唐至明末阶段；明末至19世纪末阶段。

---

①参见刘培育主编：《中国古代哲学精华》，兰州：甘肃人民出版社1992年10月第一版，第215页。

（一）秦汉魏晋阶段。《名辩篇》作者对秦后八百年间的社会政治背景特别是秦始皇焚书坑儒、严禁私学和魏晋时期经学笺注和谶纬神学相结合的官方学术对名辩学发展带来的不利影响和干扰作了客观分析。指出：尽管这一时期“始终没有产生出超过先秦名辩学水平的重要著作，但却提出了一些重要的名辩理论，对名辩学的发展做出了一定贡献。”[①]对此，作者概括了以下五点：

一是，秦汉之际，先秦名辩流风余绪尚存。二是，董仲舒创立“天人感应”和“君权神授”说，使名辩学成了他论证神学的工具，但在他的神秘主义的名号理论中，却包含着极有价值的对概念属种关系的正确揭示，“他似乎猜测到了属种概念在内涵和外延上的反变关系。”[②]三是，王充、扬雄等人吸取当时的成果，“以冷静的理智之光和澎湃的愤懑之情，在对谶纬神学和世俗迷妄进行尖锐批判中，自觉运用名辩学，发展了论证理论。他们不仅指出了论证的本质，而且总结出了正确论证和驳斥谬误的原则和方法。”[③]刘绍和嵇康总结魏晋论辩的丰富经验和教训，提出了论辩者应该具备的思维能力，划清了正确的论辩和诡辩的界限，进一步总结出论辩的原则和方法，“其中有不少内容和逻辑学关于论证的规则极为相近，有些内容是逻辑学所没有的。”[④]四是，魏晋时期的言、意之辩深化了古人对语言和思维的关系的认识。言、意关系问题是魏晋时期玄谈家们的主要辩题之一。以王弼和欧阳建为代表的“言不尽意论”与“言尽意论”的争论，理论色彩更浓了，对言、意关系提出了一些有价值的新理论。五是，西晋鲁

①同上书，第 217 页。
②同上书，第 217 页。
③同上书，第 218 页。
④同上书，第 218 页。

胜一生用很多精力研究先秦名辩学,在中国古代史开了为《墨经》作注之先河。他的《墨辩注叙》对先秦名辩学作了比较系统的总结,是中国古代史上第一篇名辩学史文献[①]。

(二)唐宋明末阶段。唐高僧玄奘大师西天求法,将古印度因明系统介绍到中国内地,又经印藏佛教大师共同努力传到中国西藏,随后逐渐形成汉传因明和藏传量论因明两大系统。中国成为因明的第二故乡。但唐玄奘师徒研究因明只在佛场内传播,对名辩学发展影响甚微,所以这个阶段名辩学研究不很活跃。但也不是一无所获,如陈亮所作《辩士传序》就是一篇有价值的名辩史篇章。叶适提出"族类""辩物"两种逻辑方法,即或从异中求同,或从同中求异,人的思维活动也就从具体上升到抽象,再从抽象上升为具体。这个思想具有较高理论价值[②]。

(三)明末至19世纪末阶段。这一阶段历经三百年,名辩学在曲折的发展中产生了一些新的成果。1580年后,西方一大批天主教教士陆续来到中国传教,同时也传播了西方的科学和文化。在此大背景下,徐光启、李之藻等人与西方传教士合作,翻译了西方的科学著作和逻辑著作。其中最为瞩目的是徐光启译的《几何原本》(1607年),把一种全新的演绎思维方法介绍给中国的知识分子。李之藻译的《名理探》(原名为《亚里士多德辩证法概论》),是西方逻辑的第一个中译本。随着这两本书的出版和他们大力倡导科学思想和逻辑思维,在当时的中国产生了很大影响,也在一定程度上刺激了中国名辩学的研究。明末清初,古代中国传统的名辩学研究出现复兴之势。其中,傅山

①参见刘培育主编:《中国古代哲学精华》,兰州:甘肃人民出版社1992年10月第一版,第218页。

②同上书,第219页。

是这个阶段杰出的思想家，他对先秦诸子的许多名辩著作或包含名辩思想的著作进行了挖掘整理和分析研究，尤其对《墨子》"大取"和"小取"篇，以及《公孙龙子》《荀子》的研究更为精深，提出了许多新鲜的见解。例如，他在阐释"大取"篇时，把"名"分为"实指之词"（即具体概念）和"想象之词"（即属性概念或抽象概念）……阐释公孙龙的"白马非马"说时，提出"浑指"（普遍概念）和"偏指"（特殊概念）……

《名辩篇》作者指出，这是从西晋鲁胜以来，中国学者第一次对先秦名辩思想进行深入研究，开辟了对名辩学进行学术研究的新阶段①。方以智花10年功夫写成《药地炮庄》，对先秦名家代表人物惠施和公孙龙进行比较研究。此后有辛从益的《公孙龙子注》，王念孙的《读荀子杂志》，俞樾的《荀子评议》和王先谦的《荀子集解》。王念孙的《读墨子杂志》，俞樾的《墨子评议》，孙诒让的《墨子闲诂》以及毕沅的《新考定经上篇》和张惠言的《墨子说解》等等，是众多注释中的佼佼者。其中有些人注意到了西方逻辑，如孙诒让写完《墨子闲诂》后致梁启超，鼓励他开创逻辑、因明和中国名辩学的比较研究之盛业。

《名辩篇》作者还指出，19世纪末至五四运动前后，"中国古代名辩学的研究与西方逻辑、印度因明相互激荡，出现了新局面。……以严复为主将的一批思想家系统地介绍西方科学和逻辑。严复译的《穆勒名学》（原著为密尔的《归纳与演绎体系》和《名学成说》（原著为耶方斯的《逻辑初级读本》），王国维、胡茂如、林可培等人译自英、日的逻辑书相继问世，犹如一声惊雷，振聋发聩，震动了中国思想界……极大地推动了中国知识界掀起研究中国古代名辩学的高潮。"②

---

①同上书，第220页。

②同前书，第222页。

刘培育教授指出："这个时期名辩学的研究有一个突出特点，就是开始了名辩、因明和逻辑的比较研究。在比较研究中深化和丰富了古代名辩学。"[①]这方面梁启超是开其端者，他在《墨子论理学》(1904年)一文中，将墨家名辩学与西方逻辑进行比较对照，肯定中国有像西方逻辑那样的学问。章太炎对名辩、因明、逻辑的不同论式作了比较。他说："辩说之道，先见其情，次明其柢，取譬相成，物故可行，因明所谓宗、因、喻也。印度之辩：初宗，次因，其为三支比量一矣。《墨经》以因为故，其立量次第：初因，次喻体，次宗，悉异印度大秦。……大秦与墨子者，其量皆先喻体后宗，先喻体者，无所容喻依，斯短于因明立量常则也。"[②]《名辩篇》对章太炎上述之言给予很高评价："章太炎的这段话是深思之笔，极为精彩。"[③]继章太炎之后的胡适于1917年完成博士论文《中国古代哲学方法之进化史》，1922年付印时改题目为《先秦名学史》，《名辩篇》说它是"中国第一部关于先秦名辩史的学术著作。"[④]《名辩篇》的这一部分文字分量虽占不到全文的百分之八，但它清晰地理出了中国古代名辩学发展的历史轮廓。《中国古代名辩学术史略》，是我冒昧拟设、向中国逻辑学会中国逻辑史专业委员会的专家们建议的一项名辩史研究课题，社会上如果尚无此课题方面的同名著作出版，我建议学会组织专家阅读一下《名辩篇》"引言"的这部分文字。窃以为，它将为写成《中国古代名辩学术史略》专著提供扎实的基础。

---

①同前书，第222页。

②同前书，第223页。

③同上。

④同上。

《名辩篇》建构了中国本土逻辑学——名辩学体系的完整框架

《名辩篇》全文共分引言、名、辞、说、辩、名辩史论和结语七个部分。“引言”部分清晰地理出了中国古代名辩学萌发与发展的历史轮廓，堪称《中国古代名辩学术史略》的雏形，本文上题已作了详述，此不再赘。为简省篇幅，其余六个部分除“结语”略作述评外，其余只列出节之目录，以供同仁参考。

“名”之下有：

(一)名、指、称

(二)所为有名

(三)审分

(四)从“白马非马”说起

(五)正名

(六)“名实相悖”之谬误

“辞”之下有：

(一)辞、言、意

(二)辞之种种

(三)彼此及其他

(四)辞之当

(五)悖辞

(六)若干辩题

“说”之下有：

(一)“方不彰，说也”

(二)“圣人何以不可欺”

(三)推类

(四)辟

（五）效与侔

（六）援与推

（七）“以类度类”

（八）“一节见而百节知”

（九）连珠

（十）“自下面做上去”与“自上面做下来”

（十一）说之谬误

“辩”之下有：

（一）辩、说、论

（二）理辩与辞辩

（三）“正真是”与“疾虚妄”

（四）“八材”

（五）“五诺”

（六）“三物”

（七）“矛盾之说”

（八）辩的具体要求

“名辩史论”之下阐述了下述问题：

（一）对先秦名辩思想演变的描述

（二）对先秦名辩论争的总结

（三）研究名辩史的任务和方法

“结语”表述了下述意思：

中国古代名辩学与古希腊亚里士多德三段论和古印度因明一道成为鼎立世界的三大逻辑传统，自然首先要归功于中国古代思想家们建构了“一个比较完备的名辩学体系”，但20世纪80年代至90年代近10年来，中国逻辑史工作者“对近百年来的研究成果进行了一次比较彻底的清理和系统的总结，这方面做了许多艰苦努力，并取得了令人瞩目的成果”[①],也功不可没。刘培育先生知道笔者将对他著的《中国古代哲学精华·名辩篇》要写点述评一类的文字,特意发短信嘱我务必客观评价。对此,我心中有数:培育和笔者有长达30多年的过从,彼此感情深厚,怕我感情用事,评价过高,有失分寸,所以发短信提醒。培育为人一向谦谨,作为挚友,我自然力戒感情用事。说句实话,在对近百年中国名辩学研究成果进行比较彻底的清理和系统总结,做了许多艰苦努力,并取得了令人瞩目的成果的中国逻辑史工作者中,就有培育先生,他确实尽力了。实事求是地讲,在他之前的专家学者们对名辩学的研究和创获可谓高山仰止,但都以“名学”或者“辩学”一端治之,鲜有将二者综合起来,建构出一个系统完整的中国名辩学体系框架,培育先生做出了这方面的尝试,先不说成熟与否,大家只要仔细琢磨一下它的框架细目,便知能做到这个样子确实不容易了。

结 语

我想,就用《名辩篇》“结语”部分的核心思想来做本文的结语,不失为一个简省的办法。《名辩篇》“结语”总结了五点,拟概述于下:

第一,中国古代名辩学包括知识论、逻辑学和论辩术等内容,也与政治、伦理等有十分密切的关系。名辩学的核心是逻辑学。

第二,名辩学是在一个具有悠久文化传统的民族中产生的,因此它不可避免地要受到这个民族传统思维方式的影响。中华民族长期以来崇尚形象思维,重经验,贵效用。思维方式的这些特点反映到名辩学研究中来,就不像西方那么注重抽象地从纯形式上去研究逻辑,而往往更注重事实上的真和逻辑应用性,过多地关注逻辑和思维内容的联系。

---

①同前书,第358页。

第三,名辩学是在先秦诸子“百家争鸣”时代为总结论辩的经验和规律而产生的,因此辩论的方法、规则等内容也就较多地吸收到名辩学中来。

第四,名辩学又是以古代汉语作为思维形式的载体进行研究的。古代汉语在用字上过于简省,古代的语法学又不成熟,这就造成词的多义性与句子的歧义性现象的增多。

第五,名辩学是中华民族用自己的实践、自己的语言、自己的智慧、在自己的土地上对具有全人类性的逻辑思维的反思和探索的结晶。它是中国的,也是世界的。这是因为它与古希腊三段论逻辑、古印度正理——因明相比,有许多自己的特点,所以是中国的;又因为它反映了人类逻辑思维的共同规律,所以是世界的。

培育教授最后总结道:“我们说中国古代形成了一个比较完备的名辩学体系,它的核心部分是逻辑学;同时我们也要说,名辩学中的逻辑是一个没有得到充分发展的、尚不够完备的逻辑学。”[①]这是一个客观、公允的评估。

正如《名辩篇》作者最后指出的:

> 探索古代名辩学的精华,并不是件轻而易举的事情。有人把这项工作比喻为在无垠的大海里,从无数的贝壳中寻找珍珠;也有人把它比喻为从无数的矿石中去冶炼贵重的稀有金属。我说,是珍珠,要捡;但更多的工作是“冶炼”。这些工作需要一些人长期做下去[②]。

笔者十分赞成培育先生这番意思。从20世纪90年代中期到现在的15年里,中国逻辑学会中国逻辑史专业委员会几乎是每年召开

①同前书,第358页。

②同前书,第358页。

一次全国规模的学术研讨会，以及每过几年安排一次科研成果的评奖活动；此外，还举办短期培训班和学会领导成员的小型学术活动，等等。名辩学的研究朝着深层次和比较学的方向发展，局面令人鼓舞。

（原为参加2010年在贵州毕节学院举行的“中国逻辑史研究三十年回顾与瞻望学术研讨会”交流论文，后收入甘肃教育出版社2017年出版的刘延寿著《守拙——我的编辑出版生涯》）

绝学的复苏

——谨以此文献给玄奘大师

在研讨玄奘大师学术思想及其对中华民族优秀传统文化宝库所做贡献的时候，不能不提到玄奘对汉传因明所做的巨大贡献。玄奘(公元600—664年)[①]生当唐代盛世之初,也就是“贞观之治”的时期。公元627年,即唐太宗贞观元年,虔诚的玄奘怀抱着“西天”求法的宏大理想,游学印度,“‘越沙碛之险路’‘逾葱岭之危磴’”[②],不畏千辛万苦,历经4载的艰苦跋涉,到达北印度的摩揭陀国,在那烂陀寺拜戒贤法师为师,并从胜军潜心研习因明论。玄奘在印度游学十七载,聪慧过人，精通了大小乘要义,“得到了陈那法相唯识哲学和新因明的真传。由于玄奘的精研深思,他在因明学上的造诣已经超过了他的老师。”[③]众所周知,玄奘在印度最高学府那烂陀寺18天的无遮大会(一种民主辩论学术的集会)上以压倒优势大获全胜,据说当时“竟没有一个人敢出来问难,玄奘从此名声大振,受到了大小乘各派的一致推崇。”[④]公元645年(唐太宗贞观十九年),玄奘谢绝了北印戒日王的热

---

①一说玄奘生于公元602年。本文依虞愚先生之说,为公元600年。

②杨百顺:《玄奘与因明》，载刘培育等编《因明论文集》，甘肃人民出版社1982年版,第296页。

③沈剑英:《因明学简论》，载刘培育等编《因明论文集》，甘肃人民出版社1982年版,第64页。

④沈剑英:《因明学简论》,同上书,第64页。

忱挽留,满载着学成的盛誉,携带657部梵文经卷,其中包括36部因明论回到了长安。两年后,他译出了商羯罗主的《因明入正理论》;又过了两年,他译出了陈那的《因明正理门论》[①]。

由于玄奘及其弟子们对因明的研习和传播,乃至大量的翻译、整理工作,使"中华民族在保存因明资料、注疏因明经论和研究因明义理方面都曾处于世界领先的地位。"[②]我国后来也因此成为继承和发展因明学术的第二故乡。就连后起的日本的因明学也是由"玄奘的日本弟子道昭首先传入的。"[③]当我们今天研讨和纪念玄奘法师对人类灿烂文化所做的贡献和对后世产生的学术思想影响的时候,不能忘记如上所述的历史事实,玄奘和汉传因明是分不开的。直到今天,无论是国际学人研究汉传因明,还是当代中国学者对汉传因明的研究和发展,大都离不开玄奘所传的因明,可以说玄奘及其因明乃是当今世界学习和研讨因明学术的一个渊源,作此估价,不算过分。

为从一个侧面向大家提供一点20世纪80年代以来我国因明学者对玄奘所传因明遗产的抢救与研究的信息和甘肃人民出版社在出版方面抢救玄奘因明遗产和传播、积累我国学者因明研究的新成果所做的一些事情,本文着重就丝绸之路甘肃段与玄奘传入因明的关系,以及当代因明学者在甘肃地区进行的一些学术活动作一些介绍,供诸位学者参考。

---

①沈剑英:《因明学简论》,载刘培育等编《因明论文集》,甘肃人民出版社1982年版,第65页。

②刘培育等编《因明新探·前言》,甘肃人民出版社,1987年版。

③沈剑英:《因明学简论》,载刘培育等编《因明论文集》,甘肃人民出版社,1982年版,第66页。

（一）高僧游学过丝路，丝路弟子今奋起

玄奘大师游学印度，自古丝绸之路起端——唐都长安始，到达北印度摩揭陀国终，学成回国，再返长安，期间均往返于古丝绸之路。其中，甘肃段就占了约1500公里之遥。作为汉传因明的奠基者玄奘，带着36部因明论的经卷经过甘肃几千公里的路程，怎能不留下他的足迹？据称：近几年来中国甘肃敦煌研究院的学者们在有关研究资料中发现有因明论的部分。如《敦煌遗书总目索引》中有《因明入正理论》和净眼法师撰《因明入正理论略抄》《因明入正理论后疏》三卷[①]。这和玄奘取回的因明经卷究竟有无直接联系，则无从查考，但追根溯源，是和玄奘在丝绸之路甘肃段留下其足迹不无关系这一点，则不是没有可能的。据敦煌研究院遗书研究所袁德领先生提供的情况称："关于玄奘的学说，特别是慈恩宗的译著非常多，如《瑜伽师地论分门记》等。"就此一点可能性，也曾激发了甘肃学人、新闻出版工作者和地方当局人士对玄奘大师无限崇敬的感情和全力以赴抢救玄奘所传因明遗产的高度责任感和积极性。

20世纪80年代初，中国逻辑史学界的专家、学者和有识之士深刻认识到抢救和研讨逻辑史上的珍贵遗产，是弘扬和发展逻辑学的一个重要方面。这其中就包括抢救和研讨因明论这份遗产。为了检阅新中国成立后三十多年来中国逻辑思想史研究的成果，推动学术交流和发展，中国社会科学院哲学所的逻辑学家刘培育先生、周云之先生和北京师范大学的董志铁先生从1978年底开始承担了选编《中国

①根据敦煌研究院遗书研究所袁德领先生提供的资料表明："据《敦煌遗书总目索引》有以下三卷：《因明入正理论（一卷）》（斯9、4956）、《因明入正理论略抄》《因明入正理论后疏》（二卷俱见伯P2063）。这些因明著述中，除《因明入正理论略抄》和《因明入正理论后疏》题有'慈恩宗沙门净眼撰外，俱无著者题名。"

逻辑史论文选(1949—1979)》的工作。在选编过程中,收集到一批公开发表的因明论文,“读来,令人新目;思之,余味无穷。”[①]于是他们便产生了选编因明论文专集的念头。他们的动议立刻得到几位因明学界老前辈的极大鼓励和支持,甘肃人民出版社得此信息,欣然接受了出版《因明论文集》的选题计划,于1982年2月出版了新中国成立以来国内第一本因明学研究专著《因明论文集》。这本《论文集》的选编者刘培育、周云之、董志铁三位都是国内有志因明研究的热心学者。他们以极大的学术热情和抢救祖国珍贵文化遗产(也是人类珍贵文化遗产)的高度责任感,精心选编了20世纪中国第一代因明学家吕澂、虞愚先生等发表的因明研究专论和译著12篇;第二代因明学家石村、丁彦博、周文英、沈剑英、杨百顺等发表的因明研究专论9篇。这本论文集的出版,在当时学术界产生了不小的反响。国内一批中青年因明学者及爱好者研究因明的积极性和抢救玄奘所传因明的责任感同时被调动起来了。本来,这本书的覆盖面在当时的中国大地有二千册印数也就足矣,何况它的出版又是在中国边陲之地甘肃。没想到首次出版的二千册很快就销售一空,接着又重印了三千册,不到两年时间也所剩无几。

笔者在一次由北京飞回兰州的途中,当飞机快到甘肃兰州中川机场上空时,机上有一位法籍华人林先生带着急切的神情打听有无甘肃人民出版社的编辑?当热心的邻座把笔者介绍给了他的时候,这位林先生开口就问我们甘肃出版社出版的《因明论文集》还有吗?他作了坦诚的自我介绍:他叫林锡莹,是中国福建人,13岁上跟随父母旅居法国,入了法国籍。他长大成人后,立志要为祖国同胞和中法友谊做些有益的事,于是就在巴黎市中心开设了号曰“故乡”的中文书

①刘培育等:《因明论文集·前言》,甘肃人民出版社,1982年版。

店，专营中文书籍，而且主要是学术文化类的高档图书。这些图书大都是赔钱的好书，像甘肃人民出版社出版的《因明论文集》就很受法国读者的欢迎和重视。林先生与笔者在兰州中川机场会面时，正值1984年中国农历除夕，我们约定在正月初四日（按当时国家规定，这一天起就恢复上班）于甘肃人民出版社市内图书门市部迎候客人光顾。林先生认真履约，确于正月初四日来门市部购书。他一下子买了30多本《因明论文集》的精装本和一些西北地区少数民族文学图书以及藏学书籍。

在1983年冬美国旧金山举办的国际书展中，《因明论文集》为受欢迎的中国图书之一。作为本书的责编，我的感情受到了深深的感染，精神自然为之一振，当时立下宏愿：还想为进一步抢救因明文化遗产多做些实实在在的事。这一天很快到来了。

（二）群贤聚会敦煌、酒泉，全国首届因明学术讨论会顺利召开

1982年2月3日至4日，中国社会科学院哲学所和中国逻辑史研究会在北京召开了抢救因明的座谈会。到会的有因明专家和出版部门的有关同志：虞愚、杨化群、巫白慧、杨百顺、张春波、周云之、刘培育、刘延寿等7人，沈剑英同志因事请假，会前寄来了书面发言。会上发出"抢救因明遗产，推动因明发展是当前学术界和出版界的一项重要而急迫的任务"的呼吁。这一呼吁立即得到了中国社会科学院领导的支持，他们于1982年3月3日以《抢救"因明"遗产》的专题写成《要报》，向中国共产党中央主席、副主席、中央书记处和国务院总理、副总理做了报告，受到中央领导同志的重视。《要报》讲：

> 哲学研究所逻辑研究室、中国逻辑史研究会于2月初在北京召开了因明座谈会。出席座谈会的因明专家一致认为，抢救因明遗产是当前学术界和出版界一项重要而急迫的任务。

因明,是印度逻辑学的重要组成部分,是世界三大逻辑源流之一。我国唐代以来,印度近百部因明著作传入我国内地和西藏,汉、藏僧侣学者对其进行翻译、注疏、论著,出版了许多因明书籍;至今,西藏所存的许多因明译本,在印度原文已佚的情况下,已成为全世界罕见或仅见的珍贵文献。因明在我国古代社会,尤其是思想界也产生过重要影响。但是,宋后五百年,逐渐衰微。

新中国成立后,国内因明研究相当薄弱,到 1981 年为止,只出版《因明述要》《因明论文集》《印度逻辑学的基本性质》(译文)三本书。……

座谈会还详细讨论了因明资料的选编工作,并准备在 1983 年完成《中国逻辑史资料选》"因明卷"的完稿工作。因明卷的选编工作是由著名因明专家虞愚、杨化群先生主持的。著名佛学家、因明家吕澂等先生将为因明卷撰写文章。座谈会还商定于明年(1983 年)适当时候召开我国首次因明学术讨论会。

像对因明文化遗产的抢救工作这样重视的中国国家一级社科研究机构向党中央主席、副主席和国务院总理、副总理作专题《要报》的,在其他学术领域尚不多见。这一举措,极大地鼓舞了中国因明研究工作者和出版工作者为进一步抢救因明文化遗产作新贡献的热情。1982 年 2 月北京座谈会正式确定:提议由中国社会科学院哲学所、中国逻辑史研究会、甘肃社会科学院和甘肃人民出版社四单位联合筹办这次因明学术讨论会。会议并且认为,甘肃河西走廊在唐代曾是高僧玄奘游学印度成功后,携带经卷数百部(内含因明 36 部)返回长安时路过的地方,因此,选在这里召开全国首次因明学术讨论会,是很有特点的。与会专家一致通过了此项动议,并且得到了中央有关部门和中共甘肃省委的大力支持。这次会议的东道主、甘肃社会科学院和甘肃人民出版社积极协助主办单位中国社会科学院和中国逻辑史研究会进行了为期一年的筹备工作。甘肃社会科学院和甘肃人民出版社联合向中共甘肃省委宣传部写了会议筹备工作的报告。甘肃省委宣传部为这次会议的筹备工作专门召开了两次部务会议。作为会议地点的承担者中共酒泉地委、敦煌市委欣然接受了接待全国首届因明学术讨论会的任务,并做了积极认真的安排。

值得一提的是，全国首届因明学术讨论会筹备小组的舆论工作是借助于玄奘大师的声威和影响。当我们到会议地点——河西走廊重镇酒泉、敦煌拜见党政领导人时,每每说及唐三藏法师玄奘游学印度取经往返于河西走廊,在敦煌、酒泉留下足迹的话题,这些领导人神情就显得格外激动,态度一下子热烈而亲切起来,内心有一种明显的自豪感。这种情绪又感染了周围的人,连主管意识形态的宣传部长们都亲自为我们繁琐的筹备工作上下奔忙,直到会议如期、圆满地召开和结束,他们都任劳任怨地协助我们工作。

全国首届因明学术讨论会于 1983 年 8 月 3 日至 11 日在甘肃敦煌、酒泉两地接续召开。来自北京、上海、天津、山西、河南、甘肃、青海、西藏、江苏、湖北、广东等地的代表共 55 人参加了会议。大会收到论文及资料等 27 篇,吕澂、王森、黄心川、黄明信等因明专家和著名学者因故未能出席,但他们分别寄来了论文及贺信。国务院古籍整理出版规划领导小组组长李一氓同志贺电说:“因明虽源自印度，但我国自唐以后的学者,不仅全部翻译原作,并有所发展,对这一论理学术,做出自己的注疏,成为我国和墨经并存的文化遗产。整理和研究这一文化遗产,是一件极有意义的工作。”中顾委、中国社会科学院顾问于光远贺电说:“因明是逻辑学领域中东方和中国的宝贵遗产,应该受到重视。对于它,我们不仅要抢救,而且要进一步加强研究,有所创造。”中国逻辑史研究会会长,中山大学教授杨芾荪先生来信指出:“这次会议是我国历史上第一次全国规模的由因明专家和逻辑学家参加讨论的学术会议，将使我国关于因明的优秀文化成果得到新的总结,使它发扬光大。”中国逻辑史研究会副会长、华南师大教授李匡武先生,中国逻辑史研究会顾问、中国社会科学院哲学所研究员沈有鼎先生，北京图书馆民族组高级馆员黄明信先生也都向大会写来了贺信。中国社会科学院哲学所研究员、国务院古籍整理出版规划领导小组成员虞愚先生,中共甘肃省委宣传部常务副部长韩志德同志,中国社会科学院哲学所副所长刘树勋同志，甘肃人民出版社顾问张鸣同志，中共敦煌市委副书记黄继祖同志都先后在会上讲了热情洋溢的话。年事已高的虞愚先生兴致很高,感情特别激动,在敦煌会议的开幕式上致辞,并即席吟诗一首:

燕南雁北群贤集,
握手敦煌喜可知。
绝学相期同发越,
高文何止闯藩篱?
由来后浪推前浪,
自是多师为我师。
玄奘、法称遥可接,
冥探正理报明时![1]

这一深情的美好诗句，把丝绸路上召开的首届因明学术会议推向了高潮,连上海社科联主席、佛学家罗竹风先生也不顾年迈体弱多病,风尘仆仆赶来敦煌、酒泉参加会议。

①虞愚:《虞愚自写诗卷》,厦门:厦门大学出版社,1990年版。

（三）“玄奘、法称遥可接，冥探正理报明时”

全国首届因明学术讨论会后，国内第二本因明研究的学术专著——《因明新探》由甘肃人民出版社出版。它荟萃了全国首届因明学术讨论会的优秀成果。它汇集了汉传因明学家吕澂先生、虞愚先生、巫白慧先生、周文英先生、蔡伯铭先生、刘培育先生、沈剑英先生、周云之先生、杨百顺先生、高振农先生、孙志成先生、李元庆先生、孙中原先生、崔清田先生、周山先生、方广锠先生、吴志雄先生等和藏传量学因明学家杨化群先生、王森先生等因明研究的最新成果，以及有关译作。特别引人注目的，是一批致力于汉、藏传因明学研究和翻译工作的中青年后起之秀，如沈剑英、刘培育、周云之、杨百顺、李元庆、孙志成、崔清田、孙中原、周山、方广锠、吴志雄、王镛、段娟等。他们既忠实地承接了玄奘、法称的未竟事业，向纵深掘进，取其精华；又以历史唯物主义的科学态度把因明论放在中西方各大逻辑系统中进行比较研究。《因明新探》汇集的20多篇专论和译作充分表明了这一特点。还值得一提的，是北京图书馆的藏传量学因明学家黄明信先生和北京民族图书馆的领导和民族组的孙文景先生等密切合作，做了大量翻检工作，花了极大心血，将国内部分图书馆（室）所珍藏的藏传量学因明书目及藏文原版因明书目索引加以精心整理、翻译和编辑，做成完整的索引附于书后。甘肃人民出版社十分珍惜这一部分宝贵财富，花了比印制全书正文还要多些的代价予以妥善处理。《因明新探》书末还附有汉文、日、梵文、英文等因明书目，为各国因明学者研究因明提供了许多方便。

（四）“绝学相期同发越，高文何止闯藩篱？”

20世纪80年代的这些年，绝学确实复苏了！中国的藏、汉传因明学界的确做出了成绩。自全国首届因明学术讨论会召开和两本因明研究专论出版以来，老中青因明学者共同努力，使绝学在复苏的基础上生气勃勃地向新的高度发展。这期间，上海的沈剑英教授于

1984年完成了20多万字的《因明学研究》专著,次年5月由中国大百科全书出版社出版。该书述评了玄奘及其高足窥基、文轨、神泰等大师们传述和发展汉传因明学的杰出贡献。这几年,沈先生再接再厉,一本用现代汉语注释和翻译并作专题研究的因明新著——《佛家逻辑——〈正理门论〉今注今译暨研究》已脱稿,将在1992年内由开明书店出版。沈剑英先生其所以把他的新作称名为《佛家逻辑》,是用意良苦的。从师承关系上讲,《正理门论》为陈那所造,陈那则是新因明的开创者,玄奘研习的新因明正是陈那之学说的真传;从注释和翻译方面讲,沈先生不是简单地运用现代汉语说说白话,而是善博采众长,吸收古今中外因明研究的新成果,既运用了他积累多年的研究心得,又不泥旧说,充分发挥创见、新意,以明白晓畅的语言把"千古解人难"的因明典籍《正理门论》疏解得条理分明。

甘肃人民出版社近期出版的多卷本《中国逻辑史资料选》(5卷6册),是中国逻辑史研究会《中国逻辑史资料选》编选组集体整理、选编、注释、翻译而成的。其中的《因明卷》,是各卷中分量最重的部分。它选编了玄奘大师的得意弟子窥基所造《因明入正理论疏》的原文,由杨百顺、崔清田、沈剑英、巫寿康、吴志雄诸先生合注,刘培育先生统稿,是为汉传因明的珍贵资料。藏传量学因明的三部经典,即:萨班·贡噶坚赞所造《量理藏论》,由罗炤先生译成汉文,为藏传量学因明的汉译珍贵资料;宗喀巴所造《因明七论入门》,由杨化群先生译成汉文;普觉·强巴所造《因明学启蒙》,亦由杨化群先生译成汉文。全书由汉传因明学家虞愚先生和藏传量学因明学家杨化群先生、黄明信先生任主编,书中还收有吕澂先生、虞愚先生、黄明信先生的评介文章。这一卷资料的编成出版,凝结着中国因明学界专家、学者和出版者密切合作的集体成果的心血,它在今天我们纪念汉传因明的传人玄奘法师之时问世,太有意义了!我们可以欣慰地告慰玄奘大师之亡灵:当代俗家弟子们忠实地继承并弘扬了您的学说的精华。大师:您可以冥目安息了!

（原文入选 1994 年 4 月在玄奘故里河南省偃师市召开的首届玄奘国际学术讨论会交流论文并进行了交流，后收入甘肃人民出版社 1996 年出版的拙作《学步集》）

伟大玄奘——中国的脊梁

为中华民族铸就精神力量

习近平同志在同各界优秀青年座谈会上讲话说:“一个没有精神力量的民族难以自立自强。”中华民族虽自近代以来屡遭列强欺辱,积弱积贫,但终归是有精神力量的民族,唐三藏法师玄奘(600—664)以其超强的民族精神向世界展示了巨大的力量。中国现代著名佛学家、因明学家、诗人和书法家、中国社会科学院哲学所研究员虞愚先生在《玄奘对因明的贡献》一文中说,早在20世纪抗日战争初期,鲁迅先生批判当时一些人的失败主义论调时就指出:

> 我们从古以来,就有埋头苦干的人,有拼命硬干的人,有为民请命的人,有舍身求法的人……虽是等于为帝王将相作家谱的所谓“正史”,也往往掩不住他们的光耀,这就是中国的脊梁[①]。

拼命硬干,舍身求法,中国的脊梁,说的就是玄奘法师。志存高远,谦虚包容,埋头苦干,拼命硬干,舍身求法,勇攀高峰,这就是玄奘精神的光耀,它为中华民族铸就了巨大的精神力量。中国军民经过14年浴血奋战,终于把日寇赶出了国门。

---

①虞愚:《玄奘对因明的贡献》,载刘培育、周云之、董志铁编:《因明论文集》,甘肃人民出版社1982年2月版。

据中国近现代著名学者和玄奘研究者提供的信息资料表明，三藏法师玄奘是中国和世界史上了不起的英雄人物。梁启超先生称赞玄奘是“我国最早、最爱国、最优秀的留学生之一。”[①]全国政协原副主席、中国佛协前会长赵朴初在1997年北京医院接见铜川市政府领导，就建立玉华玄奘纪念馆发表谈话时动情地说：

玄奘法师这个人了不起呀！他从印度回来后，译经译了1300万字，现在恐怕世界上也没有一个人翻译过这么多文字，了不起呀！中外、古今还没有人翻译那么多的经，而且还是古文、梵文，这个真是了不起呀[②]！

美国哈佛大学教授杜维明说：“我相信，有史以来中国最有影响的知识分子是玄奘。玄奘的影响最大。”[③]

1991年12月4日，笔者在北京参加的“中国社会科学院落实修复玄奘故里等三项倡议座谈会”上听到北大哲学系张岱年教授发言说：

建议重拍唐玄奘的电视剧。电视剧《西游记》里的玄奘形象很正派，但没甚能耐。这不是真玄奘。真玄奘是很有能耐、很有本事的人。他有很高的爱国主义思想，写了《大唐西域记》，首先想到的是大唐，突出大唐，爱自己的国家。重拍的电视剧该拍下玄奘在古印度游学时的情景，还玄奘本来面目[④]。

---

①王赵明著：《玄奘与玉华山》，陕西出版集团/三秦出版社2010年6月版。

②同上。

③同上。

④拙著：《犯罪的人性解读》第十六章第二节《从人间真情到人间善》，读者出版集团/甘肃民族出版社2009年1月版。

中国国际广播电台的译审孙宝刚说:“印度小学生课本里还有玄奘的课文,可中国倒销声匿迹,这是不可思议的。印度修建的玄奘纪念塔是相当美观壮丽的。佛教文化是文化,不但是历史的,还是现实的。不能一提佛教就是迷信。玄奘大师首先是文化名人,而后才是佛教宗师。”①另有一位学者发言说:“玄奘是世界文化名人。他不只是当时古印度时期享誉世界的文化名人,也是当今世界上前无古人后无来者的世界文化名人。玄奘的爱国主义精神是值得今人大加发扬的。”②

唐贞观元年(627 年)③,青年玄奘怀抱着弃伪求真、解决当时“先贤之所不决,今哲之所共疑”的问题的宏大理想,孤行万里,游学印度,不畏千辛万苦,“越沙碛之险路,逾葱岭之险蹬”,穿越“上无飞鸟,下无走兽”的大沙漠,挑战生命极限,历经 4 载的艰苦跋涉,终于到达北印度的摩揭陀国,在印度最大的寺院和最大的佛教研究中心那烂陀寺,拜戒贤法师为师,并从胜军潜心研习因明论。现实生活中的玄奘法师,是一位志存高远、智慧超群、坚毅、勇敢、博学、进取心很强的大学者。

博学笃行,兼收并蓄

玄奘法师在学问上是一位包容性很强的大学者,对各门各派的

---

①拙著:《犯罪的人性解读》第十六章第二节《从人间真情到人间善》,读者出版集团/甘肃民族出版社 2009 年 1 月版。

②同上书。

③关于玄奘游学印度出发时间,学界有唐贞观元年(公元 627 年)、贞观二年(628 年)、贞观三年(629 年)三种说法,而学成回国时间是一致的,即贞观十九年(公元 645 年)。——笔者

学说(包括外道)毫无门户之见,都能吸纳。这与他兼收并蓄、博学进取的治学精神是分不开的。也正因为如此，造就了他的学术大师风范。玄奘法师聪慧过人。在印游学 17 年期间,遍访名师,虚心求教。"除在那烂陀寺学习 5 年外,还费 2 年时间,跟杖林山胜军(Jayasena)学习《唯识抉择论》《因明论》等,又去印度各地参学,当时所有各种学说,他几乎都学遍了,而且能融会贯通,因而有甚深造诣,在印度得着极高的声誉……"[①]对玄奘法师颇有研究的王赵民先生说:

> (玄奘法师)不仅是一位精通三藏五明的佛教学者,而且也是一位造诣极高的梵文大家。著名史学家范文澜说:"玄奘战胜五天竺佛学者,取得无上荣誉,标志着中国佛学已经超越天竺。"赵朴初曾经说;"玄奘,是中国佛教优良传统最典型、最圆满的体现着,也是中国历史上真正的探险者代表。"

博能养专。玄奘法师的博学知识之素养功底深厚,在翻译佛典经论上得以充分发挥。他之所以译经不仅数量巨大,质量又好,正如研究者所言,玄奘法师"'手执梵本,口宣华语',朗朗上口,深为中国佛教教徒之所喜爱,在中国译经史上开辟了一个新纪元。在梵文佛经汉译的所有翻译者中,玄奘堪称是最完美的翻译家,这是古今中外公认的。"[②]著名梵文大家、北大原副校长、东语系主任季羡林教授对玄奘法师的译经水平给予了极高评价,说:"他的译风,既非直译,也非意译,而是融会直译自创新风。在中国翻译史上达到了一个新的高峰,

---

①虞愚:《玄奘对因明的贡献》,载刘培育等编:《因明论文集》,甘肃人民出版社 1982 年 2 月版。

②王赵民:《玄奘与玉华山》,陕西出版集团/三秦出版社 2010 年 6 月版。

开辟了一个新的时代。”[①]这与玄奘法师真正做到了博学笃行、兼收并蓄有直接关系。

大智大勇，光耀那烂陀

玄奘法师常以“博学多识、辩才无碍”的声望，应邀参加各种辩论法会。其中最精彩的，是玄奘法师学成回国前于唐贞观十五年（公元642年）由统一了北印度的戒日王为玄奘在首都曲女城主持召开的无遮大会（即辩论法会）。这次辩论会相当隆重，戒日王特别邀请了18国的国王出席，并召集了五天竺的沙门和耆那教等诸“外道”数万人进行辩论[②]，据说当时有“善辩者四千。”[③]前来观礼的人更是人山人海，盛况空前，在印度史上是前无古人的。戒日王立玄奘法师为“论主”，辩论的中心论题是讨论玄奘的《真唯识量》和《会宗论》《制恶见论》等。会前，玄奘法师立下军令状，以生命担保：“若期间有一字无理，解难破者请斩首相谢。”并遣那烂陀寺沙门明贤读示大众，别令写一本悬会场门外示一切人[④]。辩论会开了18天，无一人解难，也无一人敢改一字。

不过，对那次无遮大会，也有学者提出质疑，认为“玄奘正是以逻辑形式掩盖了他那精致的唯心主义。逃过了十八日无遮大会众人的眼睛。当然，我们要估计到：戒日王为一国之主，亲自立玄奘为‘论

①王赵民：《玄奘与玉华山》，：陕西出版集团/三秦出版社2010年6月版。

②沈剑英：《因明学简论》，载刘培育等编：《因明论文集》，甘肃人民出版社1982年2月版。

③杨百顺：《玄奘与因明》，载刘培育等编：《因明论文集》，甘肃人民出版社1982年2月版。

④虞愚：《玄奘对因明的贡献》，载刘培育等编：《因明论文集》，甘肃人民出版社1982年2月版。

主’,有谁敢在太岁头上动土？恐怕只能是‘十八日无人敢动一字’。”[1]因此提出“对这段历史应进一步澄清。”[2]笔者以为,对发生在1370多年前的印度那烂陀寺无遮大会和玄奘立论等历史问题有不同声音出现,是有学术民主的表现,总比一面倒好。但要澄清那段历史,谈何容易。话分两头：

一是关于当年那烂陀寺辩论大会玄奘立论的是非问题。我想,时至今日,还拿20世纪改革开放前30年(1949—1979)中国内地讨论哲学和逻辑问题总以“唯心唯物”做衡量标准,简单处理内涵丰富复杂的佛教哲学和与佛教认识论哲学有一定联系的独立学科——因明等方面的理论是非,就像那几十年思想意识形态领域动辄“以阶级论是非”、“以阶级斗争为纲”说事,难免不出教条主义。更何况,玄奘在无遮大会上所立的“真唯识量”怕不是像亚里士多德三段论那样简单的纯逻辑形式,而是具有“研究推理、论证、思维、认识的一般方法的意义”[3]和认识论——量学成分。法称传到西藏的因明为什么不叫“因明”而叫“量论”(集量论、释量论)或“量学”？说明因明之作为古印度哲学流派推理论证思维形式的复杂性。因明其所以称“因明”,而不叫一般的“逻辑学”,或者“佛教伦理学”、“佛家逻辑”(此种称谓颇有争议),而是有来由的。因此有关因明方面的学术争论用“唯心唯物”价值观作评判标准,难能澄清理论是非。

---

①杨百顺:《玄奘与因明》，载刘培育等编:《因明论文集》，甘肃人民出版社1982年2月版。

②杨百顺:《玄奘与因明》，载刘培育等编:《因明论文集》，甘肃人民出版社1982年2月版。

③石村:《因明二问》，载刘培育等编:《因明论文集》，甘肃人民出版社1982年2月版。

二是关于进一步澄清当年那烂陀寺无遮大会那段历史的问题。那段历史迄今已有1370多年，早已时过境迁，连那烂陀寺的考古发掘都是印度考古学家根据玄奘法师所著《大唐西域记》提供的信息完成的。曾有智者言："历史永远没有真相，只留下一个个道理。"此说如能成立，"进一步澄清那烂陀寺无遮大会那段历史"的真相，怕只能是一种梦想了。当年无遮大会留下的道理无论是什么主义，都掩不住英雄玄奘伟大思想家、因明家、教育家、翻译家、旅行家和地理学家的光耀。

丝路留胜迹，我辈复登临

玄奘法师游学印度，自古丝绸之路起端——唐都长安始，经兰州、凉州、瓜州、过玉门关外五峰……到达北印度，学成回国时携带657部梵文经卷，其中包括36部因明论回到长安，期间均往返于古丝绸之路。其中，甘肃段就占了1500公里之遥。作为汉传因明的奠基者玄奘法师，带着36部因明论经卷跋涉甘肃三千里的路程，怎能不留下他的足迹？20世纪90年代初，我带着这一推测访询过敦煌研究院一些专家，他们热心地为我提供了一些线索，如在《敦煌遗书总目索引》中发现有《因明入正理论略抄》和《因明入正理论后疏》两个写卷，是慈恩宗沙门净眼法师撰、由类章草高手用草书抄写的手抄本。"敦煌遗书"是莫高窟藏经洞里的文化遗产，两个因明手抄卷子自然是其中的瑰宝。这和玄奘法师从印度取回的因明经卷究竟有无直接联系，则无据查考。但追根溯源，和玄奘在丝路甘肃段留下其足迹不无关系这一点，不是没有可能的[①]。我带着这个疑问和猜测参加了

①拙文：《绝学的复苏——谨以此文献给玄奘大师》，载拙著《学步集》（自选论文集），兰州：甘肃人民出版社1996年12月版。

1994 年 4 月在玄奘故里河南偃师和西安召开的首届“玄奘国际学术研讨会”，并在撰写的交流论文《绝学的复苏——谨以此文献给玄奘大师》中提供了一些这方面的资料信息[1]。

据敦煌研究院遗书研究所袁德领先生提供的信息称：“关于玄奘的学说，特别是慈恩宗的译著非常多，如《瑜伽师地论分门记》等。”就此一点信息，也曾激发了甘肃学人、新闻出版工作者和地方当局人士对玄奘法师无限崇敬的感情和全力以赴抢救玄奘所传的因明遗产的责任感和积极性。1982 年下半年至 1983 年上半年，在筹备首届全国因明学术研讨会过程中，会议筹备小组借助玄奘法师的声威和影响做了一些舆论工作。当我们会务组人员在会议地点——酒泉、敦煌拜见党政领导人时，每每提及三藏法师玄奘游学印度取经往返于河西走廊，在敦煌、酒泉留下其足迹的话题，这些领导人神情就显得格外激动，态度一下子热烈而亲切起来，内心有一种明显的自豪感。特别是甘肃省委宣传部分管理论工作的常务副部长韩志德同志，为首届研讨会筹备工作专门召开了两次部务会议；部里还向河西地市党委发了红头文件，要求做好配合工作。作为会议地点的承担者中共酒泉地委、敦煌市委欣然接受了接待研讨会的任务，并做了积极认真的安排[2]，使那次两地举行的 8 天研讨会开得圆满成功。

在首届国际玄奘学术研讨会(1994)的小组讨论会上，因明学家、华东师大教授沈剑英先生对我发言中关于玄奘法师往返丝绸之路甘肃段可能留下因明经卷足迹的推测甚为关注，当即命我跟踪查询，一

---

①拙文：《绝学的复苏——谨以此文献给玄奘大师》，载拙著《学步集》(自选论文集)，甘肃人民出版社 1996 年 12 月版。

②同上。

定要找到藏经洞的因明卷子。事情果不出所测，一年后，敦煌研究院文献研究所的谢生宝先生向我提供了由净眼法师撰、类章草高手抄写的《因明入正理论略抄》《因明入正理论后疏》手抄本卷子的影印本(据说影印本出自从巴黎国家博物馆馆藏原件拍的缩微胶卷)。当我兴奋地向沈先生复命时，他已捷足先登，从台湾学者那里拿到了同样的印件，已开始全身心投入研读、注释和疏解，并译成今文，于2002年由杭州华宝斋书社出版了宣纸线装本的《敦煌藏经之净眼法师撰因明论疏写卷》(沈剑英释)。

自1983年代在敦煌、酒泉召开首届全国因明学术研讨会到现在，仅过去33年，玄奘法师所传的因明在这短暂的时间里以历史上从未有过的进程和规模长足发展。现当代中国已形成从欧阳竟无大师(1871—1944)到现在高校及科研院所从事中逻史、因明教学和科研工作的青年教师，以及刚毕业的因明硕士生、博士生，共五代因明学人学术梯队[1]。他们以玄奘精神为动力，踏着法师的足迹，为藏、汉传因明的更大发展而奋力前进。

(原为参加2016年9月17—18日在陕西铜川举行的“第十二届全国因明学术研讨会”大会主题发言交流论文，后收入《因明》第十一辑，甘肃民族出版社2017年版)

---

①见拙文:《光大玄奘精神，因明人才辈出》，第十一届全国因明学术研讨会交流论文;载《因明》第九辑，甘肃民族出版社2016年版。

汉传因明与藏传量学因明之异同若干问题探析

引　言

近些年来，随着因明学术研究的深入发展，学者们对汉传因明与藏传量学因明之异同若干问题，特别是“藏传因明”这一名称、命名（提法）的合理性问题产生了质疑。2018 年 9 月 15—16 日在广州召开的第十四届全国因明学术研讨会的一个小组讨论会上，对此问题引起了热烈讨论。关注的焦点，主要是藏传因明的名称究竟提“藏传量学（或量论）因明”合理，还是沿用约定俗成之习惯叫法——“藏传因明”为好？小组讨论没有结果，可谓不了了之。当时我想：此问题怕不只是一个名称问题这么简单，要弄清楚，还必然牵扯到汉传因明与藏传量学因明各自的理论体系和概念系统，以及知识术语等等，甚至还要从两个系统传承的源头谈起，方能搞清楚所以然。所以小组讨论一时难有结果是可以理解的。

但会后的日子里，我一直在思考这类问题如何解决为好？于是拜谒了中国当代著名藏学家、藏传量论因明学家、西北民族大学藏学院教授多识仁波切活佛，以解所惑。求教中，多识教授主要讲述了因明与量学的关系，以及“藏传因明”这一名称不确的问题。多识先生对我的主张——关于名称问题，应提“藏传量论（或量学）因明”没有异议。事后，他赠我一本甘肃民族出版社 2010 年出版的他的专著《藏传佛教认识论》。获此重要文献资料，自然要认真拜读。通读完毕本书，遂又参读了青海民族大学藏学院终身教授祁顺来先生著《藏传因明学通论》(青海民族出版社2006年版)和该校藏学院达哇教授著《藏传因明思维逻辑形式研究》(青海人民出版社2008年版)等专著的有关章节，对藏传量论(或量学)因明与汉传因明两大系统间的异同之若干问题，以及关于藏传量论(或量学)因明不能简单称为“藏传因明”的名称提法等的所以然有了点初步了解和粗浅的认识。

兹冒昧略述如次，以供同仁讨论，不吝批评指正。

一、学术传承之异同

(一)汉传因明传承历程

关于汉传因明何时传入中国内地，由谁传人，即传承之代表人物，以及传承之规模和发展历程等，学界一致的说法是：公元645年(唐太宗贞观十九年)，也就是7世纪40年代中期，中国古代最伟大的留学生玄奘法师在印度苦学17年，创获满满，怀抱着一颗强烈的爱国心，毅然谢绝了戒日王的盛情挽留，满载盛誉，携带657部梵文经卷，其中包括36部因明论回到了长安。他和辩机合作完成《大唐西域记》的写作，两年后，法师译出了印度商羯罗主的《因明入正理论》；又过两年，译出了陈那法师的《因明正理门论》。

中国当代著名汉传因明学家沈剑英教授指出：

> 玄奘法师还对译寮僧伍和徒众讲说因明，阐发隐义。玄奘的大弟子们记录玄奘口义，加上自己的理解，“竞争文疏”，使我国在因明学的研究上处于领先的地位。如文备、玄应、定宾、圆测(朝鲜人)各撰有《因明理门论疏》，文轨、净眼、窥基各撰有《因明入正理论疏》，靖迈、灵隽、胜庄、壁公、玄范、顺憬(朝鲜人)各撰有《因明入正理疏》……元晓(朝鲜

人)撰有《判比量论》,神泰撰有《因明正理门论述记》,等等。然而上述玄奘门人所作文疏惜已大部散佚,今仅存窥基的《因明入正理论疏》(后世尊称《大疏》)八卷,文轨的《因明入正理论疏》(世称《庄严疏》)三卷以及神泰的《理门述记》三卷等数种而已!①

中国当代藏传量学因明学家祁顺来教授说:

在内地,唐初由三藏法师玄奘译出《因明正理门论》《因明入正理论》等论著,并宣讲因明,在文化思想界产生一定影响。由于历史变迁,法相宗衰落,因明学说随之沉没。这一优秀的文化遗产,在历史的长河中,步履维艰,几成绝学。20世纪80年代,国内有识之士,意识到我国因明濒临灭绝,于是疾呼"抢救因明"。经诸多学者的努力,因明研究才得以复兴,一批有价值的论文和专著相继问世。然而,内地所传因明,局限于印度陈那时期的因明思想,难以涉猎印度因明的整体理论,尤其是法称思想和他的量理学说。②

藏传量论因明学博士、青海民族大学藏学院教授达哇先生说:

我国内地早在唐代就已引入"因明"学说,至今经历了三个兴盛时期:第一时期为唐代;第二时期为19世纪末至20世纪20年代;第三时期为20世纪80年代至现在。遗憾的是,不论是哪一时期,内地的研究对象主要是陈那和商羯罗主的因明思想,对法称及其后继者高层次的因明思想基本上未能接触或接触不深。

---

①见沈剑英:《因明学简论》,载刘培育、周云之、董志铁编:《因明论文集》,甘肃人民出版社 1982年2月版。

②见祁顺来著:《藏传因明学通论·自序》,青海民族出版社 2006年6月版。

港、台地区的因明研究从20世纪70年代开始有了快速发展,出现了一大批因明学者,翻译介绍了相当的国外因明论著,研究范围和研究方法也得到了拓展,但他们的主要研究对象仍然是陈那和商羯罗主的因明思想。①

中国逻辑史学会因明研究工作小组（中国逻辑学会因明专业委员会前身)刘培育、崔清田、孙中原三位教授编的首届全国因明学术讨论会论文集《因明新探·前言——〈绝学相期同发越,冥探正理报明时〉》指出:

因明是印度的古老学术。它在我国也流传一千多年了。在这漫长的时间里，逐渐形成汉传因明和藏传因明两个系统。汉传因明以《因明正理门论》和《因明入正理论》为主要内容,特重因明论式,在唐代发展极盛。后来禅宗勃兴,因明随慈恩宗一起不受重视,其重要著作或亡失,或流落海外,在宋元明三代逐渐衰微。至清末,因明开始复兴,又有一批著作出版。②

汉传因明何时传入中国内地？是谁将因明这门学术从它的第一故乡印度介绍到中国内地,并有传承？玄奘法师带回中国的因明论有36部,为何只有陈那的《因明正理门论》和商羯罗主的《因明人正理论》,以及尚未翻译的陈那《集量论》等几部因明经典？为何在唐以后的相当长时期里汉传因明的研究陷于衰微，以至传承中断，几成绝学？等等问题,上述专家学者的说法实事求是地给出了答案。

---

①见达哇著:《藏传因明思维逻辑形式研究·前言》,青海人民出版社2008年版。

②见中国逻辑史学会因明研究工作小组编:《因明新探·前言—〈绝学相期同发越,冥探正理报明时〉》,甘肃人民出版社1989年9月版。

(二)藏传量论(或量学)因明传承历程

藏传量论(或量学)因明的传承历程自有其特点。虽然将陈那论师晚期和后起之秀法称论师等的量学思想及因明论传入藏地的时间晚于汉传因明一个世纪,但在传承的学术团队和代表人物、原典文献资料的翻译和完整保存等传承规模上,千年传承从未中断,以及将“二师”(陈那、法称二位论师)的量学及因明学术思想和理论系统“完全融化于藏民族文化之中”(祁顺来教授语),并代有创新和发展等方面,都比汉传因明有着明显优势。这是有史料事实根据的。多识仁波切教授说:

> 藏传佛教在8世纪,随着以佛教经典为主的十明学科文献的大量翻译,和通过留学印度的藏僧,将量学的传承引进了藏地。经过了翻译文献、讲解传授、吸收消化、研究发挥、辩论深化、自成体系、普及推广的各个阶段,使量学这门学科在藏传佛教的寺院教育中得到了很好的继承发展,并作为认识事物、进行思辨论证的工具,在研究内学佛教理论方面发挥了巨大的作用。①
>
> 藏传量学资料优势在于8—13世纪,译成藏文、至今保存在《丹珠尔》部的有陈那、法称、天王慧、释迦慧、胜军、商加罗难达、法尚、戒天、静命、莲花戒等26位印度著名因明论师的《量论》和《因明论》疏著作68部。②

藏传量学和因明学术在藏地的传承发展,大致经历了初期、中期、后期三个历史阶段。初期从8世纪到9世纪中叶(即前弘期)。这一时期主要是引进和翻译量学和因明学术资料的时期。由嘎巴华则

①参见多识仁波切著:《藏传佛教认识论·代序》,甘肃民族出版社2010年12月版。

②同上。

翻译法称的《因明一滴论》,展巴南喀翻译的《关系研究》,麻盖洛译师的《释量论》第一次译稿也是在这一时期完成的。中期从 11 世纪初到 14 世纪中叶。多识教授讲,这一时期在量学的发展上具有划时代贡献的有三件大事:

第一件是,俄·罗丹喜饶(1059—1109)大译师出任桑普寺主持堪布期间,于公元 1096 年创建五部经学辩经院(五部为量学、般若学、中观学、毗昙学、律学),开创量学讲辩制度;俄大译师第二次重译了《释量论》,在亲传弟子中讲授法称《定量论》和法尚《大合理论》的有 300 多人。

第二件是,恰巴曲桑(1109—1169)任桑普寺主持堪布时开创了将《因明》《俱舍》和《阿毗达摩摄论》中的众多哲学概念分门别类,进行辩论的《摄类集辨》从辩论的内容和辩论的方法上都对量学作了补充和改进。

第三件是,萨班·更嘎坚赞(1182—1251)第三次修改《释量论》,在消化吸收陈那、法称量论的基础上,写出了《正理宝藏论》。这是历史上第一部藏族学者独立撰写的量学理论,开创了量论"理藏"学派。

后期是量学发展的鼎盛时期。这一时期是从 14 世纪 80 年代开始, 到 20 世纪中叶。这一时期在以宗喀巴(1357—1419)师徒视"测码"(即量学)为研习佛教教理必须掌握的基本知识技能,提升"测码"在寺院教育中的地位,将《释量论》置于内学五部大论之首,定为教理学院的必修课程,对量学在藏地的发展起到了巨大的推动作用。①

①参见多识仁波切著:《藏传佛教认识论·代序》,甘肃民族出版社 2010 年 12 月版。

多识教授讲：

这一时期培养的量学人才数量和研究成果也是空前的。据不完 全统计，从11世纪到20世纪，藏地有量学著作的学者有117人。其中14世纪下半叶形成的格鲁派有89人，占总数的76%；量学著作有221部，其中格鲁派著的有183部，占著作总数的81%。①

祁顺来教授讲：

藏传因明，在全面继承法称因明思想的基础上，结合藏族文化需求，改进并发展了印度因明，将因明学说完全融化于藏民族文化之中，形成一种独具特色的因明理论体系。千百年来，藏族先辈孜孜不息，探求因明，论师辈出，论著无数，并世代相传，直至今天。当今世界，研习因明，其学者之众，论著之多，研究之精，莫过于藏传因明。②

达哇教授说：

因明自8世纪开始传入藏区，当时翻译引进的有法称、莲花戒、护德、律天、月僧等印度因明大师的论著达10种左右，有些地方当时就有了一些讲习因明的活动，只是未形成规模。到了11世纪末至12世纪初，俄·罗丹喜饶译师翻译了大量的印度因明学著作，并撰写了藏族第一部因明学著作《量抉择论详疏》。其后，他的再传弟子恰巴曲居桑格又写成了具有浓郁藏族思辨理念特色的《量论摄义祛蔽论》。这一论著的出现，标志着藏传因明已进入了一个崭新的发展

①参见多识仁波切著：《藏传佛教认识论·代序》，甘肃民族出版社2010年12月版。

②见祁顺来著：《藏传因明学通论·自序》，青海民族出版社2006年6月版。

阶段。此后，讲习因明的风气在藏区各大寺院广泛展开，历经千年而不衰，特别是从20世纪80年代开始，藏传因明已从寺院进入大学讲台。①

刘培育、崔清田、孙中原三位教授在他们编的论文集《因明新探》“前言”中说：

藏传因明几乎翻译了印度全部重要因明经论，主要研习陈那晚期著作和法称著作，对量论尤其重视，世代相传，独立撰写了数百种因明著作。②

从以上资料信息，我们清楚看到汉传因明与藏传量论（或量学）因明在学术引进和传承方面的差异是比较大的。第一，在引进和传承的学术力量上，汉传因明的引进汉地，玄奘法师做出了伟大贡献，功不可没。但毕竟只身1人，势单力薄；而将藏传量论因明引进藏地的，是一个学术团队——一批留学印度的藏僧。第二，学术传承的规模上，在占有文献资料方面，藏传量学因明占有明显的优势——几乎翻译了印度全部重要因明经论，研习和传承了印度因明的整体理论系统，特别是法称思想和他的量理学说。而汉地所传的因明，正如多识教授说的：“汉传因明梵文翻译资料，只有玄奘大师翻译的陈那的《因明正理门论》和商羯罗主的《因明入正理论》两篇小论，而这两篇小论中仅仅简略地介绍了因明部分的推理规则，那些推理规则后面的深厚的哲学理论，在这两篇小论中是看不到的。”③

---

①见达哇著：《藏传因明思维逻辑形成研究·前言》，青海人民出版社2008年版。

②见中国逻辑史学会因明研究工作小组编：《因明新探·前言》，甘肃人民出版社1989年9月版。

③见多识仁波切著：《藏传佛教认识论·代序》，甘肃民族出版社2010年12月版。

第三，在研习和传承的深度与广度上，二者间的差异也是明显的。汉传因明是以《门论》和《入论》为主要内容，而且特重因明论式，难以涉猎印度因明的整体理论系统，尤其是法称的哲学思想和他的量理学说。藏传量学因明则是在“全面继承法称因明思想的基础上，结合藏族文化需求，改进并发展了印度因明，将因明学说完全融化于藏民族文化之中，形成一种独具特色的因明理论体系。”①

第四，汉传因明自公元7世纪传入内地到现在，已有1300多年历史，但自唐以后特别是禅宗的兴起，因明学术随慈恩宗一起不受重视，其重要著作或亡失，或流落海外，在宋元明三代逐渐衰微，几成绝学，至清末民初，始得复苏。期间中断传承的历史大约950余年，在如此漫长的因明学术传承中断的历史时期，难能形成批量的因明人才队伍和因明学术著作。及至20世纪初叶汉传因明复苏到现在的100余年间，汉传因明人才队伍方才形成了五代学术梯队的规模，因明学术著作也才成批量出版，但这都是百年来追赶上来的，和延续千年而从未中断传承的藏传量学因明人才队伍及量学因明著作的规模相比，还是有较大差距的。

以上是汉传因明与藏传量学因明在引进和传承上的差异方面。在引进和传承上，二者也有“同”的方面。其一，在知识来源上，同根、同祖，都来自因明的第一故乡印度；都是师承“二祖”（陈那、法称二位论师），时间先后不是问题。其二，“不论是汉传因明，还是藏传量学因明，在中国思想史上都产生过重要影响。中华民族在保存因明资料、注疏因明经论和研究因明义理方面都曾处于世界领先地位。”②这方

①见祁顺来著：《藏传因明学通论·自序》，青海民族出版社2006年6月版。

②见中国逻辑史学会因明研究工作小组编：《因明新探·前言》，甘肃人民出版社1989年9月版。

面，藏传量学因明更有优势。其三，在中国成为因明的第二故乡的形成和发展过程中，留学印度的汉地高僧玄奘法师和藏地高僧团队，在引进和传承方面都做出了特殊贡献。

二、理论体系和概念系统之异同

这是一个很大的题目。要将本题圆满完成，得请藏、汉传两个系统的因明专家携手合作写本专著。说实话，就凭笔者作为多学科图书职业编辑工作的需要而必须对因明和相关学术有所了解，但充其量也仅有小学生般水平，难能回答清楚本题。那么明知山有虎，为何还自不量力硬闯？理由很简单：这是拙文《汉传因明与藏传量学因明之异同若干问题探析》框架中的一部分，作为一个支撑，就不好抽掉了，否则要散架。不过本意也仅是作为其中一个问题提出来，略述所感，以供同仁讨论。

(一)汉传因明理论体系及其概念系统简介

中国现代著名哲学家、哲学史家张岱年(1909—2004)教授为刘培育先生主编的《中国古代哲学精华》一书作的“序”中说：

> 世界三大哲学传统，由于自然环境的不同，社会生活的差异，因而各有特点。这是人所共知。例如中国长于整体思维，西方长于分析思维，而印度则以否定思维为特点。但这是从整体来讲的。西方亦有重视整体的思想家，中国亦有重视分析的思想家。然而中西印的哲学传统各有特点，仍是应肯定的。①

与三大哲学传统相应的，也有世界三大逻辑传统——中国的名

---

①参见刘培育主编：《中国古代哲学精华·张岱年序》，甘肃人民出版社 1992 年 10 月版。

辩学、西方的亚里士多德形式逻辑和印度的因明。与世界三大哲学传统其所以各有特点之相同理由——“自然环境的不同,社会生活的差异”,因而世界三大逻辑传统也各有其特点。中国内地与雪域高原藏地自然环境的不同和社会生活方面的差异很大，而且还有汉民族文化与藏民族文化方面的民族文化之特点,等等。

这些因素叠加起来，使汉传因明与藏传量学因明整体上形成各自的特点，在理论体系和概念系统，以及其他方面存在某些异同之处，于是在汉地形成汉传因明，藏地形成藏传量学因明这样两个系统,看来是很自然的事情。

汉传因明以《因明正理门论》和《因明入正理论》为主要内容,其理论体系关注的重点是因明式和论证规则,以及各种过失。传入汉地的因明论式，主要是陈那论师改造了旧因明五支论式以后创立的新因明三支论式,即宗、因、喻,也就是“因三相”的理论和论证规则。因三相,即:

遍是宗法性(第一相)

同品定有性(第二相)

异品遍无性(第三相)

陈那论师改造旧因明时以“九句因”说为根据,发展了因三相的理论,赋以新的解释,认为因三相即是论证规则,也是推理规则。所谓“九句因”，是指同品和异品与因的九种关系。据姚南强教授主编的《因明辞典》之释义,九句因的规则是:

> (1)同品有,异品有;(2)同品有,异品非有;(3)同品有,异品有非有;(4)同品非有,异品有;(5)同品非有,异品非有;(6)同品非有,异品有非有;(7)同品有非有,异品有;(8)同品有非有,异品非有;(9)同品有非有,异品有非有。以上九句中,只有第二句、第八句所示的关系为正因,其余七

种皆为似因。其中第五句因"同品非有,异品非有"表明,同品和异品都是除宗有法的。①

"因三相"的意思,据《因明辞典》的解释,是这样的:

第一相遍是宗法性,即指因法(中词)的外延须包含宗上有法(小词)。如:此山有火(宗),以有烟故(因)。宗的主词"此山"应该真包含于因法(中词)"有烟"之中。第二相同品定有性,即指因法(中词)应该与具有宗法(大词)所示属性的事物有全部或部分的联系。如:此山有火,以有烟故,如灶。这"灶"具有"有烟"的性质,因此它同样具有"有火"的性质。亦即因法(中词)的外延须小于(或等于)宗法(大词),而不能大于宗法(大词)。……第三相异品遍无性,即指因法(中词)应与不具有宗法(大词)所示属性的事物全部没有联系。如:此山有火,以有烟故,凡无火处都是无烟的,如湖(异喻)。"无火"是"有火"的异品,凡异品"无火"都无因法"烟"。②

中国现代著名佛学家、因明家虞愚教授说:"列宁关于逻辑的格(即关于推论的形式)曾经写道:'人的实践活动必须亿万次地使人的意识去重复各种不同的逻辑的格,以便这些格能够获得公理的意义。这点应注意。印度因明基本是属于形式逻辑的,它的推论形式与基本规律,当然也是通过人的不断实践过程,才把它固定下来的。"③虞愚先生援引印度前总理贾瓦哈拉尔·尼赫鲁(Jawaharl Nehru,1889—1964)先生著《印度的发现》所说:

①见姚南强主编:《因明辞典》"因三相"条释义,上海辞书出版社2008年3月版。

②见姚南强主编:《因明辞典》"因三相"条释义,上海辞书出版社2008年3月版。

③见虞愚:《因明学发展过程简述》,载刘培育、周云之、董志铁编:《因明论文集》,甘肃人民出版社1982年2月版。

正理(尼也耶)派所采用的方法是分析的,逻辑的。实际上,正理的意义就是逻辑,也就是正确推理的科学。它在许多方面与亚里士多德的三段论相类似,虽然二者之间也存在着基本上的不同,正理派所包含的逻辑的原理为其他的一切哲学学派所接受,而且在整个远古和中世纪时期直到今天在印度学校和大学中把教授正理派哲学当作一种智力锻炼。印度的现代的教育把它取消了,可是,凡是用旧式方法教授梵文的地方,正理派哲学还是课程中间的主要部分,人们不但把它当作哲学研究必需的准备工夫,而且也是每一个受过教育的人必需的智力训练。它在旧式印度教育计划中所占地位的重要性,至少与亚里士多德的逻辑在欧洲教育中相等。①

汉传因明的论证理论体系,除因三相论证的基本规则外,还包括研究各种过失理论,即因明的谬误理论。这种理论的特点是,正如淮芳博士在她最新出版的专著《因明过论研究》中指出的:"在从反面促进正确思维的意义上,比因三相等逻辑规则还重要。因为因明产生的宗旨,就是要为论辩服务。如能找出对方的过错,避免自己的错误,那么在论辩的时候获胜的概率就会很大,所以过论也就成为因明中相当重要的组成部分。"②商羯罗主《入论》设定的三十三过于因明理论体系地位之重要,淮芳博士以科研专著《因明过论研究》作精细评述和分析,足可见证。限于拙文篇幅,笔者仅举该书"绪论"篇中列述的三十三过之总目,以窥一斑:

在"似能立"中依照宗、因、喻三支划分出三十三过——

---

①见虞愚:《因明学发展过程简述》,载刘培育、周云之、董志铁编:《因明论文集》,甘肃人民出版社 1982 年 2 月版。

②见淮芳著:《因明过论研究·绪论》,人民出版社 2016 年 12 月版。

似宗九过、似因十四过、似喻十过。

所谓似宗，就是不正确的宗（论题）。所立之宗所果不能违他顺自、宗依极成、体义和顺，就会犯“五相违”、“四不成”的错误。“五相违”与“四不成”合称“宗九过”。

似因，即不正确的因。按照因明的规定，立因必须三相兼备，如有违反，就成因过。因有十四过，大致分为三类：不成因4种，不定因6种，相违因4种。

似喻是不正确的喻。在建立同喻的时候，如果违反第二相“同品定有性”的规定，就会产生“能立法不成”、“所立法不成”、“俱不成”、“无合”、“倒合”5种似喻；在建立异喻的时候，如果违反第三相“异品遍无性”的规定，就会产生“所立不遣”、“能立不遣”、“俱不遣”、“不离”、“倒离”5种“似喻”。总称“喻十过”。①

概念是思维的基本形式之一，也是思维的最小单位。术语是某一学科的专门用语。概念和术语之间，要说有区别，不过如此而已；要说有联系，二者确实很密切。有的术语可以包含若干概念，例如“因三相”，就包含宗、因、喻三个概念；有的概念和术语等义，很难把它们分开。例如“量”这个集合概念又分“自比量”、“他比量”、“共比量”这样的具体概念，而“量”又是因明认识论这门学科的一个术语。因此我们介绍汉传因明的概念系统，必然要介绍汉传因明的术语。这是其所以把二者放在一起介绍的理由。量；自比量、他比量、共比量；全分、一分；同品、异品；相违；七因明；有体、无体；宗因宽狭，等等。②如按《因明辞典》的列举，汉传因明术语还有很多，恕不一一。

①见淮芳著：《因明过论研究·绪论》，人民出版社2016年12月版。

②同上。

(二)藏传量学因明的理论体系及其概念系统简介

藏传量学因明,其所以冠以“量学”这一属性词,并非仅仅是将因明放在哲学语境下加以论解这么简单和表浅。在藏学界、藏传佛教哲学界和藏传量学因明界,是很难将因明和量学分开的。而是将因明论作为量学认识论的一个重要组成部分看待的, 其与藏传佛教的认识论哲学的关系之密切、地位之重要,用中国当代著名藏学家、藏传佛教哲学家、藏传量学因明家多识先生的话语说就是:

> 宗喀巴大师将量学因明视为打开佛教教理宝库的金钥匙,是证明佛与佛法正确可信的有力理论武器,将量学因明作为佛学的基础课,正式列为显学五部之首。宗喀巴大师就用因明学这只明察秋毫的“世间”慧眼和“打开教理宝库的金钥匙”,重新全面审视了藏族学者的一切理论学说,拨开了重重迷雾,打开了一个个症结,对那些被缺乏精细理性思辨素质的历代的解经者们搞得乱无头绪、错误百出、违经悖理的学说观点,一一做了纠正,一个更合乎理性的、新的显密佛教理论体系被创建了起来。也就是说,自从有了因明逻辑这个有力的认识方法、思辨武器,才使对佛法的认识和解说走上了一条真正正确的轨道。①

多识教授指出:“因明揭示的是一种事物中普遍存在的自然规律和人类与客观规律相一致的人类的思维和认识规律。这种思维认识规律不仅适用于学术研究领域,也适用于社会生活领域。量学因明在藏传佛教中的学用实践中证明了它在开发智慧、提高认识思辨能力的积极作用。”②关于因明与量学的关系问题,多识教授特别指出:“藏

①见多识仁波切著:《藏传佛教认识论》第一章,甘肃民族出版社 2010 年 12 月版。

②同上。

传佛教显学五论中的《量论》分为：摄类集辨、心明、因明三个学科。因明是量学，即认识论的一个组成部分。因此，因明和量学之间不能画等号，因为量学不都是因明，量学还包括现量和心智学的内容。”①他认为，“将藏传量学译作‘藏传因明’，是个翻译上的错误，应予以更正。”②祁顺来先生说：“藏传因明实际上是藏传量学。”“量论是佛教哲学认识论和因明推理规则有机地结合为一体的一种理论学说。”“因明是量论的重要组成部分，佛教所讲因明完全囿于量论之中，但不能把量论仅仅看作因明，因明与量论是两个概论，内容范围上区别很大。这好像逻辑学属于哲学范畴，但不能把哲学看作逻辑学一样。”③这就是说，因明具有量学属性，是量学认识论的一个组成部分，但不能等于量学；换言之，因明具有量学重要成分，所以叫“藏传量学因明”，但其外延小于藏传量学，即包括不了藏传量学另外的两个部分——摄类集辨和心明。厘清这一点，对搞清楚藏传量学因明理论体系和概念系统是有意义的。

藏传量学因明理论体系和概念系统，即便是简介，也是虑及术语繁多、体系比较庞大之故，所以只能略举一二。“因”在藏传量学因明理论体系中是第一要素。所以在量学中将推理论证学理称作“因明”，译作现在通俗的语言，就是理由学，或者论证学。④关于“因”的理论，从性质上分为正因（真因、有效因）和似因（假因、无效因）。正因的相对面有两种：一是宗法性相对面欲知有法；二是遍及性相对面同品与

---

①见多识仁波切著：《藏传佛教认识论·代序》，兰州：甘肃民族出版社 2010年12月版。

②同上。

③以上见祁顺来著：《藏传因明学通论》第二章，西宁：青海民族出版社 2006年版。

④见多识仁波切著：《藏传佛教认识论》第四章第一节，兰州：甘肃民族出版社 2010 年 12 月版。

异品。“遍及性”是指对事物的性质、种类所进行的主观认定。

与因相关的规律。藏传量学因明关于因三相，在术语上称“宗法性”、“同品遍及性”、“异品遍及性”。“宗法性”的定义是：“正量确认，在该论证的无过欲知有法上具有与论式相应属性者为宗法性，或者说，正量确认所设因法具有与宗法的相应属性者，为具有宗法性。”宗法性是“因”和“宗”之间构成的关系。在这个定义中限定了三个条件：一是，作为正因的“因”，必须具有宗法的性质，而且涵盖宗法。二是，作为正因的“因”，必须具有宗法（欲知有法）的相应性质。三是，作为正因的“因”具有宗法的上述性质，必须要有正量确定。正量的定义是：无误新知。“无误”就是主观认识准确无误地反映认识对象。“新知”就是反映处于刹那变化中的事物的此时此刻的新情况。简言之，就是正常感觉所确定的事物，都可以作为论题的宗法。“无过欲知有法”就是有意义欲知有法。①

关于正因与宗法之间的逻辑关系，藏传量学因明归纳了8条：

> （1）宗法上必须要有因法的属性，否则就犯不具因属性而因不成立的过错。（2）因法上必须有宗法的属性，否则就犯因不具宗法性过错。（3）宗与因之间必须存在相互对应的关系，否则就犯宗因相互无关而不能成立的过错。宗因对应关系是指宗因同性关系，如声与所作性之间的同性关系和宗法上因法的宗因具有关系，如“山上有火，因为有烟”论证中的山与烟的关系。如说“声是无常，因为是眼睛所见”，声音是耳闻境，非眼识境。因此，此宗因之间不存在相互对应关系，故此因不能成立。（4）因法所具有的属性，必须是宗法

---

①见多识仁波切著：《藏传佛教认识论》第四章第一节，甘肃民族出版社2010年12月版。

的属性，否则就犯因法的一部分属性不具宗法属性而不能成立的过错。(5)宗法所有属性,必须是因法所具有而因法涵盖宗法，否则就犯因法不具宗法一部分属性而不能成立的过错。(6)宗和因,以及宗和因的关系,必须经由量识确定,否则就犯不能确定而因不成立的过错。(7)在同一组论证中,宗与因、宗与所证法、因与所证法彼此之间必须是不同概念,否则就犯概念相同无新意过错。若宗因概念相同,起不到论证的作用;若宗法和所证法概念相同,知宗法就等于已知所证法，论证不存在未知义；若因与所证法概念相同,知因就等于已知所证法,论证毫无意义。(8)因所具有的宗法性,必须得到辩论的甲乙双方的一致认可,否则就犯甲乙双方或某一方不认可而因不成立的过错。①

关于因与所证法之间的关系。藏传量学因明做出如下界定：

因与所证法之间的关系是一种必然的关系。因与所证法之间若无这种关系，在论证中就推不出必然的结论。在《集量论自释》中说:“若无关系,无法确定同品遍及性与异品遍及性。”因与所证法之间的关系有正面和反面两种关系,正面关系称:同品遍及性;反面关系称:异品遍及性。因与所证法之间的这两种关系,分别构成“因三性”中的第二性和第三性。

关于同品遍及性和异品遍及性,藏传量学因明给出了如下定义：

(1)同品遍及性的定义是:正量确认,唯有在该论证的同品上具有与论式(“是”义、“有”义)相应属性者为同品遍

①见多识仁波切著:《藏传佛教认识论》第四章第二节,甘肃民族出版社 2010年12月版。

及性。如在“声是无常，因为是所作性”的论证中作为因法的“所作性”，唯有在其同品（宗与所证法的同品）“无常性”上是遍有，即凡是所作性，都是无常性。简言之，就是“同品遍及性”“同品定有性”。

(2)异品遍及性的定义是：正量确认，因与该论证的所证法的性质直接相连而在该论证的异品上绝无与其论式所相应的属性者为异品遍及性。如在“声是无常，因为是所作性”的论证中，作为因法的“所作性”与作为该论证所证法的“无常性”性质相连、相同，因而与其异品——非无常性相排斥，在其异品上绝不存在其论式（“是”义、“有”义）相应的“所作性”。

关于同、异品与正因的关系，藏传量学因明给出了10条规则：

(1)正因的属性，必须是同类事物共有的属性，如果只是单一对象的属性，就会变成不共不定因。

(2)因法概念和所证法概念的外延必须相等，或者所证法概念包括因法概念，即因法概念的外延小于所证法概念的外延。

(3)因法概念的外延，大于所证法概念的外延，就有两种情况：

一是在肯定性的论证中，若因法概念的外延大于所证法概念的外延，且包含相反性质者，就不能保证结论的正确性。如“声音是无常，因为声音是存在”的论证中，因法——存在的概念外延大于所证法——无常概念的外延，存在包括常法和无常法，因此，由存在推不出声音是无常法的结论。

二是在否定性论证中，因法概念的外延大于所证法概念的外延的情况下，仍然是有效的。如说：雪山上没有檀香树，因为雪山上没有树木。在这个论证中，因法——树木的外延,大于所证法——檀香树的外延,有树木不一定有檀香树;若没有树木,一定没有檀香树。

(4)因法和所证法之间,必须有同性或者因果关系,否则,就犯因与所证法无关连的过错,如“园林中有湖,因为有树”的论证中,因法——有树,和所证法——有湖之间没有必然的联系,因此园林中有树,不能证明园林中有湖。

(5)遍及同品与异品的共同因,不能做正因。如声是常法,因为是所量境。“所量境”包括常法和无常法,而且,所有常法和无常法都是所量境(认识对象),所量境是遍及同品和异品的共性,因此,此类共同因证明不了其所属所证法的常无常属性,故称共同不定因。

(6)对同品和异品同具两面性歧义者,不能做正因。如“看见蓝色的眼识是现识。因为是根识”这个论证中,同品“现识”有根现识和非根现识的两面性歧义,异品“非现识”也有根现识和非根现识的两面性歧义。是现识而非根现识者,如意现识、自证分现识、瑜伽现识等;非现识的根识如眼见双月的错识,非现识也非根识者如分别识。

(7)同品上遍及,异品上有两面性歧义者,不能做正因。如“海螺声是人造,因为是无常法”这个论证中,“无常法”作为因,在同品“人造”上是遍及的,因为人造法都是无常性,在异品“非人造”上有两面性歧义。因为,非人造法有虚空之类的常法,也有风雨雷电之类的非人造自然现象无常法。

(8)异品上遍及,同品上有两面性歧义者,不能做正因。如“海螺声是非人造,因为是无常法”这个论证中,“无常法”作为因,在异品“人造”上遍及,因为,人造的都是无常法;在同品“非人造”上有两面性歧义,即非人造的有无常法和常法。无常法属非人造者如风雨雷电，非人造常法如无为虚空。

(9)其因虽然可以肯定在同品上有,但在其异品上不能确定其有无者,是不能做正因的有余不定因。如对佛的性质不了解的人说:提婆达多不是佛,因为他有生死。在这个论证中,因法——有生死,对其同品——“不是佛”的众生是遍及的,因为,一切众生都是有生死的;但其异品“佛”有没有生死,无法确定。在这样的论证中,留有不确定因素,故称:有余不定因。

(10)其因虽然可以肯定在异品上有,但在其同品上不能确定其无者,是不能做正因的存异不定因。如对佛的性质不了解的人说:提婆达多是佛,因为他有生死。在这个论证中,因法——有生死,对其异品——“不是佛”的众生是遍及的,因为,一切众生都是有生死的;但其同品“佛”有没有生死,无法确定。存异就是在同品上存在异议。①

凡是正因，都要具备因法三性——宗法性、同品遍及性、异品遍及性。因的宗法性是因和宗法之间的逻辑关系，同品遍及性和异品遍及性是因和所证法之间的逻辑关系。不具备因法三性的因法,就是无效的相似因。②

多识教授说:

旧因明学派中，如商羯罗主未发现与同品相反情况的存在,就可以成立异品遍无性,法称《释量论》彻底否定了这

①见多识仁波切著:《藏传佛教认识论》第四章第二节,甘肃民族出版社 2010 年 12 月版。

②同上。

种观点。认为因的同品遍及性,从其性质上,就要彻底排除异品上的有,未见于异品,不等于异品上绝无。发现有,肯定是有;未发现有,不一定没有。很多人缺乏这样的逻辑思考。[①]

从以上简介，可以大致了解藏传量学因明与汉传因明在理论体系及概念系统方面的异同。其差异主要是：

第一,藏传量学因明的理论体系及概念系统,与藏传佛教教义、藏传佛教哲学的关系至为密切,它们之间有着深度融合。学者们研究的视觉多为对陈那晚期的哲学思想和再传弟子法称哲学思想之核心内涵——量学方面。诚如多识教授说的:“陈那的《集量论》和法称的《量学七论》,特别是《释量论》,是量学的不朽经典。”[②]在藏传量学的体系中,虽然包括因明学、现量和心智学三个组成部分,因此不能将因明学与量学画等号,但是因明学在量学体系中的地位是不一般的,以致有学者提出“开启量学(因明学)宝库之金钥匙”这样的话语,作为对多识教授哲学专著《藏传佛教认识论》在价值层面上做出的评价,标示在该书的封面上,足见其地位之重要。藏学专家和藏传佛教学者将藏传佛教认识论哲学视为“开启量学（因明学）宝库的金钥匙”,是对藏传佛教认识论哲学之于量学(因明学)的作用和关系的一种价值认同,并非是一种文学性的描述。

藏传量学因明的概念系统和藏传佛教教义及认识论哲学有内涵相同的概念术语,如“测码”(Tshed ma),有“正量”“真理”之义,其学说称 Tsh ma rik ba,是“量学”之意。“正量”梵文为 Bramana,Bra 是“最胜”义、“初始”义,mana“心识”名,合起来是“初始识”,即“新知”。还有如将主观意识称作“能量识”,客观意识对象称作“所量境”,以及“现

①见多识仁波切著:《藏传佛教认识论·代序》,甘肃民族出版社 2010年 12 月版。

②同上。

量”“比量”等，这些术语都是量学认识论的。

在汉传因明学界，学者们对汉传因明的理论体系和概念系统的研究视界，基本围绕着《门论》和《入论》的因明论证之论式和推理规则进行。尽管自20世纪80年代初，学界有识之士将因明作为中国文化遗产之“绝学”，提出抢救的呼吁，并得到高层的支持，以致由中国社会科学院哲学所和1980年刚成立的中国逻辑史学会牵头，联合甘肃社会科学院、甘肃人民出版社共同主办了首届全国因明学讨论会，此后，汉传因明学的研究全面复苏，因明研究的视阈逐渐拓宽，将陈那《集量论》和法称《释量论》等量学经典的研究带进了佛学院，推向讲台；相应的量学研究著作也以追赶的速度面世。但是，总体上没有突破因明论式和规则体系的范围，远不及藏传量学因明的研究和著述那样，挖掘因明论式和规则体系后面深厚的哲学思想，至于将汉传因明与佛教哲学深度融合的研究，也还处在尚待开发的初级阶段。甚至还有的汉传因明学者提出：“无论从最早源头说，还是从以后影响说，因明与佛教并无必然联系，‘佛教论理学’（说得准确些，应是‘大乘佛教论理学’、‘大乘瑜伽行宗论理学’）云云，从最好的方面衡量，不过是‘事出有因，查无实据’之谈；这种论调的散布，起初也许在于抬高因明的地位和作用，但其客观效果恰恰相反，它不但模糊了因明的面貌，而且缩小了甚至勾销了因明作为研究推理、论证、思维、认识的一般方法的意义。”[①]青海民族大学终身教授、藏传量学因明学家祁顺来先生说：“藏传因明，术语繁多，不少词语，来自佛学。不懂佛学而习因明，理解更为困难”。[②]这就是说，藏传量学因明学的术语词语有

---

①见石村：《因明二问》，载刘培育、周云之、董志铁编：《因明论文集》，甘肃人民出版社1982年2月版。

②见祁顺来著：《藏传因明学通论·自序》，青海民族出版社2006年6月版。

不少是来自佛学的。不懂佛学而学习研究和理解因明是很困难的。如此情况，说“因明和佛教没有必然联系”，怎么解释？

观上所述，先不去讨论“佛教论理学”或者“佛教逻辑”之名称是否合理的问题，就因明与佛教的关系言之，在认知层面上汉传因明与藏传量学因明的差异是比较大的。至于理论体系及概念系统间的差异，上述分列1、2两个三级标题简介的文字可见其一斑。

藏传量学因明和汉传因明在其理论体系及概念系统上各有特点，因而显现出若干差异性，已如上述。但它们之间也有“同”的方面，即共性。最基本的相同点是因明论式规则体系——陈那论师改造过的三支因明论式“宗、因、喻”和“遍是宗法性、同品定有性、异品遍无性”的因三相规则体系。尽管彼此术语名称不同，如藏传量学因明称“因三相”为“因三性”——宗法性、同品遍及性、异品遍及性，但其实质内容是相同的，即推理、论证的学问。

其次是关于“量”概念的诠释，藏传量学因明从认识论视角把“量”作了如下诠释：

> 认识为什么称作“量”呢？人们认识事物就像用度量衡器具测定事物的体积、重量、长度一样，故将主观意识称作“能量识”，客观认识对象称作“所量境”。客观认识对象有直接的和间接的两种，故认识也分直觉经验和间接推论两种，前者称作现量，后者称作比量。在探索研究和总结人们的认识规律的过程中，形成了量学这门认识论学说。[①]

这是藏传量学因明学家多识教授对“量”概念的诠释。汉传因明学家虞愚先生说：

---

①见多识仁波切著：《藏传佛教认识论·代序》，甘肃民族出版社2010年版。

因明即佛家逻辑,是印度逻辑史上一个重要体系,“因”梵语称为“醯都”(Hetu),含有理由、原因、知识之因的意思。“明”梵语称为“费陀”(Vida)含义略当于汉语的“学”字。这门学问是由佛家瑜伽行学派的学者弥勒 (maitreya)、无著(Arya-Asanga)、世亲(Vasu-bandhu)、法称(Dharmaki-rti)法上(Dharmottara)等在坚决反对全盘怀疑论体系的精神上而建立起来的。最初,因明偏重于辩论术的探索;进而,创立能立(证明 DLmonstration)、能破(驳斥 Refutation)的学说;最后形成一个认识论的逻辑体系。①

淮芳博士在她的专著《因明过论研究》中对“量”概念给出的诠释是:

“量”,本意指标准、尺度。在因明认识论中,量就是获得知识的方法,分辨知识真伪的标准,以及知识本身,进而也用来指知识的形成过程、获得知识的认识活动,所以因明也称建立论式为立量。新因明中,量分两种:现量与比量。②

综上藏、汉传因明专家对“量”概念给出的诠释来看,将“量”看作是分辨知识真伪的标准、尺度,以及“认识论逻辑体系”这样哲学性和逻辑性统一的意义上,藏传量学因明与汉传因明达成了共识。

第三,藏传量学因明对因明学给出的定义是:推理论证学。因明的“因”指推理论证的论据、理由,“明”是智慧和学科之意。“因此,在推理论证中,因是第一要素”。③看得出来,藏传量学因明对“因”格外

---

①见虞愚:《玄奘对因明的贡献》,载刘培育、周云之、董志铁编:《因明论文集》,甘肃人民出版社 1982 年 2 月版。

②见淮芳著:《因明过论研究》第一章,人民出版社 2016 年 12 月版。

③见多识仁波切著:《藏传佛教认识论》第四章第一节,甘肃民族出版社 2010 年 12 月版。

重视。多识活佛在其专著《藏传佛教认识论》第四章“因明学”共设五节,其中关于因的内容就安排了四节。关于因的规则,藏传量学因明与汉传因明是一致的,差异之处,仅限于非实质性的术语名称方面。按照因明的规定,立因必须三项兼备,如有违反,就成因过。因有十四过,大致分为三类:不成因4种,不定因6种,相违因4种。[①]这是汉传因明关于似因,即不正确因的规则。

第四,藏传量学因明关于因的规则是:正因,即有效因,必须具备因三性,不具备因三性者便是非正因,即无效因。这无效因——非正因,就是汉传因明的似因。为简省篇幅,仅举非正因为例述之。藏传量学因明中的非正因共分不成因、相违因、不定因3种。不成因又分为:相对义理不成因、相对知见不成因、相对对象不成因3类。相违因共有4类:相违于所证法性相违因、相违于宗法性相违因、相违于所证法所含属性相违因、相违于宗法所含属性相违性。不定因有特殊不定因和一般不定因两类。[②]

三、独特的驳论式推理

藏传量学因明,是“在全面继承法称因明思想的基础上,结合藏族文化需求,改进并发展了印度因明,将因明学说完全融于藏民族文化中,形成了一种独具特色的因明理论体系。”[③]驳论式推理,又叫“应成驳论式”。它本源于印度,是印度因明推理的一种特殊形式。祁顺来教授说:“这种推理格式在藏传因明中占着绝对重要地位,在一定程度上取

---

①见淮芳著:《因明过论研究·绪论》,人民出版社2016年12月版。

②见多识仁波切著:《藏传佛教认识论》第四章第四节,甘肃民族出版社2010年12月版。

③见祁顺来著:《藏传因明学通论》第十四章,青海民族出版社2006年6月版。

代了《量论》中所述的自续合因推论式，它标志着因明在藏区的发展已进入一个新的阶段，是藏传因明区别于其他因明的主要特点之一”。①

关于驳论的定义和结构，多识教授表述得很清楚，他说：

> 驳论是利用对方承认的观点和逻辑关系作为理由，推出错误结论的一种论证方法。这种推论简便灵活，既可以使用于对反面观点的反驳，也可以使用于证明观点的论证。
>
> 驳论的形式有论题、结论、论据三部分组成。论题习惯术语称作“争论题”，即双方争论的事体；结论即应成义，习惯术语称作“显示”。显示有两种含义：一是显示推论结果，二是显示谬误。这两种含义都可以概括为“应成义”。
>
> 论据，即论证的理由，称作“因”，即因由。②

关于驳论的论证规则，根据多识教授的介绍，大致是这样的：第一，作为论证理由的“因”，与论题宗和被证明事理即欲证法之间，要有必然关系。“因”所必备的这种必然关系称作“因三相”。“其第一相称宗法性，是指因与宗之间关系。第二相称正遍，遍指蕴含关系。正遍是指欲证法对因法的蕴含关系。欲证法对因法的蕴含关系有两种：一是欲证法和因法的性质一部分相同，欲证法概念外延大于因法；二是欲证法与因法性质相同而两者概念外延相等。第三相称反遍，是指在与欲证法相反的性质中全面排除因法的性质，换言之，欲证法的反面，就是因法的反面。多识教授说：“这种因法与宗法、因法与欲证法之间的逻辑关系，对论证的正确性起着保证作用。因此在因式推理中就有许多限制条件。但在应成式驳论中，就没有因三相等那么多的条

---

①见祁顺来著：《藏传因明学通论》第十四章，青海民族出版社 2006 年 6 月版。

②见多识仁波切著：《藏传佛教认识论》第四章第五节，甘肃民族出版社 2010 年 12 月版。

件限制，形式多样，运用方便自由。这也是随着应成中观的兴起，在藏传佛教中驳论式论证广泛流传，完全替代因明作为正宗推理形式推理的主要原因之一。”①

四、辩经——藏传佛教寺院教育的基本方式

（一）辩经活动缘起

世界三大逻辑传统——印度因明、中国名辩、希腊逻辑，皆由论辩而生。三者都有相同的学术背景——教派各有主张，学派林立，争鸣鹊起，以辨究竟，于是论辩之学兴盛。虞愚先生曾说：“学问极，则在舍似存真。知所真似，辩之有术。因明一学，本印度教人以辨真似之学也。”②古印度教派、学派之间的辩论之风尤甚，经常举办类似今天的学术研讨会形式的“无遮大会”。玄奘法师学成回国前夕，特别钦佩法师人品和学识的北印度戒日王为法师在首都曲女城安排了一场规模宏大的无遮大会。据《大慈恩寺三藏法师传》卷五记述：

> 王曰：“师论大好，弟子及此诸师并皆信伏，但恐余国小乘外道尚守愚迷，望于曲女城为法师作一会，命五印度沙门、婆罗门、外道等，示大乘微妙，绝其毁谤之心，显师盛德之高，摧其我慢之意。”是日发敕告诸国及义解之徒，集曲女城，观支那国法师之论焉。
>
> 法师自冬初共王逆河而进，至腊月方到会场。五印度中有十八国王到，谙知大小乘僧三千余人到，婆罗门及尼乾外

---

①见多识仁波切著：《藏传佛教认识论》第四章第五节，甘肃民族出版社 2010 年 12 月版。

②见虞愚著：《因明学·自序》，刘培育主编：《虞愚文集》第一卷，甘肃人民出版社 1995 年 5 月版。

道二千余人到,那烂陀寺千余僧到。是等诸贤并博蕴文意,富赡辩才,思听法音,皆来会。兼有侍从,或象或舆,或幢或旛,各自围绕,峨峨吸吸,若云兴雾涌,充塞数十里间,虽六齐之举袂成帷,三吴之挥汗为雨,未足方其盛也。①

当年留学印度的藏僧,在将因明"二祖"量学经典引进藏地时,也将印度无遮大会的辩经活动方式一并引进并发扬光大,进而融入藏民族文化之中,在传承量学因明过程中,逐渐形成了具有藏传佛教和量学因明学术活动特色的辩经方式。

(二)辩经——藏传佛教独具特色的寺院教育基本方式

藏传佛教的辩经,其实是一种理论联系实际的学习实践活动,藏传量学因明的学习和应用当然必在其中。多识仁波切活佛说:

由于宗大师重视和提倡"测码",并将"测码"的逻辑推理论证方法运用在讲学、辩论、研究和著述等学术活动的全过程,不但提高了理论的严谨性和合理化程度,同时也促进了量学在理论和应用实践方面的进一步发展。上千座格鲁派设置辩经院的大寺院教育,对继承和发展量学起到了决定性的作用。②

将藏传量学("测码")的重要组成部分——因明论推理论证方法运用于辩经活动,以至有上千座辩经院规模的辩经设施,并非是单纯地搞一种成规模的辩论形式,而是具有检验研习佛学和因明之成效和掌握实际运用量学因明学技能的一种有效路径;抑或还是寺院教

①参见[唐]慧立、彦悰著,孙毓棠、谢方点校:《大慈恩寺三藏法师传》卷五,中华书局2000年4月版。

②见多识仁波切著:《藏传佛教认识论·代序》,甘肃民族出版社2010年12月版。

育的一种制度性安排等——这样一种具有多功能作用的人才培养和队伍建设的有效方法。

2007 年夏天，我和挚友、中国社会科学院哲学所资深研究员刘培育教授一道，在青海西宁参加第三届全国因明学术研讨会期间，由会议安排全体参会代表考察了百名喇嘛的辩经活动。那场面是我平生第一次见。其浓厚的学术氛围，如醉如痴的辩论气氛，认真执着的投入精神以及生动的辩论姿态等等，令观者无不为之惊叹！可谓见证了多识活佛的如上说法。

对汉传佛教有无辩经活动，如果有的话，是何内容和形式，以及辩经设施、寺院教育等情，概不了解。仅在 35 年前于五台山佛教圣地考察观光，见到一些学僧的学习生活场景。他们都很年轻，其中有研习佛学的本科生和研究生，但不知其科目中有无因明学术的部分，更不了解有无类似藏传佛教研习佛学和量学因明的辩经活动，以及将辩经作为寺院教育实践活动的制度安排，因此不能妄作评断。但是，作为藏民族宗教文化的一种特点和优点的辩经方法，兄弟民族还是可以学习和借鉴的。

五、搁置争议，求同存异，光大优良学风，营造和谐学术氛围

学术上的分歧和观点碰撞，几乎在哪个学科学术圈都是常态，没有这种现象的例外，至今还未看到过。在因明学术圈内，从 20 世纪 80 年代初到现在的近 40 年里，就我碰到的学术分歧和观点碰撞，摘要言之，有如下述：

1. 因明与佛教教义、佛学、佛教哲学的关系问题

藏传量学因明学者如多识教授在其专著《藏传佛教认识论·代序》中提出：

法称《释量论》的内容除了四品品名所表明的内容外，

还有语词概念的排他抽象性，自相、共相二谛义，对形形色色外道哲学观点的批判，对生命轮回、佛教四谛教义、佛性、二无我义、佛与佛法的真实可信性的论证等等，所涉及的内容十分广泛，曾有人评价说："《释量论》是佛教教义总论。"陈那、法称是大乘法教论师，他俩所造《集量论》《释量论》二论是在破除数论、吠陀等各种外道旧因明观点基础上建立起来的佛教量学因明体系。①

汉传因明学者如石村先生在其专著《因明述要》第六章中提出：

"佛教论理学"之说，其实并不新鲜，它不过是窥基所谓"因明论者，源唯佛说"的现代提法。我们愿意奉劝持这一说法的一些人，与其盲从窥基，不如相信印度住了十六年的玄奘，在玄奘《大唐西域记》关于古印度五明的记叙中，是看不到把因明包容于佛学之中的意图痕迹的。……事实表明，因明内容和佛教教义并无内在的必然联系。就"来龙"说是如此，就"去脉"说也是如此。②

石村先生还提出：

在主张和附和"佛教论理学"说的人中间，多数人是同他们的佛教弘法立场分不开的，少数人仅是蒙受影响；但他们的共同用意也许在于抬高因明的地位和作用。然而，由于他们否认或抹杀了因明作为思维认识、推理论证的一般方法的意义，结果事与愿违，恰好在客观上贬低了因明的作用，限死了因明研究的圈子，使人发生不研究佛教思想就不

---

①见多识仁波切著：《藏传佛教认识论·代序》，兰州：甘肃民族出版社 2010年12月版。

②见石村著：《因明述要》第六章，北京：中华书局 1981 年 3 月版。

必研究因明的错觉。所以,我们觉得佛教论理学一说,不仅是错误的,同时也是有害的。[①]

2. 汉传因明,究竟是由于资料不全和唐以后中断传承达900多年之久,因而使汉传因明研究和发展受到了很大局限,还是因明论本身的缺陷问题?

汉传因明学者石村先生在其论文《因明二问》中提出:

(四)因明对于论辩、思维过程所做的分析,对于推理、论辩中客观法则的抽象所达到的成就,就其时代来说,是相当惊人的。苛求于古人并忽视其中所包含的真理颗粒,或把它归结为一个什么哲学派别,宗教教派的论理学,而勾销其一般意义,都是不妥当的。然而,以陈那师弟为代表的因明所达到的成就,毕竟是有局限的。今天看来,它的方法既不完备,体系也多纰漏。因明本身的缺陷,约有四端:(1)许多术语,如"宗""法""品""体"等都不是一义的,也即常在不同场合以同一词语不加解释地表达各不相同的概念,由此引起了理解、注疏上的分歧和混乱。(2)术语出现缺乏顺序性,一些在后半截才加讨论界说的概念,往往在前半截甚至一开始就出现了,由此造成了若干部分的回旋、重复、烦琐和凌乱。(3)不少提法缺乏前后一贯性,如它的知识论仅承认"现量"和"比量",但宗过中却有"自教相违"和"世间相违",这就无异容忍了古因明中的"圣教量"和"世间量",以后注疏家虽然对此曲为之解,但说得越多,逻辑上的不一致也越分明。(4)因明体系不是封闭的,它需要从外面引进许多在

①见石村著:《因明述要》第六章,北京:中华书局1981年3月版。

体系内无法论证的命题和方法,由此增添了内容的驳杂性。当然,用历史眼光来看因明中这些缺陷,并不足奇,可是如果今天还认为照此体系,循此方法,就能有效地处理复杂的推理问题,那就未免可笑了。①

藏传量学因明学家多识教授在其专著《藏传佛教认识论·代序——〈藏传量学与汉传因明学之间的异同比较〉》中提出:

藏传量学占有资料优势。……

由于资料不全,使汉传因明研究和发展受到了很大的局限性。石村评价因明说"它的方法既不完备,体系也多纰漏",还说"照此体系,循此方法,就能有效地处理复杂的推理问题,那就未免可笑了。"这是只见汉传因明的井水,未见陈那、法称量论学说大河、大江的孤陋寡闻的妄断。把汉传因明因资料不足而造成的缺陷,当作因明论本身的缺陷,妄加否定,确实有点"未免太可笑了"。②

3."汉传因明"名称提法至少目前没有争议,对"藏传因明"名称提法有争议:究竟改提"藏传量学因明",还是继续沿用习惯名称提法"藏传因明"?

此问题在2018年第十四届全国因明学术研讨会的一个小组讨论会上引起了热烈争论,但限于会议时间,最终不了了之。近读多识教授专著《藏传佛教认识论》,看到多识教授在本书"代序"中说:"将藏传量学译作'藏传因明'是个翻译上的错误,应予以更正。"他在"代

①见石村:《因明二问》,载刘培育、周云之、董志铁编:《因明论文集》,兰州:甘肃人民出版社1982年2月版。

②见多识仁波切著:《藏传佛教认识论·代序》,兰州:甘肃民族出版社2010年12月版。

后记”中又说了下面一番意思：

> “测码”汉文译作“量学”，如《集量论》《释量论》，现在统称“因明”。“因明”相当于藏文论证学(Sdags Rigs)，专指量学的推理规则部分，与认识论是相对的。严格地讲，以“因明”代替“量学”并不全面。但语言是约定俗成的，既已叫成习惯，也就不好改变了。所以我在这篇文章中也只好将“测码”称作“因明学”了。①

关于“藏传因明”还是“藏传量学因明”的名称提法的问题，拟将多识教授在其专著《藏传佛教认识论》“代序”的说法和“代后记”表述的意思综合起来，可否作这样的处理：在学理的严格意义上应提“藏传量学因明”，或者“藏传量论因明”；而在习惯上按约定俗成的提法，可称“藏传因明”？窃以为，这一问题的争议就算是在“搁置争议，求同存异”框架下解决了。那么上述1、2两个问题的争议，是否也可以在此框架下解决？笔者感觉上述两个问题就因明来讲都是比较复杂的理论问题，事关藏传量学因明与汉传因明两个学术系统引进、传承和发展的历史背景，以及民族宗教文化的特点等方面，究竟如何处理，学界尽可以无遮辩论，不急于做出结论。但应本着“求同存异”精神，营造出一种和谐的学术氛围，谋求藏、汉两个因明学术系统共同繁荣发展。

最后是关于学风问题。我想引述一则资料证之。2010年在洛阳—宜阳举行的第六届全国因明学术研讨会闭幕式上，分会场召集人汇报分组讨论情况，我听到召集人、清华大学博士后郭宇宽教授有一番别开生面的发言。限于篇幅，拟摘要如下：

---

①见多识仁波切著:《藏传佛教认识论·代后记》，甘肃民族出版社2010年12月版。

(1)以往我对因明学产生浓厚的兴趣,是缘于最早在中国四省一区藏区调研, 最初是被藏传佛教寺庙里浓厚的学术氛围所吸引,看那些喇嘛辩论得如醉如痴。而且和汉文化中的学术氛围完全不一样的是,在我们汉文化的学术圈里,稍微有些腕儿的学者都是不能接受质疑的。面对质疑,要么是不回应, 以示你没有资格和我辩论; 如果不得不面对质疑,则稍稍争辩两个回合就脸红脖子粗,结下梁子,甚至往后视若仇敌。而看那些藏传佛教的喇嘛们,辩论起来即使再激烈,也没有看到伤感情的……辩到一定的时候,一定有一方认输,往往摸着光脑袋露出含羞笑容,表示承认自己确实考虑不周到。

而且藏传佛教的辩论保障了他们的学术民主和学术健康,他们考格西都要通过辩论……

(2)从中可以看出——这些喇嘛们对于真理的讨论,有一套共许的规则, 这套规则使得他们在辩论中最终总会通向共识。因为对于事实的真,是可以检验的,而从事实的真推导出进一步的真的规则又是共许的,符合这两个条件,所有的争论只会弥补双方思维的盲点, 这样的辩论是多么有益啊! 我后来知道这套共许的规则就是因明学。

(3) 我从藏传佛教中感受到因明学是有着非常强的实用性的, 因明学的本质是一种通向正见或者说真理的基础性方法论。就像《因明正理门论》云:“为欲简持能立能破义中真实,故造斯论。”《因明大疏》云:“求因明者,为破邪论,安立正道。”这些都是说,因明学的根本出发点和意义就是现实世界中追求真理,破除谬误。说得彻底一点儿,因明学就是为了学术争鸣和观念对抗而存在的。

(4) 对抗性的辩论是因明学的基本载体和传播媒介。……玄奘大和尚不仅是一个和尚，而且是中国历史上最伟大的辩论家，是中国人中第一个在国际性辩论会上得过冠军的辩手。因明学的灵魂，在我看来就是捍卫真理的思想对抗性，一个爱较真儿，也勇于面对思想挑战的人，才能真正参透因明学的精髓。所以对玄奘大和尚精通辩论和他同时深研因明并不是偶然的巧合。

(5)对抗性辩论的传统(这本是学术民主的好风气)，在藏传佛教中保留了下来，却没有在汉语言区保留下来。这也很好理解，在印度还是百家争鸣的时候，中国有了秦始皇，有了汉武帝，已经建立了大一统的帝国。一旦政治权力渗透到社会的各个角落，辩论就是最高权力者最讨厌的东西，而辩论的基本价值出发点是真理面前人人平等，这和专制的逻辑是完全矛盾的。①

对抗性辩论的传统，看来很可能是藏传佛教和量学因明对当年印度那烂陀"无遮精神"的现代传承。这一优良的学风，是汉传因明系统应当学习借鉴和发扬光大的。这对推动藏、汉传因明两个学术系统的繁荣发展无疑是有益的。

结 语

缘于因明引进、传承的历史和学术背景，以及民族宗教文化固有的特点等方面因素，在因明第二故乡的中国形成藏、汉传因明两个学术系统，看来是很自然的事情。因此，两个系统之间有差异是必然的。

---

①见笔者拙著:《守拙——我的编辑出版生涯》第二十四章，甘肃教育出版社2017年9月版。

承认差异，尊重特点，珍惜共性，求同存异，是藏、汉传因明共同繁荣发展的正量。中国因明，自 20 世纪 80 年代初作为人类文化之重要遗产之一兴起抢救热潮以来，特别是汉传因明系统，以追赶的姿态找回历史传承的缺失，弥补因语言障碍和资料不全而生的研究和发展局限；一批因明新秀脱颖而出。他们光大玄奘精神，奋起拼搏，埋头苦干，拼命硬干，搜集、挖掘所有现存汉传因明资料，悉心研究，硕果累累。

20 世纪 90 年代初到 21 世纪 20 年代的现在，近 30 年来，由于汉译藏传因明资料特别是因明“二祖”陈那、法称量学经典《集量论》《释量论》，以及宗喀巴大师量学因明资料的翻译出版，因明研究早已突破“二论”阈界，量学因明的研究及其成果在汉、藏传两个因明学术系统都呈现出一派繁荣景象。3 年前，我们作过一个很不完全的统计，仅全国民族出版社出版的藏、汉传因明和包含有因明内容的佛学著作就有几百种；甘肃人民出版社和甘肃民族出版社自 20 世纪 80 年代初到 21 世纪 20 年代的现在，近 40 年来出版的藏、汉传因明（包括《因明》年刊）学术著作，据不完全统计，也有 40 多种。中国当代藏传量学因明学家、翻译家杨化群（1923—1994）教授，在 1982 年北京抢救因明座谈会上誓言：如能活到 70 岁，在这 10 年（当时他 60 岁）内要将宗喀巴大师的全部因明论著译成汉文出版。这一誓言完全如愿实现。1991 年，由甘肃人民出版社出版的《中国逻辑史资料选·唐·因明卷》中就有这一部分完整资料。中国当代佛学家、佛典及因明翻译家韩镜清（1912—2003）教授生前留下 67 部佛典及因明翻译手稿，由杭州佛学院副院长刚晓法师策划，杭州佛学院慷慨出资，拟出版全部手稿影印本。甘肃民族出版社将它作为重点出版工程，毅然承担并落实了韩先生全部翻译手稿影印本的出版任务，迄今已出版到十二辑。

藏、汉传两个因明学术系统，在因明学人才的培养和队伍建设方面，出现了佛教寺院、佛学院、重点高校和中国社会科学院等规模教育体系齐头并进的可喜局面。一批硕士生、博士生等因明新秀脱颖而出，自20世纪20年代到21世纪20年代的中国百年因明研究历程中，已经建设起来了五代因明学人的学术梯队。

藏、汉传因明学术论坛，自1983年首届全国因明学术讨论会在古丝绸之路重镇敦煌、酒泉召开作为一个里程碑；从2007年第三届全国因明学术研讨会开始到现在，每年一届全国研讨会如期召开，包括本届，已召开15届国内学术研讨会和两届国际因明学术研讨会。首届全国因明学术讨论会上只有1名藏传量学因明专家杨化群先生参会，邀请全国所有研习汉传因明的学者参会，仅有20人是圈内人士，其余人等则是普通逻辑和中逻史方面的代表，以及当地宣传部门和新闻出版及会务工作人员。如今参会代表，少则七八十人，多则百十来人；且有数十人的藏传量学因明专家和高僧大德参会，很少有圈外人士到会。藏、汉传两个因明学术系统携手并进，中国因明发展成为显学的时代将不会远了。

（此文为2019年第十五届全国因明学术研讨会交流论文，已收入本届研讨会论文集）

附录

刘延寿先生著述目录

一、著作

1.《学步集》(自选论文集),甘肃人民出版社 1996 年 12 月第 1 版。

2.《学步集》增订本,甘肃人民出版社 2019 年版。

3.《犯罪的人性解读》,读者出版传媒股份有限公司·甘肃民族出版社 2009 年 1 月第 1 版,第 1 次印刷;2010 年 6 月第 2 次印刷。

4.《法制问题解答》,甘肃人民出版社 1981 年第 1 版,1986 年修订再版。

5.《老年法学对话》,甘肃文化出版社 2019 年版。

6. 主编《简明法律知识读本》,甘肃人民出版社 1986 年第 1 版。

7. 主编《老年法律教程》,甘肃人民出版社 1993 年第 1 版。

二、回忆录

8.《历史的记忆——肃州延寿自传》,敦煌文艺出版社 2017 年版。

9.《守拙——我的编辑出版生涯》,甘肃教育出版社 2017 年版。

三、论文

1.《通俗政治理论读物编辑纵横》,原载《社会科学》1984 年第 6

期。

2.《浅论通俗政治理论读物的特点》,原载《编辑之友》1986 年第 1 期。

3.《社会主义法制是坚持社会主义道路的重要保证——学习新宪法的体会》,原载 1982 年 12 月 28 日《光明日报》。

4.《加强行政立法和行政司法工作》,原载 1982 年 4 月 11 日《光明日报》。

5.《略论我国行政立法的宪法依据》,原载西南政法大学学报《法学季刊》1983 年第 3 期。

6. 论中国古代法律思想中“礼治”与“法治”的互相渗透——兼评《中国法律思想史纲》上卷,原载上海社会科学院《学术季刊》1986 年第 1 期。

7. 人性的扭曲与未来世界犯罪的社会控制——21 世纪世界犯罪问题的伦理社会思考,原载光明日报出版社 1993 年出版的论文集《中国现阶段市场经济与犯罪控制》一书。

8. 当代中国出版业的反思,原载《新闻出版报》1990 年 1 月 20 日《探索》栏。

9. 谋事在人——略论编辑人才建设,原载《甘肃出版》1995 年第 2 期。

10. 要提倡法律工作者学逻辑用逻辑,原载北京《法学杂志》1983 年第 4 期。1983 年 10 月 14 日《文摘报》(光明日报社主办)第 100 期作论点摘要刊出。

11. 肯定了别人也就肯定了自己——记中国逻辑史专业委员会 1994 桂林学术讨论会,原载《自然辩证法研究》增刊——《逻辑研究专辑》1995 年第 11 期。

12. 社会主义既是制度又是科学——兼评《〈共产党宣言〉研究》,

原载《甘肃社会科学》,1992 年第 2 期。

13. 关于法学若干理论问题的思考，原载 1990 年甘肃人民出版社出版的论文集《开拓的历程》。

14. 改革中要高度重视效率问题,原载 1984 年 11 月 19 日《甘肃日报》理论版。

15. 加强学术行政立法与发展学术民主，原载上海《社会科学》1988 年第 2 期。

16. 加强行政法制建设，根除官僚主义弊端，原为参加 1987年在嘉峪关市举行的“西北五省区体制改革与法制建设学术研讨会”交流论文,后收入兰州大学出版社 1988 年 5 月出版的《体制改革与法制建设》一书。

17. 拨动灵犀论治安——《犯罪学大辞书》述评,原为参加中国犯罪学研究会 1995 年 4 月在河南南阳市召开的第四届全国学术研讨会交流论文,后收入甘肃人民出版社 1996 年出版的笔者自选论文集《学步集》。

18. 论社会约制与社会治安的综合治理,原载《社会科学》1985 年第 6 期。1986 年 5 月 5 日《光明日报·论苑摘要》以“综合运用社会制约的各种手段”为题,对本论文摘要刊出。

19. 社会控制与精神文明建设,原载 1986 年 8 月 11 日《光明日报》。

20. 德治与法治的互相渗透是中国社会文明的基本特征，原载《兰州学刊》1987 年第 1 期。

21. 难忘的(北京)抢救因明座谈会,原为参加中国逻辑学会因明专业委员会 2010 年 4 月在洛阳举行的第六届全国因明学术研讨会交流论文,后收入甘肃民族出版社 2010 年 10 月出版的《因明》第四辑(论文特稿)。

22. 执着的情节，深邃的考证——读汪鸿明《“花儿”源流考》，原载《甘肃文艺》2011年第6期。

23. 藏传佛教文化的丰碑——兼评《松巴佛教史》，原载《甘肃宗教》2013年第5期。

24. 大太阳照亮广河川——兼评《齐家文化与华夏文明》，原载2015年8月24日《民族日报》(临夏回族自治州主办)。

25. 光大玄奘精神，因明人才辈出，原为参加中国逻辑学会因明专业委员会2015年8月在北京召开的第十一届全国因明学术研讨会交流论文，后收入甘肃民族出版社2016年6月出版《因明》第九辑。

26. 人性与神性的完美结合——兼评《通向麦加之路》，收入读者出版传媒股份有限公司/甘肃教育出版社2017年出版的拙作《守拙——我的编辑出版生涯》。

27. 研究人的学问——《犯罪学大辞书》出版纪事，原载王牧主编《犯罪学论丛》第八卷，中国检察出版社2010年版。

28. 绝学的复苏——谨以此文献给玄奘大师，原载拙作《学步集》，甘肃人民出版社1996年版。

29. 中国古代智慧的百科全书——兼评《中国古代哲学精华》，原载拙作《学步集》，甘肃人民出版社1996年版。

30. 伟大玄奘——中国的脊梁，原载甘肃民族出版社2017年出版的《因明》第十辑。

31. 法理学与比较法学——法学的基石——兼评《法理学与比较法学论集》，载北京大学《中外法学》1999年第6期。(与张晓秦合著)

32. 汉传因明与藏传量学因明之异同若干问题探析（此文为2019年第十五届全国因明学术研讨会交流论文，已收入本届研讨会论文集）

《陇上学人文存》已出版书目

第一辑

《马　通卷》马亚萍编选　《支克坚卷》刘春生编选
《王沂暖卷》张广裕编选　《刘文英卷》孔　敏编选
《吴文翰卷》杨文德编选　《段文杰卷》杜琪　赵声良编选
《赵俪生卷》王玉祥编选　《赵逵夫卷》韩高年编选
《洪毅然卷》李　骅编选　《颜廷亮卷》巨　虹编选

第二辑

《史苇湘卷》马　德编选　《齐陈骏卷》买小英编选
《李秉德卷》李瑾瑜编选　《杨建新卷》杨文炯编选
《金宝祥卷》杨秀清编选　《郑　文卷》尹占华编选
《黄伯荣卷》马小萍编选　《郭晋稀卷》赵逵夫编选
《喻博文卷》颜华东编选　《穆纪光卷》孔　敏编选

第三辑

《刘让言卷》王尚寿编选　《刘家声卷》何　苑编选
《刘瑞明卷》马步升编选　《匡　扶卷》张　堡编选
《李鼎文卷》伏俊琏编选　《林径一卷》颜华东编选
《胡德海卷》张永祥编选　《彭　铎卷》韩高年编选
《樊锦诗卷》赵声良编选　《郝苏民卷》马东平编选

第四辑

《刘天怡卷》赵　伟编选　《韩学本卷》孔　敏编选
《吴小美卷》魏韶华编选　《初世宾卷》李勇锋编选
《张鸿勋卷》伏俊琏编选　《陈　涌卷》郭国昌编选
《柯　杨卷》马步升编选　《赵荫棠卷》周玉秀编选
《多识·洛桑图丹琼排卷》杨士宏编选
《才旦夏茸卷》杨士宏编选

第五辑

《丁汉儒卷》虎有泽编选　《王步贵卷》孔　敏编选
《杨子明卷》史玉成编选　《尤炳圻卷》李晓卫编选
《张文熊卷》李敬国编选　《李　恭卷》莫　超编选
《郑汝中卷》马　德编选　《陶景侃卷》颜华东　闫晓勇编选
《张学军卷》李朝东编选　《刘光华卷》郝树声　侯宗辉编选

第六辑

《胡大浚卷》王志鹏编选　《李国香卷》艾买提编选
《孙克恒卷》孙　强编选　《范汉森卷》李君才　刘银军编选
《唐　祈卷》郭国昌编选　《林家英卷》杨许波　庆振轩编选
《霍旭东卷》丁宏武编选　《张孟伦卷》汪受宽　赵梅春编选
《李定仁卷》李瑾瑜编选　《赛仓·罗桑华丹卷》丹　曲编选

第七辑

《常书鸿卷》杜　琪编选　《李焰平卷》杨光祖编选
《华　侃卷》看本加编选　《刘延寿卷》郝　军编选
《南国农卷》俞树煜编选　《王尚寿卷》杨小兰编选
《叶　萌卷》李敬国编选　《侯丕勋卷》黄正林　周　松编选
《周述实卷》常红军编选　《毕可生卷》沈冯娟　易　林编选